Schweizer Schulbibel

Schweizer Schulbibel

für die Mittelstufe der Volksschule

Benziger Verlag Zürich Theologischer Verlag Zürich

Dieses Unterrichtswerk ist in evangelisch-katholischer Zusammenarbeit entstanden,
herausgegeben von Willy Brüschweiler, Hans Eggenberger, Walter Spahn,
in Verbindung mit Fachleuten beider Konfessionen
Buchgestaltung und Zeichnungen: René Villiger

Die Schreibweise der biblischen Namen folgt den sog. «Loccumer Richtlinien»
der ökumenischen Übersetzerkommission

10. Auflage 1985, unveränderter Nachdruck der 9. Auflage

ISBN 3 545 43031 6 (Benziger)
ISBN 3 290 11283 7 (TVZ)
Gesamtherstellung: Benziger AG, Graphisches Unternehmen, Einsiedeln

Aus dem Alten Testament

Nomaden vor einem ägyptischen Beamten. Nach einer Wandmalerei

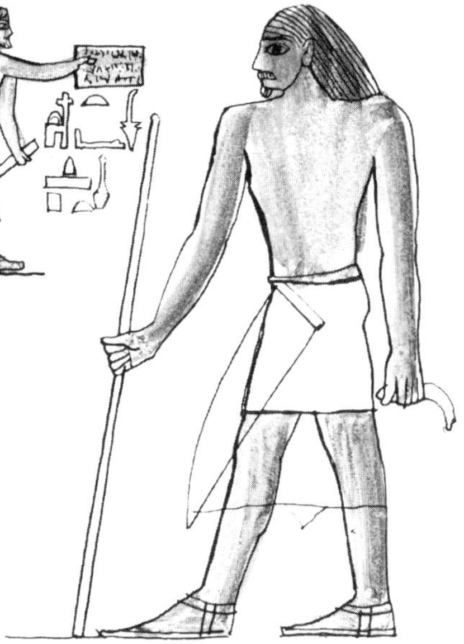

Abraham

Nomadenleben

Abraham lebte vor mehr als 3000 Jahren. Er war Nomade und wohnte mit seiner Familie und seinen Knechten in einfachen graubraunen Zelten. Die Nomaden trieben ihre Herden von Schafen und Ziegen in der Steppe umher, am Rande der Wüste, wo noch genügend Gras wuchs. Wenn die Tiere eine Gegend abgeweidet hatten, brachen die Nomaden ihre Zelte ab. Dann luden sie alles, was sie hatten, auf Esel und zogen weiter zum nächsten günstigen Futterplatz.
Wo Gras wuchs, war meistens auch Wasser zu finden. Man zog es mit Lederbeuteln aus tiefen Brunnenlöchern herauf; da und dort gab es auch Wassergruben, wo man es mit Krügen schöpfen konnte. Manche Nomaden besaßen Kamele. Weil diese Tiere lange ohne Wasser auskommen können, brauchte man sie vor allem, wenn man durch die Wüste zog. Zudem waren sie größer und stärker als die Esel und konnten darum große Lasten tragen.
Die Nomaden glaubten fest daran, daß ihre Götter ihnen den rechten Weg für ihre Wanderungen zeigten. An manchem Ort bauten sie Altäre aus Erde oder Steinen. Dort beteten sie besonders gern. Sie machten Feuer auf dem Altar und opferten ihren Göttern Tiere.
Am Anfang lebte Abraham in den Steppen des Zweistromlandes (Mesopotamien). Was dann geschah, ist in den folgenden Geschichten erzählt.

1 *Land der Bibel: Jordanebene nördlich von Jericho. Blick auf das Gebirge Efraim*

Gott verspricht Abraham ein neues Land

Gott sprach zu Abraham: Verlaß deine Heimat, deine Verwandten und dein Vaterhaus und zieh in das Land, das ich dir zeige. Ich will dich zum Vater eines großen Volkes machen, will dich segnen und deinen Namen berühmt machen. Segnen will ich, die dich segnen; und wer dich verflucht, den will ich verfluchen. Alle Völker der Erde werden dein Andenken bewahren. –
Da machte sich Abraham auf den Weg, wie ihm Gott befohlen hatte. Er nahm seine Frau Sara mit sich und Lot, den Sohn seines Bruders, dazu alles, was er besaß, und die Leute, die sie in Haran erworben hatten. Abraham war damals fünfundsiebzig Jahre alt.
Sie zogen in das Land Kanaan, in die Gegend von Sichem, bis zu einem Baum, der als heilig galt. Damals wohnten die Kanaaniter im Land.
Da erschien Gott dem Abraham und sprach zu ihm: Deinen Nachkommen will ich dieses Land geben. –
An der Stelle, wo ihm Gott erschienen war, baute Abraham einen Altar. Dann zog er weiter, in das Bergland östlich von Bet-El. Auch dort baute er einen Altar und betete zu Gott. Nachher wanderte er immer weiter nach Süden. Als eine Hungersnot über das Land kam, zog er nach Ägypten hinab und blieb eine Weile dort.

Abraham und Lot

Aus Ägypten wanderte Abraham mit seiner Frau und Lot und mit ihrer ganzen Habe wieder nach Kanaan, von einem Lagerplatz zum andern bis in die Gegend von Bet-El, wo er schon früher sein Zelt aufgeschlagen und einen Altar gebaut hatte. Dort betete er zu Gott.
Abraham besaß so viele Herden, Silber und Gold, daß er ein reicher Mann war. Lot aber, der mit ihm zog, hatte ebenfalls Schafe, Rinder und Zelte. Ihr Besitz war so groß, daß das Land sie nicht beide ernähren konnte. So gerieten ihre Hirten in Streit.
Abraham sagte zu Lot: «Zwischen mir und dir, zwischen deinen und meinen Hirten soll kein Streit sein. Wir sind ja nahe verwandt. Liegt nicht das ganze Land vor dir? Trenn dich von mir. Willst du nach links, so gehe ich nach rechts, oder willst du rechts, so gehe ich links.»
Da betrachtete Lot das Land. Das ganze Jordantal war wasserreich wie

ein Gottesgarten, wie Ägypten. Darum wählte Lot das Jordantal. Er brach nach Osten auf und ließ sich mit seinen Zelten bei Sodom nieder. Als sie sich getrennt hatten, sagte Gott zu Abraham: Blick auf und sieh von dem Ort, wo du stehst, nach Norden und Süden, nach Osten und Westen. Das ganze Land, das du siehst, will ich dir und deinen Nachkommen für immer geben. Und deine Nachkommen will ich so zahlreich machen wie den Staub der Erde; man wird sie so wenig zählen können wie diesen Staub. Auf, durchziehe das Land kreuz und quer, denn ich schenke es dir. –
Da brach Abraham mit seinen Zelten auf und ließ sich beim heiligen Baum von Mamre in der Gegend von Hebron nieder, wo er Gott einen Altar errichtete.

Gott verspricht Abraham einen Sohn

Einmal vernahm Abraham, wie Gott zu ihm sprach: Fürchte dich nicht, Abraham, ich schütze dich, und großer Lohn wartet auf dich. – Abraham aber sagte: «Mein Herr und Gott, was kannst du mir geben? Ohne Kinder werde ich sterben, und mein Knecht wird mein Vermögen erben.»
Aber Gott antwortete: Nicht er soll dein Erbe sein, sondern dein eigener Sohn. – Er führte ihn hinaus ins Freie und sagte: Blick zum Himmel auf und zähle die Sterne. Kannst du sie zählen? – Und er versprach ihm: So viele Nachkommen wirst du haben. –
Da vertraute Abraham auf Gott, und Gott rechnete ihm das hoch an.
Ein anderes Mal erschien ihm Gott beim heiligen Baum von Mamre, als er zur heißen Tageszeit am Eingang seines Zeltes saß. Wie er aufblickte und sich umschaute, standen drei Männer vor ihm. Sogleich eilte er ihnen entgegen, verneigte sich tief und sagte: «Mein Herr, wenn du mir wohlwillst, so geh nicht vorüber. Man soll ein wenig Wasser bringen, damit ihr euch die Füße waschen könnt. Macht unter dem Baum Rast, und ich will inzwischen Brot holen. Dann könnt ihr weiterziehen.»
Nun eilte Abraham ins Zelt zu Sara und sagte: «Schnell, nimm drei Maß Mehl, knete es und back Brotfladen.» Dann lief er zu den Rindern, suchte ein zartes schönes Kalb aus und gab es dem Knecht, der es so-

gleich zubereitete. Nachher holte er frische Milch und Sauermilch und das zubereitete Kalb und setzte es den Gästen vor. Er selbst bediente sie, während sie unter dem Baum aßen.
«Wo ist deine Frau Sara?» fragten sie dann.
Er antwortete: «Da drin im Zelt.»
Da sagte der Mann: «Übers Jahr um diese Zeit komme ich wieder zu dir; dann hat deine Frau Sara einen Sohn.»
Sara hörte aber hinter dem Zelteingang zu. Nun waren Abraham und Sara schon betagte Leute, so daß sie nicht mehr auf Kinder hoffen konnten. Darum lachte sie in sich hinein und dachte: Jetzt bin ich verwelkt, und mein Mann ist ein Greis; wie soll das gehen?
Da sagte der Herr: «Warum lacht denn Sara und denkt ‹Soll ich wirklich in meinem Alter noch ein Kind bekommen?› Ist für Gott etwas zu wunderbar? Übers Jahr um diese Zeit komme ich wieder, dann hat Sara einen Sohn.»
Sara bekam Angst, stritt alles ab und sagte: «Ich habe nicht gelacht.»
Aber er sagte: «Doch, du hast gelacht.»
Dann standen die Männer auf und gingen. Abraham begleitete sie ein Stück weit.

Abraham soll Isaak opfern

Gott hielt sein Versprechen und machte sein Wort an Sara wahr. Sie wurde schwanger, und um die Zeit, die er vorhergesagt hatte, brachte sie einen Knaben zur Welt. Abraham gab dem Sohn, der ihm von Sara geboren worden war, den Namen Isaak.

Einige Jahre danach wollte Gott Abraham prüfen. Er sprach zu ihm: Abraham! –
Dieser antwortete: «Hier bin ich.»
Und Gott sagte: Nimm Isaak, deinen einzigen Sohn, den du liebhast. Geh in das Land Morija, auf einen Berg, den ich dir zeigen werde, und opfere Isaak dort als Brandopfer. –
Früh am andern Morgen spaltete Abraham Holz zum Brandopfer und bepackte seinen Esel. Er nahm zwei Knechte und seinen Sohn Isaak mit sich, brach auf und zog in die Gegend, die Gott ihm genannt hatte. Am dritten Tag, als Abraham aufblickte, sah er den Berg von fern. Da sagte

er zu den Knechten: «Bleibt mit dem Esel hier. Ich und der Knabe gehen dorthin und beten, dann kommen wir zu euch zurück.»
Er nahm das Opferholz und lud es Isaak auf. Er selber nahm das Feuergefäß und das Messer. So gingen sie miteinander.
Da sagte der Knabe zu Abraham: «Vater!»
Abraham fragte: «Was willst du, mein Sohn?»
Isaak sagte: «Feuer und Holz haben wir, aber wo ist das Schaf zum Opfer?»
Abraham erwiderte: «Gott wird schon für ein Opfer sorgen, mein Sohn.»
So gingen sie miteinander.
Als sie nun an den Ort kamen, den Gott ihm genannt hatte, baute Abraham einen Altar und schichtete das Holz darauf. Dann band er seinen Sohn Isaak und legte ihn auf den Altar, oben auf das Holz. Danach streckte er seine Hand aus und ergriff das Messer, um seinen Sohn zu schlachten.
Da rief ihn vom Himmel her der Engel Gottes an: «Abraham! Abraham!»
Er antwortete: «Hier bin ich.»
Der Engel sprach: «Streck deine Hand nicht gegen den Knaben aus, tu ihm nichts. Jetzt weiß ich, daß du auf Gott hörst, denn für mich hast du auf deinen einzigen Sohn verzichten wollen.»
Als Abraham aufblickte, sah er einen Widder, der sich mit den Hörnern im Gebüsch verfangen hatte. Da ging er hin, holte den Widder und opferte ihn statt seines Sohns als Brandopfer.
Noch einmal rief der Engel Gottes Abraham vom Himmel her an: «Bei mir selber schwöre ich, spricht der Herr, weil du das getan und mir deinen einzigen Sohn nicht verweigert hast, darum will ich dich segnen und deine Nachkommen so zahlreich machen wie die Sterne am Himmel und wie den Sand am Meer.»
Dann kehrte Abraham zu seinen Knechten zurück. Sie brachen zusammen auf, zogen nach Beerscheba und blieben dort wohnen.

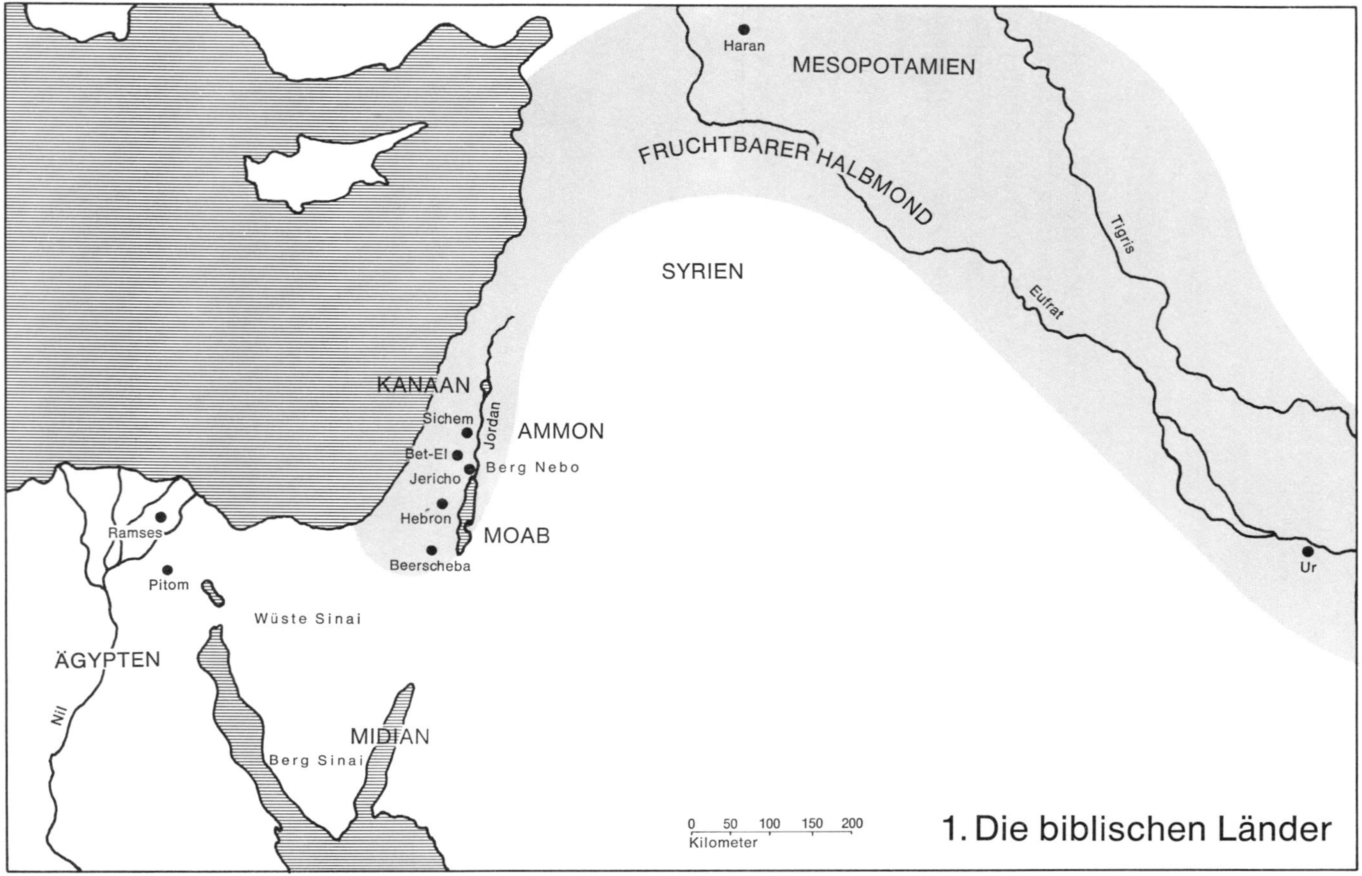

1. Die biblischen Länder

Eine Frau für Isaak

Abraham war sehr alt geworden, und Gott hatte ihn reich gesegnet. Der Verwalter seines ganzen Besitzes war sein ältester Knecht. Ihm befahl Abraham: «Du sollst für meinen Sohn Isaak eine Frau suchen, aber schwöre mir: kein Mädchen der Kanaaniter, unter denen ich wohne! Zieh in meine Heimat, zu meinen Verwandten, von dort sollst du sie holen.»
Der Knecht fragte: «Wenn aber das Mädchen nicht mit mir kommen will? Soll ich dann deinen Sohn in das Land zurückbringen, aus dem du weggegangen bist?»
Abraham sagte: «Das darfst du auf keinen Fall. Gott hat mich aus meiner Heimat und aus meinem Vaterhaus geholt. Er redete zu mir und hat mir geschworen ‹Dieses Land will ich deinen Nachkommen geben›. Er wird dir seinen Engel vorausschicken, damit du dort eine Frau für meinen Sohn findest.»
Der Knecht schwor feierlich, er werde tun, wie Abraham befohlen habe. Mit zehn Kamelen und vielen kostbaren Dingen aus Abrahams Besitz brach er auf und zog nach Syrien, zur Stadt Haran. Am Brunnen vor der Stadt ließ er die Kamele sich lagern. Es war Abend, die Zeit, da die Frauen Wasser schöpfen kommen.
Da betete er: «Herr, Gott meines Herrn Abraham, laß mich heute Glück haben, und sei gütig gegen Abraham. Ich stelle mich hier zum Brunnen, und die Mädchen kommen aus der Stadt, um Wasser zu schöpfen. Wenn ich nun zu einem Mädchen sage ‹Neige doch deinen Krug und laß mich trinken›, und es antwortet ‹Trink nur, und auch deine Kamele will ich tränken› – die soll es sein, die du für Isaak bestimmt hast. Daran sehe ich dann, daß du gegen Abraham gütig bist.»
Er hatte kaum ausgeredet, da kam ein sehr schönes Mädchen, den Krug auf der Schulter. Es war Rebekka, die Enkelin von Abrahams Bruder Nahor. Sie stieg zur Quelle hinab, füllte ihren Krug und kam wieder herauf.
Der Knecht lief ihr entgegen und bat: «Laß mich doch ein wenig Wasser aus deinem Krug trinken.»
Sie sagte: «Trink nur, Herr.» Sie hob den Krug auf die Hand hinab und ließ ihn trinken.
Als er seinen Durst gelöscht hatte, sagte sie: «Auch deinen Kamelen will ich schöpfen, bis sie genug getrunken haben.»
Rasch leerte sie den Krug in die Tränkrinne. Dann stieg sie wieder und wieder zur Quelle hinunter und schöpfte Wasser für alle Kamele. Der

Brunnen mit Tränkrinne

Mann sah ihr verwundert zu und dachte still darüber nach, ob Gott seine Reise glücken ließ.
Als die Kamele genug getrunken hatten, nahm er einen Nasenring und zwei Armspangen hervor, alles aus schwerem Gold. Dann fragte er: «Sag mir, wessen Tochter bist du? Und ist wohl Platz zum Übernachten im Haus deines Vaters?»
Sie antwortete: «Mein Vater ist Betuel, der Sohn Nahors. Stroh und Futter haben wir reichlich, auch Platz zum Übernachten.»
Da neigte sich der Mann, fiel vor Gott nieder und betete: «Der Gott meines Herrn Abraham sei gelobt. Er hat meinem Herrn seine Güte und Treue gezeigt. Hat er mich doch wirklich zur Familie meines Herrn geführt.»
Das Mädchen aber lief nach Hause und erzählte ihrer Mutter alles. Rebekkas Bruder Laban sah den Nasenring, sah die Spangen an den Armen seiner Schwester und hörte, wie sie von den Worten des Mannes berichtete. Da eilte er zum Brunnen hinaus und fand ihn noch immer bei den Kamelen stehen.
Laban sagte zu ihm: «Warum bleibst du draußen stehen? Dich hat Gott gesandt, komm herein! Ich habe das Haus aufgeräumt und auch für die Kamele Platz gemacht.»
Darauf kam der Knecht ins Haus. Laban schirrte die Kamele ab und gab ihnen Stroh und Futter. Dem Knecht und seinen Leuten brachte

man Wasser, um die Füße zu waschen. Dann setzte man ihm zu essen vor. Aber er sagte: «Ich esse nicht, bis ich meinen Auftrag ausgerichtet habe.»
Laban erwiderte: «So rede.»
Da berichtete er: «Ich bin Abrahams Knecht. Gott hat meinen Herrn so reich gesegnet, daß er viel besitzt: Schafe und Rinder, Silber und Gold, Knechte und Mägde, Kamele und Esel. Seine Frau Sara hat ihm im hohen Alter noch einen Sohn geboren, der alles erben wird. Nun hat mich mein Herr schwören lassen und sagte: ‹Du sollst für meinen Sohn Isaak eine Frau suchen, aber kein Mädchen der Kanaaniter, unter denen ich wohne. Zieh in meine Heimat, zu meinen Verwandten, von dort sollst du sie holen.›
Ich fragte: ‹Wenn sie aber nicht mit mir kommen will?›
Er antwortete: ‹Gott, dem ich immer gehorcht habe, wird dir seinen Engel voranschicken. Er wird sorgen, daß deine Reise gelingt, daß du für Isaak eine Frau aus meiner Verwandtschaft findest.›
Als ich nun heute zum Brunnen kam, betete ich: Herr, Gott meines Herrn Abraham, laß meine Reise jetzt gelingen. Ich stelle mich hier zum Brunnen. Sage ich nun zu einem Mädchen, das Wasser schöpfen kommt ‹Laß mich aus deinem Krug ein wenig Wasser trinken›, und es antwortet ‹Trink nur, und auch für deine Kamele will ich schöpfen› – die soll die Frau sein, die Gott für den Sohn meines Herrn bestimmt hat.
Ich hatte bei mir selber kaum ausgeredet, da kam auch schon Rebekka, den Krug auf der Schulter, stieg zur Quelle hinab und schöpfte. Da bat ich sie ‹Gib mir zu trinken.› Und schnell hob sie den Krug von der Schulter und sagte: ‹Trink nur, und auch deine Kamele will ich tränken.› So trank ich, und sie tränkte auch die Kamele.
Ich fragte sie ‹Wessen Tochter bist du?› Sie antwortete ‹Mein Vater ist Betuel, der Sohn Nahors.› Da legte ich ihr den Ring an die Nase und die Spangen an die Arme. Dann neigte ich mich, fiel vor Gott nieder und lobte den Gott meines Herrn Abraham. Er hat mich den rechten Weg geführt, daß ich für den Sohn meines Herrn die Tochter Betuels gefunden habe. Und wenn ihr nun meinem Herrn eure Liebe und Treue beweisen wollt, so sagt es mir; wenn aber nicht, so sagt es mir auch, daß ich wieder reisen kann.»
Laban und Betuel antworteten: «Das hat Gott so kommen lassen. Wir können nichts mehr dazu sagen. Da hast du Rebekka, nimm sie mit dir und gib sie dem Sohn deines Herrn zur Frau, wie Gott es bestimmt hat.» Als Abrahams Knecht das hörte, warf er sich vor Gott

nieder. Dann holte er silbernen und goldenen Schmuck und Kleider hervor und gab sie Rebekka. Auch ihrem Bruder und ihrer Mutter gab er kostbare Geschenke. Dann aßen und tranken sie, er und seine Leute, und übernachteten dort.
Als sie am andern Morgen aufstanden, sagte der Knecht: «Laßt mich nun wieder zu meinem Herrn ziehen.»
Aber Rebekkas Bruder und ihre Mutter erwiderten: «Laß doch das Mädchen noch ein paar Tage bei uns bleiben, zehn Tage, dann mag sie gehen.»
Er gab zur Antwort: «Gott hat meine Reise glücken lassen. Haltet mich nicht auf, laßt mich zu meinem Herrn ziehen.»
Sie meinten: «Wir wollen das Mädchen rufen und sie selbst fragen.» So riefen sie Rebekka und fragten sie: «Willst du mit diesem Mann ziehen?»
Sie antwortete: «Ja, ich will.»
Da ließen sie ihre Schwester Rebekka und deren Kindermagd mit Abrahams Knecht und seinen Leuten ziehen. Sie segneten Rebekka und sagten zu ihr: «Wir wünschen dir vieltausendmal tausend Nachkommen.» Darauf brach Rebekka mit ihren Mägden auf. Sie setzten sich auf die Kamele und folgten Abrahams Knecht, der mit ihnen fortzog.

Isaak aber wohnte damals im Süden des Landes. Einst ging er abends über Feld. Als er aufblickte, sah er Kamele daherkommen. Und als Rebekka aufblickte und Isaak sah, ließ sie sich vom Kamel hinab und fragte den Knecht: «Wer ist der Mann, der uns dort auf dem Feld entgegenkommt?»
Der Knecht gab zur Antwort: «Das ist mein Herr.»
Da nahm sie ihren Schleier und verhüllte sich. Der Knecht aber erzählte Isaak alles, was er getan und abgemacht hatte.
Dann führte Isaak Rebekka ins Zelt. Er nahm sie zur Frau und gewann sie lieb.

Mose

Die Israeliten kommen nach Ägypten

Nach den Geschichten von Abraham erzählt die Bibel aus dem Leben von Isaak und seiner Frau Rebekka, dann von ihren Zwillingskindern Esau und Jakob. Esau, der Erstgeborene und Stärkere, wurde Jäger und war der Liebling des Vaters. Jakob blieb lieber bei seiner Mutter im Haus. Als Isaak alt geworden war, wollte er Esau segnen und ihn so zum Erben machen. Doch es gelang Jakob durch eine List, Esau zu verdrängen und den Segen des Vaters und die Erbschaft für sich zu erhalten. Esau wurde so zornig, daß er Jakob umbringen wollte. Dieser floh nach Mesopotamien, in die Heimat Abrahams.

Laban, ein Verwandter, nahm ihn auf. Jakob war jahrelang sein Knecht und heiratete seine Töchter Lea und Rahel. Dann kehrte er nach Kanaan zurück, wo ihn Esau wieder freundlich empfing. Zwölf Söhne wurden ihm geboren: Ruben, Simeon, Levi, Juda, Dan, Naftali, Gad, Ascher, Issachar, Sebulon, Josef, Benjamin. Besonders lieb war ihm Josef. Das machte die anderen Söhne neidisch, und sie verkauften Josef als Sklaven nach Ägypten. Weil er die Träume des Pharao (so nennt man die ägyptischen Könige) deuten konnte, kam Josef an den Königshof und wurde dort ein hoher Beamter.

Unterdessen war eine große Dürre und Hungersnot über Kanaan gekommen, und Jakob sandte seine Söhne nach Ägypten, um dort Getreide einzukaufen. Sie wurden von Josef, den sie zunächst nicht erkannten, freundlich aufgenommen. Als sie zum zweitenmal zu ihm kamen, gab er sich ihnen zu erkennen. Er ließ auch seinen Vater Jakob nach Ägypten kommen, so daß dort die ganze Familie wieder beisammen war. Ihre Nachkommen heißen in der Bibel Israeliten.

Notleidende aus Palästina bitten um Aufnahme in Ägypten. Nach einem Relief

Die Israeliten als Sklaven

Die Israeliten hatten viele Kinder und wurden so zahlreich und stark, daß sie sich im ganzen Land ausbreiteten. Nun kam in Ägypten ein neuer König zur Macht, der nichts mehr von Josef wußte. Er sagte zu seinem Volk: «Die Israeliten sind uns zu zahlreich und zu stark. Wir wollen klug gegen sie vorgehen, sonst werden sie noch zahlreicher. Und wenn wir in einen Krieg geraten sollten, könnten sie auf der

Seite unserer Feinde gegen uns kämpfen und das Land in ihre Macht bringen.»
So kamen die Israeliten unter die Gewalt von Fronvögten. Sie wurden zu Sklavendiensten gezwungen und mußten dem Pharao neue Städte bauen. Durch harte Arbeit mit Lehm und Ziegeln und durch Feldarbeiten aller Art, zu denen man sie mit Gewalt antrieb, machten ihnen die Ägypter das Leben sauer.
Doch je mehr man sie unterdrückte, desto zahlreicher wurden sie und breiteten sich aus, so daß man sich vor ihnen fürchtete.
Da gebot der König seinen Leuten: «Werft alle Knaben, die bei den Hebräern geboren werden, in den Nil. Die Mädchen könnt ihr am Leben lassen.»

Geburt und Rettung des Mose

Ein Mann aus dem Stamm Levi war mit einer Frau aus dem gleichen Stamm verheiratet. Als die Frau einmal einen Sohn bekam und sah, daß er schön war, verbarg sie ihn drei Monate lang. Länger konnte sie ihn nicht versteckt halten, darum besorgte sie sich einen Korb aus Schilf, verklebte ihn mit Asphalt und Pech und legte das Kind hinein. Dann setzte sie ihn am Nilufer in das Schilf. Seine Schwester aber stellte sich nicht weit davon hin, damit sie sehen konnte, was mit ihm geschehen würde.
Da kam die Tochter des Pharao an den Nil herunter, um zu baden, während ihre Dienerinnen am Ufer hin- und hergingen. Sie sah den Korb mitten im Schilf, rief eines der Mädchen und ließ ihn holen. Als sie ihn aufmachte und hineinschaute, sah sie einen weinenden Knaben. Sie hatte Mitleid mit ihm und sagte: «Das ist so ein Hebräerkind.»
Nun kam die Schwester herbei und fragte die Tochter des Pharao: «Soll ich dir eine Hebräerfrau holen gehen, die dem Kind zu trinken geben kann?»
Die Tochter des Pharao antwortete: «Ja, geh», und das Mädchen ging und rief die Mutter des Kindes.
Die Königstochter sagte zu ihr: «Nimm das Kind da mit. Gib ihm von deiner Milch zu trinken und zieh es auf; du sollst dafür Lohn bekommen.»

Ägyptische Königin

So nahm die Frau ihr Kind und stillte es. Als es größer geworden war, brachte sie es der Königstochter. Die nahm es als Sohn an und gab ihm den Namen Mose.

Die Flucht nach Midian

Als Mose herangewachsen war, ging er einmal zu den Leuten seines Volkes hinaus und schaute ihren Sklavenarbeiten zu. Da sah er, wie ein Ägypter einen Israeliten erschlug. Er blickte sich nach allen Seiten um. Als er sah, daß kein Mensch zugegen war, schlug er den Ägypter tot und verscharrte ihn im Sand.
Am nächsten Tag ging er wieder hinaus. Da waren zwei Israeliten gerade dabei, sich zu raufen. Er sagte zu dem, der im Unrecht war: «Warum willst du deinen Kameraden erschlagen?»
Der fragte zurück: «Wer hat denn dich zum Aufseher und Richter über uns gemacht? Willst du mich etwa auch umbringen wie den

Ägypter?» Da geriet Mose in Angst und sagte sich: Die Sache ist tatsächlich bekannt geworden.
Der Pharao hörte davon und suchte Mose zu töten. Er flüchtete sich vor dem Pharao in das Land Midian.
An einer Wasserstelle ruhte er sich aus. Da kamen sieben Mädchen herbei, die Töchter von Jitro, dem Priester von Midian, um ihre Tiere zu tränken. Sie schöpften Wasser und füllten die Tränkrinnen, aber da kamen Hirten und jagten sie weg. Nun stand Mose auf, half ihnen und tränkte ihre Schafe und Ziegen. Als sie dann nach Hause kamen, sagte ihr Vater: «Warum seid ihr heute so früh zurück?»
Sie antworteten: «Ein Ägypter hat uns gegen die Hirten geholfen. Er hat uns selber auch noch Wasser geschöpft und die Tiere getränkt.»
Da sagte Jitro zu seinen Töchtern: «Wo ist er denn? Warum habt ihr den Mann stehen lassen? Ruft ihn, er soll mit uns essen.»
Mose war einverstanden, bei dem Mann wohnen zu bleiben, und Jitro gab ihm seine Tochter Zippora zur Frau.

Gott macht Mose zu seinem Boten

Mose wurde Hirt über die Herden seines Schwiegervaters. Einst trieb er die Schafe weit hinaus, bis an den Rand der Wüste, und kam an den Gottesberg.
Da sah er plötzlich einen Dornbusch, der in hellen Flammen stand und doch nicht verbrannte. Er sagte sich: Ich will doch hingehen und mir ansehen, warum der Dornbusch nicht verbrennt; das ist eine sonderbare Erscheinung.
Gott sah, daß Mose vom Weg abging, um sich das anzusehen. Da rief er ihn an und sagte: Komm hier nicht näher. Zieh deine Sandalen von den Füßen, denn da, wo du stehst, ist heiliger Boden. –
Und weiter sagte Gott: Ich habe das Elend meines Volkes in Ägypten genau gesehen, und ich habe gehört, wie sie über ihre Sklaventreiber jammern. Ich kenne ihre Leiden. Ich bin herabgekommen, um sie aus der Gewalt der Ägypter zu retten. Ich will sie aus Ägypten hinausführen in ein gutes weites Land.
Geh und versammle die Ältesten des Volkes Israel und sprich zu ihnen: Der Gott eurer Väter, der Gott von Abraham, Isaak und Jakob ist mir erschienen und hat gesagt: Ich habe auf euch und auf das,

Sklavenarbeit in Ägypten. Herstellung von Ziegeln, Bauarbeiten

was euch in Ägypten angetan wird, genau geachtet, und ich habe beschlossen, euch aus dem Elend in Ägypten hinauszuführen. –
Doch Mose erwiderte Gott: «Herr, ich bin kein Mann, der zu reden versteht. Ich war es seit jeher nicht, und auch jetzt, da du mit deinem Knecht sprichst, bin ich es nicht. Mein Mund ist schwerfällig, und meine Zunge ist schwerfällig.»
Gott sagte zu Mose: Wer hat dem Menschen den Mund gemacht? Wer macht stumm oder taub oder sehend oder blind? Bin das nicht ich, Gott der Herr? – So geh jetzt. Ich selbst will mit deinem Mund sein und dich lehren, was du sagen sollst. –
Aber Mose entgegnete: «Ach, Herr, nimm doch irgend einen andern als Boten.»
Da wurde Gott zornig über Mose, und er sagte: Ist da nicht noch dein Bruder Aaron? Ich weiß, daß er gut reden kann. Er hat sich schon auf den Weg gemacht und kommt dir entgegen; wenn er dich sieht, freut er sich von Herzen. Rede mit ihm: er soll für dich sprechen. Ich will euch dabei helfen und euch sagen, was ihr tun sollt. Er soll für dich zum Volk reden, an deiner Stelle, so wie du für ihn an meiner Stelle bist. –
Mose ging zurück zu seinem Schwiegervater Jitro und sagte zu ihm: «Ich will zu den Leuten meines Volkes in Ägypten zurückkehren und sehen, ob sie noch am Leben sind.»
Jitro ließ ihn ziehen und wünschte ihm eine gute Reise. So brach Mose auf, setzte Frau und Kind auf einen Esel und kehrte nach Ägypten zurück.

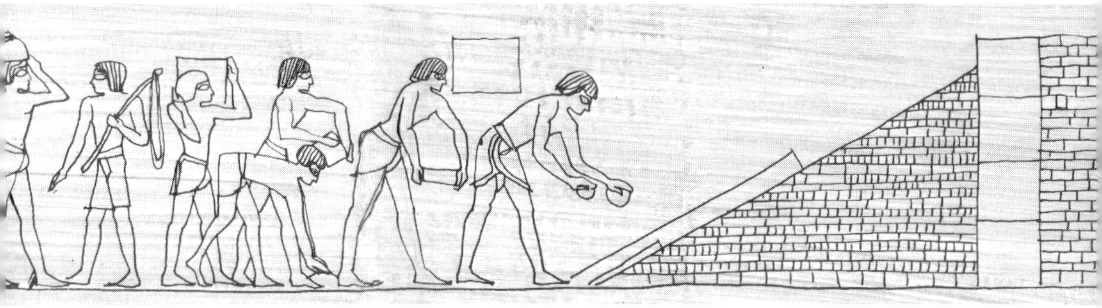

Mose vor dem Pharao

Mose und Aaron traten vor den König von Ägypten und sagten: «So hat der Herr, Israels Gott, gesprochen: Laß mein Volk ziehen.»
Der Pharao antwortete: «Wer ist dieser Gott? Warum soll ich ihm gehorchen und das Volk Israel ziehen lassen? Ich kenne diesen Gott nicht und will die Israeliten nicht ziehen lassen. Warum, Mose und Aaron, wollt ihr sie von ihrer Arbeit abhalten? Fort mit euch!»
Der König dachte: Sie sind ja jetzt schon zahlreicher als die einheimische Bevölkerung. – Darum befahl er den Fronvögten und Aufsehern noch am selben Tag: «Gebt den Leuten kein Stroh mehr zum Ziegelmachen wie bisher. Sie sollen sich das Stroh selber zusammensuchen. Verlangt aber, daß sie die gleiche Anzahl Ziegel herstellen wie bisher, laßt ihnen davon nichts ab, denn sie sind faul. Die Arbeit soll schwer auf den Leuten lasten, daß sie damit genug zu tun haben und nicht verkehrtem Zeug nachsinnen.»
Da gingen die Fronvögte zu den Israeliten hinaus und gaben bekannt: «Der König läßt euch kein Stroh mehr liefern. Geht selber Stroh suchen, wo ihr welches findet, aber von der Arbeit wird euch nichts erlassen.»
Nun zerstreute sich das Volk im ganzen Land, um Stroh zu sammeln. Die Sklaventreiber aber drängten ständig und befahlen: «Leistet eure Arbeit, jeden Tag dasselbe Maß wie vorher, als noch Stroh da war.» Und die israelitischen Vorarbeiter, die von den Fronvögten des Königs eingesetzt waren, wurden geprügelt. Man warf ihnen vor: «Warum habt ihr euer Maß Ziegel weder gestern noch heute voll abgeliefert wie bisher?»

Da gingen die israelitischen Aufseher vor den König und klagten: «Warum behandelst du deine Knechte so schlecht? Man gibt uns kein Stroh mehr und befiehlt uns trotzdem ‹Macht Ziegel!› Obendrein werden deine Knechte noch geprügelt. So bringst du Schuld über dein Volk.»
Er aber sagte: «Faulenzer seid ihr, Faulenzer! Fort an eure Arbeit! Stroh wird euch nicht gegeben, aber die festgesetzte Anzahl Ziegel sollt ihr abliefern!»
Nun sahen sich die Aufseher der Israeliten in einer schlimmen Lage, weil man ihnen gesagt hatte, sie dürften ihre Tagesleistung Ziegel nicht vermindern. Als sie vom König kamen, trafen sie Mose und Aaron an, die dastanden und auf sie warteten. Zu diesen sagten sie: «Ihr habt uns beim König und seinen Dienern verhaßt gemacht und habt ihnen einen Grund gegeben, uns zu vernichten. Gott soll euch dafür strafen.»
Da wandte sich Mose wieder an Gott und klagte: «Herr, warum hast du dein Volk so übel behandelt? Warum hast du mich denn hergeschickt? Seit ich vor den König getreten bin, um in deinem Auftrag zu reden, hat er dieses Volk noch übler behandelt. Gerettet hast du aber dein Volk wahrhaftig nicht.»
Gott sagte zu Mose: Jetzt wirst du sehen, was ich dem König tun werde. Er wird die Israeliten noch mit Gewalt aus seinem Land treiben.

Die Plagen über Ägypten

Noch ehe die Berichte des Alten Testaments aufgeschrieben wurden, erzählten sich die Israeliten gern und mit Schaudern von der schrecklichen Zeit, da ihr Sklavenleben in Ägypten seinem Ende zuging. Damals waren furchtbare Katastrophen über das Land am Nil hereingebrochen, eine nach der andern, eine schrecklicher als die andere, und in ihren Erzählungen machten sie das alles noch schlimmer.

Einst starben nämlich alle Fische im Nil. Das Wasser stank so sehr, daß die Menschen nicht mehr aus dem Fluß trinken konnten, sondern mühsam nach Grundwasser graben mußten. Kaum war das geschehen, so kam eine Fröschenplage über das Land. Ungeheure Mengen von Fröschen kamen aus den Seen und Sümpfen gekrochen. Sie ließen sich auf allen Feldern nieder und drangen in die Ortschaften ein, sogar in die

Massen. Und damit nicht genug: Hagelwetter kamen über das Land gezogen, wie man sie nie zuvor erlebt hatte, schlugen alles Grün von den Bäumen und hackten alles, was da wuchs, kurz und klein. So war die Ernte verloren, und mit der nächsten ging es nicht besser. Da trieb der Ostwind ganze Wolken von Heuschrecken vom Steppenland her ins Niltal hinüber. Es waren Mengen, wie man sie nie gesehen hatte, seit man sich erinnern konnte. Sie verschonten keinen Halm und kein Blatt. Und wunderbar – so erzählte man später – das Land Goschen, wo die Israeliten wohnten, blieb von all diesen Plagen verschont.

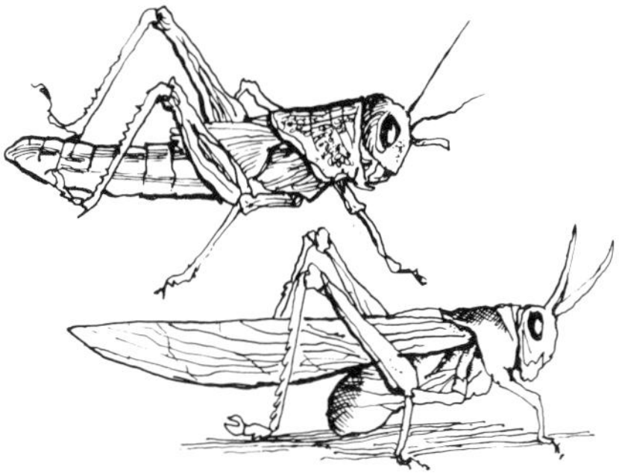

Wanderheuschrecken

Häuser. Dann starben sie, daß man sie zu Haufen zusammenschaufeln mußte, und der Gestank war lange Zeit kaum zum Aushalten.

Diese Plagen aber, so erzählten die Israeliten, hatten Mose und Aaron über das Land gerufen, weil der König von Ägypten ihr Volk nicht auswandern lassen wollte. Doch das Herz des Königs sei hart geblieben, und darum sei auch das spätere Unheil über Ägypten gekommen.

Da vermehrten sich nämlich die Mücken so gewaltig, daß sich die Leute nicht mehr gegen sie wehren konnten. Obendrein wurde alles Vieh der Ägypter von Seuchen befallen; Kamele und Pferde, Rinder und Esel, Schafe und Ziegen starben in

Der Pharao aber rief in den schlimmen Zeiten Mose und Aaron zu sich. Sie sollten zu ihrem Gott beten, sagte er, daß Ägypten die Plagen los werde; dann wolle er die Israeliten ziehen lassen. Doch kaum hatten sie das von Gott erbeten, so wurde das Herz des Königs wieder hart. Mose streckte nun auf Gottes Gebot seine Hand zum Himmel auf, und es wurde im ganzen Land Ägypten stockfinster. Kein Mensch konnte den andern sehen, drei Tage lang – aber wo Israeliten wohnten, war es hell. Darauf ließ der Pharao wieder Mose zu sich holen. Nun könnten sie ziehen, sagte er, samt den Frauen und Kindern. Nur ihr Vieh sollten sie im Lande lassen. Als Mose das ablehnte, kehrte die Härte in das Herz des Königs zurück. Er schickte Mose fort und drohte ihm mit dem Tod, wenn er ihm noch einmal vor die Augen komme.

Mose gab zur Antwort: «Das hast du richtig gesagt. Ich komme dir nicht mehr vor die Augen.»

Einsetzung des Pas-cha

Gott sagte zu Mose: Noch eine einzige Plage will ich über den König und über Ägypten bringen. Dann wird er euch wegziehen lassen, wird euch sogar samt und sonders vertreiben. –
Und Mose sagte zum König: «So hat der Herr gesprochen: Um Mitternacht werde ich mitten durch Ägypten ziehen. Dann wird jeder Erstgeborene sterben, vom Erstgeborenen des Königs, der ihm auf dem Thron folgen sollte, bis zum Erstgeborenen der Sklavin, die hinter ihrer Handmühle sitzt, und dazu alle Erstgeburten beim Vieh. Im ganzen Land wird ein solches Wehklagen sein wie nie zuvor und auch nie wieder. Gegen die Israeliten wird aber nicht einmal ein Hund bellen, damit ihr merkt, daß Gott einen Unterschied macht zwischen Israeliten und Ägyptern. Und alle deine Leute werden zu mir kommen, vor mir niederfallen und sagen ‹Zieht aus, du und das ganze Volk, dessen Führer du bist!› Dann werde ich ausziehen.» Damit verließ er den Pharao in großem Zorn.
Mose rief nun alle Ältesten des Volkes zusammen und sagte zu ihnen: «Nehmt euch Schafe, für jede Familie eines, und schlachtet es zum Pas-cha. Dann nehmt ein Büschel Ysop, taucht es in das Blut im Becken und streicht von dem Blut an den Türsturz und an beide Türpfosten. Es soll aber keiner von euch vor die Tür seines Hauses treten bis zum andern Morgen. Denn der Herr wird vorübergehen, um die Ägypter zu schlagen. Wenn er das Blut am Türsturz und an den Pfosten sieht, dann geht er an der Tür vorbei und läßt nicht zu, daß der Todesengel in eure Häuser kommt und euch trifft.
Dies sollt ihr so halten, ihr und eure Kinder, als Gebot für alle Zeit. Und wenn ihr in das Land kommt, das Gott euch geben wird, wie er versprochen hat, sollt ihr an diesem heiligen Brauch festhalten. Fragen euch dann die Kinder: Was bedeutet dieser heilige Brauch? so sollt ihr antworten: Es ist das Pas-chaopfer für Gott, weil er an den Häusern der Israeliten vorüberging, damals in Ägypten, als er die Ägypter schlug, aber unsere Häuser verschonte.»
Da verneigte sich das Volk, fiel nieder und betete.
Um Mitternacht ließ Gott alle Erstgeborenen in Ägypten sterben, vom Erstgeborenen des Pharao, der ihm auf dem Thron folgen sollte, bis zum Erstgeborenen des Gefangenen im Kerker und dazu alle Erstgeburten beim Vieh.
In jener Nacht stand der König auf, er und seine Beamten und alle Ägypter, und es gab ein großes Wehklagen im Land, denn da war kein

Haus, in dem nicht ein Toter lag. Noch in der Nacht ließ er Mose und Aaron rufen und sagte: «Macht euch auf und zieht weg aus meinem Land. Geht, und dient eurem Gott, wie ihr verlangt habt. Geht, und führt auch eure Schafe und Rinder mit, wie ihr verlangt habt.»

Die Ägypter wollten das Volk Israel rasch aus dem Land haben und drängten zur Eile, denn sie sagten sich: Wir müssen sonst noch alle sterben.

Da nahmen die Israeliten ihren Brotteig, noch ehe er durchsäuert war, wickelten die Backschüsseln in ihre Mäntel und trugen sie auf den Schultern. So brachen sie auf, und viel fremdes Volk zog mit ihnen, dazu Schafe und Rinder, eine gewaltige Menge Vieh. Den Brotteig, den sie aus Ägypten mitgetragen hatten, buken sie zu ungesäuerten Fladen, denn sie waren ja so rasch aus dem Land getrieben worden, daß er nicht gesäuert war, und auch für Reiseproviant hatten sie nicht gesorgt.

Sie zogen bis an den Rand der Wüste. Gott aber ging vor ihnen her, tagsüber in einer Wolkensäule, um ihnen den Weg zu zeigen, und nachts in einer Feuersäule, um ihnen zu leuchten. So konnten sie bei Tag oder Nacht wandern. Die Wolkensäule am Tag und die Feuersäule in der Nacht wichen nie von der Spitze ihres Zuges.

Die Rettung am Meer

Ein älterer Bericht:

Nun wurde dem König von Ägypten gemeldet, das Volk sei geflohen. Da änderten der Pharao und seine Ratgeber ihre Meinung wieder, und sie sagten: «Was haben wir da getan, daß wir die Israeliten ziehen ließen. Jetzt arbeiten sie nicht mehr für uns.»

Der König ließ alle seine Streitwagen anspannen und jeden mit drei Wagenkämpfern besetzen. So jagten die Ägypter hinter den Israeliten her.

Ein jüngerer Bericht:

Gott verhärtete das Herz des Königs von Ägypten, so daß er mit seinen Streitwagen und Wagenkämpfern den Israeliten nachjagte. Er erreichte sie dort, wo sie sich am Meer gelagert hatten.

Als der Pharao so nahe herangekommen war, schrien die Israeliten zu Gott um Hilfe. Gott aber sagte zu Mose: Warum schreit ihr zu mir um Hilfe? Sag den Israeliten, sie sollen aufbrechen. Du aber hebe deinen Stock empor,

Als diese sahen, daß die Ägypter hinter ihnen her waren, bekamen sie große Angst. Aber Mose sagte zum Volk: «Fürchtet euch nicht. Stellt euch hin und schaut, wie Gott euch heute helfen wird. So, wie ihr die Ägypter heute zu sehen bekommt, werdet ihr sie nie wieder sehen. Gott selbst wird für euch kämpfen, ihr aber werdet euch still verhalten.»
Da ging die Wolkensäule von der Spitze des Zuges weg, stellte sich hinter sie und blieb zwischen dem Heer der Ägypter und dem Heer Israels stehen. Es wurde Nacht, und die Wolke wurde so dunkel, daß sie nicht aneinander geraten konnten.
Gott aber trieb durch einen starken Ostwind die ganze Nacht hindurch das Meer zurück und legte es trocken. Um die Zeit der letzten Nachtwache schaute er in der Wolkensäule auf das Lager der Ägypter und versetzte ihr Heer in ungeheuren Schrecken.
Da sagten die Ägypter: «Wir wollen vor den Israeliten fliehen, denn Gott selbst kämpft für sie gegen Ägypten.» Er aber hemmte die Räder ihrer Streitwagen und ließ sie nur mühsam vorwärtskommen. Da kehrte beim Morgengrauen das Meer in sein gewöhnliches Bett zurück, als die Ägypter ihm gerade entgegenflohen, und Gott trieb sie mitten ins Meer hinein.
So rettete der Herr an jenem Tag streck deine Hand über das Meer aus und spalte es, daß die Israeliten auf trockenem Boden mitten ins Meer hineingehen können. Ich will das Herz der Ägypter hart machen, daß sie hinter euch her hineingehen, und dann will ich meine Macht zeigen, am Pharao und an seinem ganzen Heer, an seinen Streitwagen und Wagenkämpfern. Die Ägypter sollen merken, daß ich der Herr bin, wenn ich an ihnen meine Macht zeige, am Pharao und an seinen Streitwagen und Wagenkämpfern. –
Mose streckte seine Hand über das Meer aus, und das Wasser spaltete sich. Die Israeliten konnten auf trockenem Boden mitten in das Meer hineingehen, während links und rechts von ihnen das Wasser wie eine Mauer stand.
Die Ägypter aber jagten ihnen nach, alle Pferde und Streitwagen und Wagenkämpfer des Königs, mitten in das Meer hinein.
Da sagte Gott zu Mose: Streck deine Hand wieder über das Meer aus, daß das Wasser zurückkehrt, über die Ägypter und ihre Streitwagen und Wagenkämpfer. –
Und Mose streckte seine Hand über das Meer aus. Das Wasser kehrte zurück und deckte Streitwagen und Wagenkämpfer zu, das ganze Heer des Königs, das hinter ihnen ins Meer hinein gegangen war, so daß nicht ein einziger von ihnen am Leben blieb.

Pharao auf dem Kriegswagen

Israel vor der Gewalt der Ägypter. Die Israeliten sahen die Ägypter tot am Ufer des Meeres liegen und sahen, was die Macht Gottes den Ägyptern angetan hatte. Da empfanden sie tiefe Furcht vor Gott und hörten auf ihn und seinen Knecht Mose.

Die Israeliten aber waren auf trockenem Boden mitten durch das Meer gegangen, während links und rechts von ihnen das Wasser wie eine Mauer stand.

Das Mirjam-Lied:

Singt Gott dem Herrn,
denn er hat seine Macht gezeigt.
Rosse und Streitwagenkämpfer
warf er ins Meer.

Nahrung in der Wüste

Die Israeliten zogen weiter und kamen zu einem Ort mit vielen Quellen und Palmen, wo das ganze Volk sich eine Zeit lang lagerte. Als sie weiterwanderten, gelangten sie wieder in die Wüste. Das war sechs Wochen nach ihrem Auszug aus Ägypten. Dort in der Wüste murrte das ganze Volk gegen Mose und Aaron. Die Israeliten hielten ihnen vor: «In Ägypten saßen wir an Töpfen mit Fleisch und hatten reichlich Brot. Wären wir doch damals durch Gottes Hand gestorben! Denn ihr habt uns in diese Wüste herausgeführt, damit wir hier alle zusammen verhungern.»
Da sagte Gott zu Mose: Ich habe gehört, wie die Israeliten murren. Sprich zu ihnen: Am Abend sollt ihr Fleisch zu essen bekommen und am Morgen reichlich Brot, damit ihr merkt, daß ich der Herr bin, euer Gott. –
Am Abend kamen Wachteln in dichten Schwärmen zum Lager geflogen, und am Morgen lag ein Bodennebel rings um das Lager. Als der Dunst sich gehoben hatte, lagen kleine Körner auf dem Wüstenboden, fein und knisternd wie Reif auf der Erde.
Die Israeliten sahen das, wußten aber nicht, was es war, und sagten zueinander: «Was ist das?» Von da an nannten sie es Manna. Die Körner waren hell wie Koriandersamen und schmeckten wie Honigkuchen.
Mose sagte zu ihnen: «Das ist das Brot, das Gott euch zu essen gibt. Und so hat er befohlen: Sammelt davon, soviel jeder zum Essen braucht. Jeder soll für seine Zeltgenossen holen gehen, einen Krug voll pro Kopf, je nach ihrer Zahl.»
Das taten die Israeliten und sammelten ein, der eine viel, der andere wenig. Als sie es aber mit den Krügen abmaßen, da hatte der, der viel gesammelt hatte, keinen Überfluß, und der, der wenig gesammelt hatte, keinen Mangel; jeder hatte gerade soviel, wie er brauchte.
Nun sagte Mose zu ihnen: «Keiner soll etwas davon bis morgen aufbewahren.» Sie gehorchten ihm aber nicht, sondern einige bewahrten etwas davon bis zum andern Morgen auf. Das verdarb, wurde voll Würmer und stank. Mose aber wurde zornig über sie.
So sammelten sie es Morgen für Morgen ein, jeder soviel, wie er brauchte.

Gott erscheint am Sinai

Als die Israeliten in die Wüste Sinai kamen, lagerten sie sich dort dem Berg gegenüber.
Da sagte Gott zu Mose: Geh zum Volk. Befiehl ihnen, sie sollen sich heute und morgen rein halten, ihre Mäntel waschen und auf übermorgen bereit sein. Denn übermorgen wird Gott vor den Augen des ganzen Volkes auf den Berg Sinai herabkommen. Zieh dem Volk eine Grenze vor dem Berg und sag ihnen dazu: Hütet euch, auf den Berg zu steigen oder auch nur an seinen Rand zu kommen. Jeder, der den Berg berührt, soll ohne Gnade getötet werden. Niemand darf ihn berühren, sonst wird er ohne Gnade gesteinigt oder erschossen; er darf nicht am Leben bleiben, sei es Mensch oder Tier. Erst wenn das Widderhorn ertönt, sollen sie auf den Berg steigen. –
Nun ging Mose zum Volk. Er befahl ihnen, sich rein zu halten, und sie wuschen ihre Mäntel. Und er sagte zum Volk: «Seid bereit auf übermorgen.»
Am dritten Tag aber war der Berg Sinai ganz in Rauch gehüllt, weil Gott im Feuer auf ihn herabgekommen war. Der Rauch stieg von ihm auf wie von einem Schmelzofen, und der ganze Berg bebte stark. Gott rief Mose zu sich auf den Gipfel, und Mose stieg hinauf.
Dort sagte Gott zu ihm: Hau dir zwei steinerne Tafeln zurecht und halte dich bereit, morgen früh wieder heraufzusteigen und auf dem Gipfel vor mich zu treten. –
Mose ging und hieb die zwei steinernen Tafeln zurecht. Früh am andern Morgen stieg er auf den Berg Sinai, wie Gott ihm befohlen hatte, und nahm die beiden Tafeln mit sich.
Da kam Gott in der Wolke herab. Mose trat neben ihn, rief den Namen Gottes an, und der Herr zog vor ihm vorüber. Mose aber verneigte sich sogleich bis zur Erde und warf sich nieder. Darauf sprach Gott: Ich will heute einen Bund schließen. Halte genau, was ich dir heute gebiete.

5 Der Pharao Ramses II. Statue in einem ägyptischen Tempel

Die zehn Gebote

Gott sprach alle die folgenden Worte:

Ich bin der Herr, dein Gott, der dich aus dem Land Ägypten, aus dem Sklavenhaus herausgeführt hat.

Du sollst neben mir keine anderen Götter haben.

Du sollst dir kein Gottesbild machen, kein Abbild von etwas, das oben im Himmel ist oder unten auf der Erde oder im Wasser unter der Erde. Du sollst vor ihnen nicht niederfallen und ihnen nicht dienen, denn ich, dein Herr und Gott, bin ein eifersüchtiger Gott. Bei denen, die mich hassen, strafe ich die Schuld der Väter an den Kindern und Enkeln und Urenkeln. Bei Tausenden aber, die mich lieben und meine Gebote halten, zeige ich meine Treue.

Du sollst den Namen des Herrn, deines Gottes, nicht leichtfertig aussprechen; denn Gott wird den nicht ungestraft lassen, der seinen Namen leichtfertig ausspricht.

Achte auf den Sabbattag und halte ihn heilig. Sechs Tage sollst du arbeiten und all dein Werk tun; aber der siebente Tag ist der Ruhetag deines Gottes. Da sollst du nicht arbeiten, ebensowenig dein Sohn und deine Tochter, dein Knecht und deine Magd, ebensowenig dein Vieh und der Fremde, der bei dir wohnt. Denn in sechs Tagen hat Gott den Himmel und die Erde gemacht, das Meer und alles, was in ihnen ist. Am siebenten Tag aber ruhte Gott; darum hat er den siebenten Tag gesegnet und für heilig erklärt.

Ehre deinen Vater und deine Mutter, damit du in dem Land, das Gott dir geben will, ein langes Leben hast.

Du sollst nicht töten.

Du sollst nicht ehebrechen.

Du sollst nicht stehlen.

Du sollst nichts Falsches über deinen Nächsten sagen.

Du sollst nicht besitzen wollen, was deinem Nächsten gehört, weder sein Haus, noch seine Frau, noch seinen Knecht oder seine Magd, noch sein Rind oder seinen Esel, überhaupt nichts, was ihm gehört. –

Und Gott sagte zu Mose: Schreib dir diese Worte auf; denn diese Worte sind die Grundlage für den Bund, den ich hier mit dir und Israel schließe. –

Mose blieb dort bei Gott, vierzig Tage und vierzig Nächte. Er aß kein Brot und trank kein Wasser, und er schrieb die Worte des Bundes auf die Tafeln.

Die Zeichen des Bundes

Dann kam Mose wieder zum Volk und berichtete ihm alle Worte Gottes und alle Gebote. Das ganze Volk gab darauf einstimmig zur Antwort: «Alle Gebote, die Gott gegeben hat, wollen wir halten.»
Früh am andern Morgen stand Mose auf und errichtete unten am Berg einen Altar und außerdem zwölf Steine für die zwölf Stämme Israels. Dann gebot er den jungen Männern unter den Israeliten, sie sollten Gott Brandopfer darbringen und junge Stiere als Schlachtopfer.
Mose nahm die Hälfte des Blutes und goß es in Schalen, die andere Hälfte spritzte er über den Altar. Nachher las er dem Volk die Worte des Bundes vor, und sie sagten: «Alles, was Gott geredet hat, wollen wir tun und darauf hören.»
Mose nahm das Blut in den Schalen, spritzte es über das Volk hin und sagte: «Das ist das Blut des Bundes, den Gott auf Grund aller dieser Worte hier mit euch schließt.»

Das goldene Kalb

Wie Mose die Gebote Gottes vernahm und wie die Worte auf die Tafeln geschrieben wurden, haben mehrere Erzähler berichtet. Einer hat von den Zeichen des Bundes geschrieben. Ein zweiter fährt anders weiter und berichtet nach der Verkündung der zehn Gebote von einem schweren Vergehen der Israeliten:

Ägyptischer Stiergott

Als das Volk sah, daß Mose so lange nicht vom Berg herabkam, drängte es sich in Scharen zu Aaron. Sie sagten zu ihm: «Komm, mach uns Götter, die vor uns herziehen. Wir wissen ja nicht, was dem Mann da zugestoßen ist, dem Mose, der uns aus Ägypten hergeführt hat.»
Aaron sagte zu ihnen: «Reißt die goldenen Ringe ab, die eure Frauen, eure Söhne und Töchter an den Ohren tragen, und bringt sie zu mir.»
Nun rissen sich alle Leute die goldenen Ohrringe ab und brachten sie zu Aaron. Er nahm das Gold und machte mit Hilfe einer Form ein Kalb daraus.
Da riefen sie: «Das ist dein Gott, Israel, der dich aus Ägypten herausgeführt hat.»
Als Aaron das sah, baute er vor dem Kalb einen Altar auf und ließ verkünden: «Morgen ist ein Fest für Gott.»
Früh am andern Morgen brachten sie Brandopfer und schlachteten Opfertiere, und das Volk setzte sich hin, um zu essen und zu trinken. Dann standen sie auf, tanzten und vergnügten sich.
Gott sagte zu Mose: Mach dich auf und steig hinab, denn dein Volk, das du aus Ägypten hergeführt hast, tut Unrecht. Sie sind schnell von dem Weg abgewichen, den ich ihnen geboten habe. Ein gegossenes Kalb haben sie sich gemacht, sind vor ihm niedergefallen, haben ihm geopfert und sagten: ‹Das ist dein Gott, Israel, der dich aus Ägypten hergeführt hat›. –
Da wandte sich Mose und stieg den Berg hinab, die beiden Tafeln in der Hand. Auf beiden Seiten waren die Tafeln beschrieben; sie waren Gottes Werk, und die Schrift, die auf ihnen eingegraben war, Gottes Schrift. Josua hörte das laute Geschrei des Volkes und sagte zu Mose: «Es ist Kriegslärm im Lager.» Aber Mose erwiderte: «Das ist kein Siegesgeschrei und kein Geschrei von Besiegten; ich höre singen und lärmen.»
Als er näher zum Lager kam, sah er das Kalb und dazu Reigentänze. Jetzt fuhr der Zorn in ihm hoch. Er warf die Tafeln aus der Hand und zerbrach sie unten am Berg. Dann nahm er das Kalb, das sie gemacht hatten, verbrannte es und zerrieb es zu Pulver. Das streute er ins Wasser und gab es den Israeliten zu trinken.
Gott aber strafte das Volk dafür, daß es das Kalb gemacht hatte.

Die Israeliten bleiben lange Zeit beim Berg Sinai

Der gleiche Erzähler berichtet später, wie die Gesetzestafeln wieder erneuert wurden.
Die Israeliten blieben lange Zeit beim Berg Sinai. Als sie dort feierlich versprochen hatten, sie wollten die Gebote Gottes halten, ließ Mose eine prachtvoll geschmückte Truhe anfertigen. Darin wurden die Gesetzestafeln aufbewahrt. Sie waren die Grundlage für den Bund Gottes mit Israel, und darum bekam die Truhe den Namen Bundeslade. Diese Bundeslade stellte man am Rand des Lagers in ein besonderes Zelt aus kostbaren Teppichen, dazu einen Opferaltar und Geräte für den Gottesdienst. Von da an redete Gott in diesem Zelt zu Mose. Ein ganzer Stamm, die Nachkommen von Levi, erhielt die Aufgabe, für den Gottesdienst zu sorgen. Mose gab ihnen genaue Regeln dafür und machte Aaron zum obersten Priester.
Vor dem Aufbruch ließ Mose ein großes Verzeichnis des ganzen Volkes machen und teilte die Israeliten dann so ein, daß alle wußten, wohin sie auf dem Zug und im Lager gehörten, und wem sie zu gehorchen hatten. Nachdem sie vom Berg Sinai aufgebrochen waren, zogen sie gegen Norden weiter. Bald gelangten sie in eine Gegend, die von Kanaan nicht mehr weit entfernt war.

Die Kundschafter

Gott redete zu Mose und sagte: Schick Männer in das Land Kanaan, das ich den Israeliten geben will, aus jedem Stamm einen Anführer. Sie sollen sich das Land genau ansehen. –
Mose sandte die Leute aus und sagte zu ihnen: «Zieht durch das Südland und in die Berge hinauf. Seht nach, was es für ein Land ist, und ob das Volk, das dort wohnt, mächtig ist oder schwach, klein oder groß. Seht auch, ob es gutes oder schlechtes Land ist, in dem sie wohnen, und ob ihre Städte befestigt sind oder nicht. Und seht, ob der Boden fett oder mager ist, ob es dort Bäume gibt oder nicht. Haltet mutig durch, und bringt etwas von den Früchten des Landes mit.»
Darauf zogen sie aus und sahen sich im Land um. Als sie in die Gegend von Hebron gelangten, war es eben die Zeit der ersten Trauben. Sie schnitten dort eine Rebe ab mit einer einzigen Traube daran und

trugen sie zu zweit auf einem Gestell, dazu Granatäpfel und Feigen. Nach vierzig Tagen, als sie sich im Land umgesehen hatten, kehrten sie zurück in die Wüste zu Mose und Aaron und dem ganzen Volk der Israeliten. Sie brachten ihnen Bericht und zeigten ihnen die Früchte des Landes.

Feigen und Granatäpfel

Sie erzählten Mose: «Wir sind in das Land gegangen, in das du uns geschickt hast. Hier sind seine Früchte; es fließt wirklich von Milch und Honig. Aber es wohnt ein mächtiges Volk dort, und die Städte sind sehr groß und befestigt. Außerdem sahen wir dort solche Riesen, daß wir uns vor ihnen wie Heuschrecken vorkamen.»
Da gab es ein Geschrei im ganzen Volk, und sie jammerten die ganze Nacht hindurch. Alle Israeliten empörten sich gegen Mose und Aaron und sagten zu ihnen: «Wären wir nur in Ägypten gestorben. Oder wären wir doch hier in der Wüste gestorben. Warum will uns der Herr in dieses Land führen? Nur damit wir im Kampf umkommen? Damit unsere Frauen und Kinder geraubt werden? Ist es nicht besser, wir ziehen wieder nach Ägypten?» Und sie sagten zueinander: «Wir handeln nach unserm eigenen Kopf; wir kehren nach Ägypten zurück.»
Aber Josua und Kaleb, die zu den Kundschaftern gehörten, zerrissen voll Wut ihre Kleider und sagten vor dem ganzen Volk: «Das Land, das wir durchzogen haben, um uns dort umzusehen, dieses Land ist sehr, sehr gut. Wenn Gott uns wohlwill, bringt er uns in dieses Land und gibt es uns: ein Land, das von Milch und Honig fließt. Ihr aber, gehorcht Gott und fürchtet euch nicht vor dem Volk dort. Fressen werden wir sie. Sie haben den Schutz ihrer Götter verloren; aber unser Gott steht uns bei. Fürchtet euch nicht.»
Das ganze Volk wollte sie schon steinigen, da fing Gott zu sprechen an und sagte zu Mose: Wie lange wollen mich die Leute noch ver-

achten? Alle diese Männer haben meine Macht und meine Zeichen in Ägypten und in der Wüste gesehen. Dennoch haben sie mich immer wieder gereizt und haben nicht auf mich gehört. Sie sollen das Land, das ich ihren Vätern mit einem Schwur versprochen habe, nicht zu sehen bekommen, kein einziger außer Josua und Kaleb.

Die lange Wüstenwanderung

Als sich das Volk nach der Rückkehr der Kundschafter empört hatte, gebot Gott, sie sollten wieder in die Wüste zurückziehen. Die Israeliten hörten nicht darauf. Während Mose bei der Bundeslade im Lager blieb, zogen sie in die Berge hinauf. Dort wurden sie von den Kanaanitern überfallen und zurückgetrieben.

Darauf begann die Wüstenwanderung von neuem. Die Israeliten empörten sich immer wieder gegen die Gebote Gottes und gegen Mose. Manche waren eifersüchtig darauf, daß Mose allein mit Gott reden durfte, und sie warfen ihm vor, er sei nicht mehr wert als sie. Gott strafte die Israeliten hart, und Mose mußte ihn immer wieder bitten, das Volk in seinem Zorn nicht ganz zu vernichten.

Einmal litten sie großen Durst und schrien von neuem, sie wollten lieber sterben als dieses elende Leben führen. Als Mose und Aaron um Hilfe beteten, gebot ihnen Gott, auf die Felsen zu schlagen, dann würde Wasser hervorquellen. Das taten sie, aber so, als hätten sie es aus ihrer eigenen Kraft fertiggebracht und nicht mit der Hilfe Gottes. Das verzieh Gott nicht, und er sagte zu Mose und Aaron, auch sie würden nun nicht in das versprochene Land einziehen.

Die Wüstenwanderung dauerte so lange, bis keiner der Männer mehr lebte, die sich gegen Gott empört hatten, außer Mose und Aaron, Josua und Kaleb. Es waren vierzig Jahre kümmerliches Leben für die Israeliten, voll Not und Gefahr. Oft waren sie auf der Flucht vor andern Völkern, die ihnen mit Krieg drohten.

Im vierzigsten Jahr starb Aaron, vom ganzen Volk betrauert, und sein Sohn wurde an seiner Stelle oberster Priester. Die Wanderzeit ging ihrem Ende zu. Die Israeliten näherten sich wieder dem Land, das Gott ihnen versprochen hatte, diesmal von Osten her. Jetzt vertrauten sie auf Gott, traten den fremden Völkern dort mutig entgegen und besiegten eines nach dem andern. Sie besetzten die Gegend im Osten des Jordan und ließen sich im Steppenland der Moabiter nieder.

Mose nimmt Abschied und stirbt

Im vierzigsten Jahr nach dem Auszug aus Ägypten sagte Gott zu Mose: Steig hier in die Berge hinauf und sieh dir das Land an, das ich für die Israeliten bestimmt habe. Wenn du es gesehen hast, wirst auch du dorthin gehen, wo deine Vorfahren sind. –
Und Mose antwortete Gott: «Du bist der Herr über alles, was lebt. Bestimme einen Mann, der an der Spitze des Volkes stehen soll und es auf seinem Zug anführt. Sonst ist das Volk Gottes eine Herde, die keinen Hirten hat.»
Gott sagte zu Mose: Hol dir Josua, den Sohn des Nun. Das ist ein Mann, der den rechten Geist hat. Leg deine Hand auf ihn und übertrage ihm dein Amt. –
Mose rief Josua zu sich und sagte zu ihm vor dem ganzen Volk: «Sei mutig und stark. Denn du wirst unser Volk in das Land bringen, das Gott unsern Vorfahren mit einem Schwur versprochen hat. Du wirst ihm dieses Land zum Besitz geben. Erschrick nicht und hab keine Angst. Gott wird vor dir herziehen. Er wird mit dir sein und wird dich nicht aufgeben und nicht verlassen.»

Mose stieg aus den Steppen auf den Berg Nebo hinauf, gegenüber Jericho. Gott zeigte ihm das ganze Land, über das Jordantal hinweg bis zum Meer im Westen, und sagte zu ihm: Dies ist das Land, von dem ich Abraham, Isaak und Jakob geschworen habe: Deinen Nachkommen will ich es geben. Ich habe es dich mit deinen Augen sehen lassen, aber du wirst nicht hineinkommen. –
Danach starb Mose, der Knecht Gottes, dort im Land Moab, wie der Herr gesagt hatte. Man begrub ihn im Land Moab, und bis heute kennt niemand sein Grab. Dreißig Tage lang betrauerten ihn die Israeliten.
Mose war 120 Jahre alt, als er starb. Seine Augen waren nicht trüb geworden, und er war noch rüstig.

Aus den Gesetzbüchern

Das rechte Verhalten zum Mitmenschen

Wenn du auf deinem Feld das Korn geschnitten und eine Garbe auf dem Acker vergessen hast, dann sollst du nicht umkehren und sie holen. Sie soll den Fremden, den Waisenkindern und den Witwen gehören, damit dir der Herr, dein Gott, bei aller Arbeit seinen Segen schenkt.
Wenn du die Früchte von deinem Olivenbaum geschlagen hast, dann sollst du nachher nicht noch die Zweige absuchen. Das soll den Fremden, den Waisenkindern und den Witwen gehören.
Und wenn in deinem Rebberg die Lese vorbei ist, dann sollst du nicht Nachlese halten. Das soll den Fremden, den Waisenkindern und den Witwen gehören.
Denk daran, daß du in Ägypten Sklave gewesen bist; darum befehle ich dir, es so zu machen.

Das Recht eines Fremden oder eines Waisenkindes darfst du nicht verletzen, und auch nicht den Mantel einer Witwe als Pfand nehmen. Denk daran, daß du in Ägypten Sklave gewesen bist, und daß der Herr, dein Gott, dich von dort befreit hat. Darum befehle ich dir, es so zu machen.

Man darf von keinem die Handmühle oder den oberen Mahlstein als Pfand nehmen, denn damit würde man sein Leben als Pfand nehmen.

Wenn du einem andern Menschen irgend etwas ausleihst, dann darfst du nicht in sein Haus gehen und ihm ein Pfand nehmen. Du sollst draußen bleiben, und der andere, dem du etwas leihst, soll dir das Pfand herausbringen. Ist er ein armer Mann, so darfst du das Pfand nicht über Nacht behalten, sondern sollst es ihm noch vor Sonnenuntergang zurückgeben. Dann kann er in seinem Mantel schlafen und wird gut von dir denken; dann wird der Herr, dein Gott, an dir Gefallen haben.

Einen elenden, armen Taglöhner, der in deinem Land und in deiner Ortschaft wohnt, darfst du nicht plagen, ganz gleich, ob er zu deinem Volk gehört oder ein Fremder ist. Du sollst ihm seinen Lohn immer noch am gleichen Tag geben, ehe die Sonne untergeht. Er ist ja arm und darauf angewiesen. Er könnte sonst Gott anrufen und über dich klagen. Dann würdest du Schuld auf dich laden.

Wenn man einem darauf kommt, daß er einen Israeliten, einen aus dem eigenen Volk, geraubt hat und ihn als Sklaven behandelt oder verkauft hat, dann soll ein solcher Räuber sterben. So sollt ihr das Böse in eurem Volk ausrotten.

Wenn jemand aus deinem Volk, Mann oder Frau, sich dir verkauft, so muß er dir sechs Jahre lang dienen. Im siebenten Jahr mußt du ihn aber freilassen. Wenn du ihn freigibst, dann darfst du ihn nicht mit leeren Händen ziehen lassen, sondern du sollst ihm etwas von deinen Schafen, von deinem Korn und deinem Wein mitgeben, je nachdem, wieviel dir Gott gegeben hat.
Denk daran, daß du in Ägypten Sklave gewesen bist und daß der Herr, dein Gott, dich befreit hat; darum befehle ich dir das. Vielleicht sagt der Freigelassene aber zu dir: «Ich mag nicht von dir fortgehen», weil er dich und deine Familie gern bekommen hat und sich bei dir wohlfühlt. Dann nimm eine Ahle und stoße sie durch sein Ohr in den Türrahmen. Damit bleibt er für immer dein Sklave. Und mit einer Sklavin sollst du es ebenso machen. Es darf dich nicht reuen, wenn du einen freilassen mußt, denn in den sechs Jahren, die er dir diente, hat er dich nur halb soviel gekostet wie ein Taglöhner. Der

Herr, dein Gott, wird dir dafür bei allem, was du tust, seinen Segen schenken.

Bei Gericht dürft ihr nicht ungerecht handeln. Ist einer nur ein einfacher Mann, so darfst du nicht darauf schauen, darfst aber auch nicht einem Vornehmen mehr Recht geben. Unparteiisch sollst du über deinen Mitmenschen urteilen.
Du darfst nicht bei deinen Landsleuten herumgehen und Lügen über andere ausstreuen, darfst auch nicht sagen, ein Mitmensch habe den Tod verdient – ich bin der Herr. Du darfst nicht Haß gegen einen Mitmenschen im Herzen tragen, sondern du sollst ihm den rechten Weg zeigen, sonst wirst du seinetwegen schuldig vor Gott. Du darfst dich nicht rächen und deinen Landsleuten auch nichts nachtragen, sondern du sollst deinen Mitmenschen lieben wie dich selbst – ich bin der Herr.

Der richtige Ort für den Gottesdienst

In dem Land, das euch der Herr, der Gott eurer Vorfahren, geben will, sollt ihr die folgenden Gesetze und Vorschriften treu befolgen, solange ihr lebt.
Die Völker, die ihr besiegen werdet, haben zuoberst auf den Bergen, auf Hügeln und unter Bäumen ihren Göttern gedient. Alle diese Plätze sollt ihr zerstören. Ihre Altäre sollt ihr niederreißen, ihre heiligen Steine zerschlagen, ihre heiligen Pfähle umhauen und ihre Götterbilder verbrennen. An diesen Plätzen darf nichts mehr an jene Götter erinnern. Eurem Gott Jahwe dürft ihr nicht so dienen. Irgendwo im Gebiet eurer Stämme wird er sich selber einen Platz aussuchen, wo er verehrt werden will. Dorthin sollt ihr gehen, dort sollt ihr zusammenkommen. Dorthin sollt ihr die Opfertiere bringen, den Erntezehnten und alle andern Gaben. An diesem heiligen Ort sollt ihr auch das Opferessen feiern, zusammen mit eurer Familie, und euch über alles freuen, was ihr mit der Hilfe des Herrn, eures Gottes, erworben habt.

Das Brandopfer

Wenn jemand von euch dem Herrn etwas opfern will, dann soll er ein Haustier zum Opfer bringen, vom Großvieh oder vom Kleinvieh. Gibt er ein Stück Großvieh als Opfer, so muß er dazu ein fehlerloses männliches Tier zum Eingang des heiligen Zeltes führen, so daß er dem Herrn damit gefällt. Dann muß er seine Hand auf den Kopf des Opfertiers legen, damit Gott sein Opfer annimmt und ihn von seiner Schuld befreit. Nachher muß er das Rind schlachten. Die Priester aber, die Nachkommen von Aaron, sollen als Opferzeichen den Altar beim Eingang des heiligen Zeltes auf allen Seiten mit dem Blut bespritzen. Dann soll er dem Opfertier die Haut abziehen und es in die üblichen Stücke zerlegen. Die Priester aber sollen Glut auf den Altar bringen und Holz darüber schichten. Dort auf dem Holz, über dem Feuer auf dem Altar, sollen sie die Fleischstücke zurechtlegen, samt dem Kopf und dem Fett. Die Eingeweide und die Unterschenkel muß man aber vorher abspülen, und der Priester soll das alles auf dem Altar verbrennen.
Das ist das Brandopfer, angenehm duftet so ein Feueropfer für den Herrn.

Tieropfer

Wahrsager und Zauberer

Wenn ihr in das Land kommt, das der Herr, euer Gott, euch geben will, so dürft ihr die greulichen Unsitten der Völker dort nicht annehmen.
Es darf bei euch niemanden geben, der seinen Sohn oder seine Tochter durchs Feuer gehen läßt. Es darf bei euch keine Wahrsager geben, keine Zeichendeuter, keine Schlangenbeschwörer oder Zauberer, keine Hexer oder Geisterbeschwörer, auch keine, die Geister zum Reden bringen oder Totengeister befragen. Dem Herrn ist nämlich jeder verhaßt, der so etwas tut. Wegen dieser greulichen Unsitten wird der Herr, euer Gott, jene Völker vor euch vertreiben. Ohne Fehler sollt ihr dastehen vor dem Herrn, eurem Gott.

Höre, Israel!

Höre, Israel: Unser Gott allein ist unser Herr. Und mit dem ganzen Herzen, mit der ganzen Seele und mit deiner ganzen Kraft sollst du den Herrn, deinen Gott, lieben.
Die Worte, die ich dir heute gebiete, sollst du in dein Herz nehmen. Du sollst sie deinen Kindern vorsagen, und zu Hause oder unterwegs, wenn du dich schlafen legst oder wenn du aufstehst, sollst du davon reden. Trage sie als Zeichen der Erinnerung auf deiner Hand und auf deiner Stirn, schreib sie an die Pfosten deines Hauses und an deine Türen.
In dem Land, das Gott dir geben will, wie er es deinen Vätern Abraham, Isaak und Jakob geschworen hat, da gibt es große schöne Städte, die du nicht gebaut hast; da gibt es Wassergruben, die du nicht ausgehauen hast; da gibt es Rebberge und Olivenbäume, die du nicht gepflanzt hast.
Wenn Gott dich nun in dieses Land bringt, wenn du dort essen kannst, bis du satt bist, dann hüte dich und vergiß Gott nicht, der dich aus Ägypten, aus der Sklaverei herausgeführt hat. Auf den Herrn, deinen Gott, sollst du hören; ihn sollst du verehren.

Wenn dich dann dein Sohn einmal fragt: Wie ist das mit den Gesetzen und Geboten, die euch Gott, unser Herr, gegeben hat? so mußt du deinem Sohn sagen: Wir waren in Ägypten die Sklaven des Pharao. Aber Gott hat uns mit starker Hand aus Ägypten herausgeführt. Vor unsern Augen tat er große, schreckliche Wunder zum Schaden von Ägypten, des Königs und des ganzen Königshofs. Uns aber hat er hierher geführt, um uns dieses Land zu geben, das er unsern Vorfahren mit einem Schwur versprochen hatte. Und Gott hat uns befohlen, alle diese Gebote zu befolgen und auf ihn zu hören, damit es uns gut geht und er uns am Leben erhält, wie es jetzt geschieht. Und wenn wir vor Gott, unserm Herrn, auf dieses ganze Gesetz achten, wie er es uns geboten hat, dann anerkennt er, daß wir seinen Willen erfüllen.

Das Gesetz, das ich dir heute gebe, ist nicht zu schwer für dich und nicht zu weit weg. Es ist nicht im Himmel, daß du sagen müßtest: Es kann doch keiner für uns in den Himmel hinaufsteigen und es uns holen und verkünden, daß wir es befolgen. Es ist auch nicht jenseits des Meers, daß du sagen müßtest: Es kann doch keiner für uns übers Meer fahren und es uns holen und verkünden, daß wir es befolgen. Im Gegenteil, ganz in deiner Nähe ist das Wort, damit du es befolgen kannst: in deinem Mund und in deinem Herz.

Die erste Zeit in Kanaan

Ein Glaubensbekenntnis

Jedes Jahr zur Erntezeit bringt der Israelit die ersten Früchte dem Priester. Er will damit seinem Gott Jahwe dafür danken, daß er ihm auch in diesem Jahr geholfen hat, wie seit jeher. Er denkt an die kleinen Anfänge des Volkes, als Abraham, Isaak und Jakob noch Nomaden waren, an die Rettung aus dem fremden und feindlichen Ägypten und an das große Geschenk, das Gott seinem Volk gemacht hat: das fruchtbare Land Kanaan.
Jeder spürt, daß er zu diesem Volk gehört, und jeder zeigt mit seinem Glaubensbekenntnis, daß er sich mit Jahwe, dem Gott Israels, verbunden fühlt.

Mein Stammvater war ein Aramäer ohne Heimat.
Er zog nach Ägypten und wohnte mit wenigen Leuten dort als Fremder.
Sie wurden dort ein großes Volk, stark und zahlreich.
Aber die Ägypter behandelten uns schlecht, bedrückten uns und zwangen uns zu harter Arbeit.
Da riefen wir zu Jahwe, dem Gott unserer Vorfahren.
Er erhörte uns und sah unsere Bedrängnis, unser Elend und unsere Not.
Er führte uns mit starker Hand aus Ägypten heraus und zeigte seine Macht in furchtbaren Ereignissen und Wunderzeichen.
Er brachte uns hierher und schenkte uns dieses Land, ein Land übervoll von Milch und Honig.
Und nun bringe ich hier als Gabe die ersten Früchte von dem Ackerland, das Jahwe mir gegeben hat.

Der Zug durch den Jordan

Als Josua und das ganze Volk Israel an den Jordan kamen, blieben sie dort über Nacht, bevor sie über den Fluß gingen.

Die Anführer gingen durch das Lager und befahlen: «Sobald ihr seht, daß die Priester die Bundeslade aufheben, brecht ihr ebenfalls auf. Folgt ihr nach, damit ihr den Weg wißt, denn ihr seid ihn noch nie gegangen. Nur dürft ihr der Lade nicht zu nahe kommen; ihr müßt 2000 Ellen Abstand von ihr halten.» Und Josua mahnte das Volk: «Bereitet euch vor. Morgen wird der Herr mitten unter euch Wunder tun.»

Am andern Morgen befahl Josua den Priestern: «Hebt die Bundeslade auf und geht vor dem Volk her.» Da hoben sie die Lade auf und gingen vor dem Volk her.

Gott sagte zu Josua: Heute fange ich an, dich in den Augen des Volks groß zu machen. Sie sollen sehen, daß ich mit dir bin, wie ich mit Mose war. Gib den Priestern, welche die Lade tragen, den Befehl: Wenn ihr ans Wasser des Jordan kommt, so bleibt ihr stehen. –

Josua rief das Volk zusammen und sagte: «Kommt und hört die Worte des Herrn, eures Gottes.» Dann fuhr er fort: «Gott lebt und ist mitten unter euch. Die fremden Völker wird er vor euch hertreiben. Das sollt ihr jetzt merken. Die Lade Gottes, des Herrn der ganzen Erde, geht nun vor euch her durch den Jordan. Sobald die Füße der Priester, welche die Lade tragen, das Wasser berühren, wird das Jordanwasser sich verlaufen, und was von oben her zufließt, wird stehenbleiben wie ein Damm.»

Nun brach das Volk die Zelte ab und machte sich bereit für den Übergang. Die Priester trugen die Bundeslade dem Zug voran. Der Fluß hatte, wie immer zur Erntezeit, überall seine Ufer überschwemmt.

Die Füße der Priester tauchten in das Wasser am Rand. Da stand das Wasser still. Was von oben her zufloß, staute sich weit oberhalb an. Was nach dem Salzmeer hinunterfloß, verlief sich ganz. So ging das Volk gegenüber der Stadt Jericho durch den Fluß. Und während das Volk trockenen Fußes hindurchging, standen die Priester mit der Lade Gottes still, mitten im Flußbett auf trockenem Boden, bis alle den Jordan durchquert hatten.

Als nun alles Volk durch den Fluß gezogen war, sagte Gott zu Josua: Nehmt zwölf Männer aus dem Volk, aus jedem Stamm einen, und gebt ihnen folgenden Befehl: Hebt zwölf Steine aus dem Jordan, von

2. Wohngebiete der israelischen Stämme

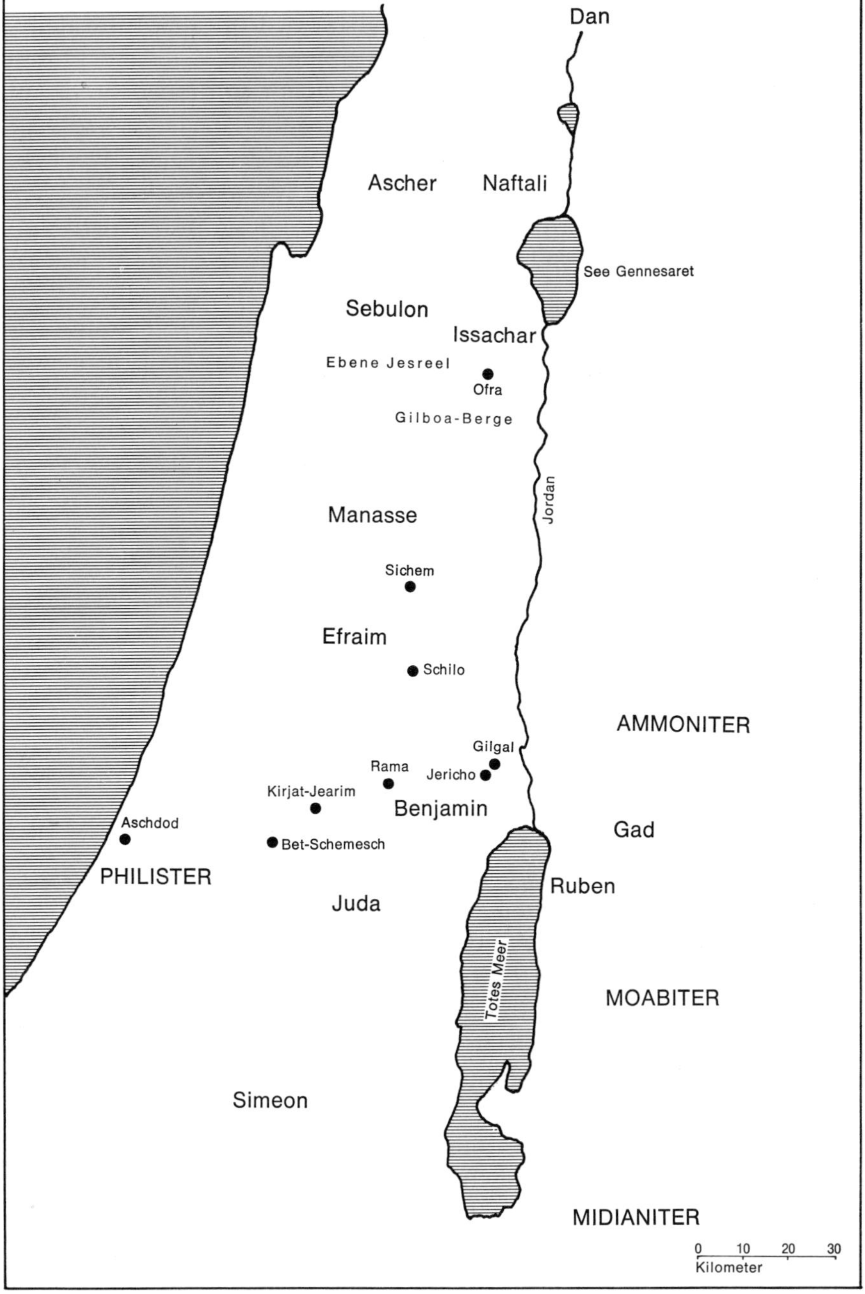

der Stelle, wo die Priester stehen. Bringt sie ans Ufer und legt sie dort nieder, wo ihr die Nacht zubringt. –
Da rief Josua die zwölf Männer, die er aus dem Volk bestimmt hatte, je einen aus jedem Stamm, und befahl ihnen: «Geht mitten in den Jordan zur Lade des Herrn, eures Gottes. Jeder soll einen Stein auf seine Schulter heben, nach der Zahl der Stämme Israels. Das soll für euch ein Zeichen bleiben. Wenn später eure Kinder fragen: Was habt ihr da für Steine? so sollt ihr antworten: Das Wasser des Jordan blieb stehen und verlief sich vor der Lade Gottes, als sie durch den Fluß zog. Und diese Steine sollen dem Volk Israel ewig zum Andenken dienen.»
Da folgten die Israeliten Josuas Befehl. Sie hoben zwölf Steine aus dem Flußbett, nach der Zahl ihrer Stämme, wie Gott zu Josua gesagt hatte. Sie brachten sie ans Ufer und zum Lagerplatz und legten sie dort nieder.
Dann kamen die Priester mit der Lade Gottes aus dem Jordan heraufgestiegen. Kaum hatten ihre Füße den Fluß verlassen, da kehrte das Wasser zurück und überschwemmte die Ufer wie vorher.
An diesem Tag machte Gott Josua groß in den Augen des ganzen Volkes. Sie fürchteten ihn, wie sie Mose gefürchtet hatten, sein ganzes Leben lang.

Die Zerstörung von Jericho

Als die Israeliten vor Jericho kamen, verschloß die Stadt ihre Tore. Niemand ging hinaus, niemand wurde eingelassen.
Gott sagte zu Josua: Ich gebe die Stadt in deine Gewalt, samt ihrem König. – Da rief Josua, der Sohn des Nun, die Priester und gebot ihnen: «Hebt die Lade Gottes auf, und sieben Priester sollen sieben Widderhörner vor der Lade hertragen.» Und dem Volk befahl er: «Geht und zieht um die Stadt herum. Die Bewaffneten sollen vor der Lade Gottes hergehen.»
Es geschah, wie Josua angeordnet hatte. Die sieben Priester, welche die sieben Widderhörner trugen, setzten sich in Marsch, gefolgt von der Lade, und stießen in die Hörner. Die Bewaffneten gingen vor den Priestern her. Die Nachhut folgte der Lade, während immerzu die Hörner ertönten.

Widderhorn

Dem Volk aber hatte Josua geboten: «Kein Kriegsgeschrei! Überhaupt sollt ihr eure Stimmen nicht hören lassen. Kein Wort soll aus eurem Mund kommen, bis zu dem Tag, da ich euch sage: Jetzt schreit! – Dann sollt ihr losschreien.»
So ließ er die Bundeslade einmal um die Stadt ziehen. Dann kamen sie in das Lager zurück und blieben über Nacht dort.
Früh am andern Morgen stand Josua auf, und die Priester brachten die Bundeslade herbei. Sieben von ihnen gingen mit den sieben Widderhörnern vor der Lade her und bliesen in einem fort. Die Bewaffneten zogen voraus, die Nachhut folgte der Lade, während immerzu die Hörner ertönten. So zogen sie auch am zweiten Tag einmal um die Stadt und kehrten dann ins Lager zurück. Das taten sie sechs Tage lang.
Am siebenten Tag machten sie sich schon beim Morgengrauen auf und zogen in der gleichen Ordnung siebenmal um die Stadt. Einzig an jenem Tag sind sie siebenmal um die Stadt gezogen.
Beim siebenten Mal aber gaben die Priester ein Hornsignal, und Josua rief dem Volk zu: «Jetzt schreit! Der Herr hat Jericho in eure Gewalt gegeben. Die Stadt soll aber mit allem, was darin ist, dem Herrn verfallen sein.»
Da schrie das Volk los, und die Widderhörner ertönten. Als das Volk den Hörnerklang vernahm und in das Kriegsgeschrei ausbrach, stürzte die Mauer zusammen. Das Volk erstieg die Stadt von allen Seiten, und sie nahmen Jericho ein.
So war Gott mit Josua, und sein Ruf ging durch das ganze Land.

Die Versammlung bei Sichem

Nach langer Zeit hatte dann Gott dem Volk Israel vor allen seinen Feinden rundherum Ruhe verschafft. Josua war ein alter Mann geworden. Da rief er alle Stämme des Volkes an den heiligen Ort von Sichem zusammen, alle Ältesten und Vorsteher und Richter und Beamten, und sie traten vor Gott.

Josua redete zu dem ganzen Volk: «So spricht Jahwe, Israels Gott: Ich schenkte euch ein Land, um das ihr euch nicht bemüht habt. Ich gab euch Städte, die nicht ihr gebaut habt, und doch könnt ihr darin wohnen. Ihr eßt von Rebbergen und Olivenbäumen, die nicht ihr gepflanzt habt. –

So achtet nun Jahwe, dient ihm aufrichtig und treu. Achtet nicht mehr auf die Götter, denen eure Vorfahren vor Zeiten ennet dem Eufrat und in Ägypten gedient haben, sondern dient dem Herrn. Wenn ihr es aber nicht für gut haltet, dem Herrn zu dienen, so müßt ihr heute wählen, wem ihr dienen wollt: den Göttern, denen eure Vorfahren ennet dem Eufrat gedient haben, oder den Göttern der Kanaaniter, in deren Land ihr jetzt wohnt. Doch ich und mein Stamm, wir wollen dem Herrn dienen.»

Da antwortete das Volk: «Wir denken nicht daran, Jahwe zu verlassen und andern Göttern zu dienen, denn er ist unser Gott. Er hat uns aus Ägypten, aus der Sklaverei herausgeführt. Er hat vor unsern Augen große Wunder getan. Er hat uns beschützt auf dem ganzen Weg, den wir gegangen sind, und unter allen Völkern, durch die wir mitten hindurch gezogen sind. Und er hat alle Völker vor uns vertrieben, auch die Kanaaniter, die hier im Land wohnten. Auch wir wollen dem Herrn dienen, denn er ist unser Gott.»

Josua gab dem Volk zu bedenken: «Ihr bringt es nicht fertig, dem Herrn zu dienen. Er ist ein heiliger Gott, ein eifersüchtiger Gott; wenn ihr euch von ihm wendet, so vergibt er euch nicht. Wenn ihr den Herrn verlaßt und fremden Göttern dient, obwohl er euch Gutes erwiesen hat, dann wendet er sich ab und verdirbt euch.»

Aber das Volk erwiderte Josua: «Wir wollen dem Herrn, unserm Gott, dienen und auf ihn hören.»

So schloß Josua an jenem Tag mit dem Volk einen Bund; in Sichem gab er dem Volk Gesetz und Recht. Er schrieb dies alles in das Buch des Gottesgesetzes. Dann nahm er einen großen Stein und richtete ihn auf bei dem Baum, der dort am heiligen Ort steht. Er sagte zum ganzen Volk: «Seht, dieser Stein soll für uns ein Zeuge sein, denn er

hat alles gehört, was Gott mit uns geredet hat. Er soll ein Mahnzeichen sein, daß ihr euren Gott nicht verlaßt.» Dann entließ er das Volk, jeden in seine Heimat.
Nach alledem starb Josua, der Sohn des Nun, der Diener Gottes.

Die Israeliten werden seßhaft

Die Israeliten drangen als Nomaden von der Steppe her in das fruchtbare Gebiet von Kanaan ein. In diesem Land gab es viele befestigte Städte, die sie lange nicht erobern konnten. Zwischen den Städten lagen unbebaute und wenig bewohnte Gegenden, in denen sich die Israeliten ansiedelten.
Als Bauern mußten sie ein ganz anderes Leben führen. Statt immer wieder an anderen Stellen ihre Zelte aufzuschlagen, bauten sie jetzt feste Häuser und Dörfer. Wie man das macht, war ihnen ganz neu, ebenso viele andere Dinge: wie Rinder aufzuziehen sind, wie und wann Getreide gesät und geerntet wird, wie man Zisternen baut, um das kostbare Regenwasser darin aufzubewahren, wie Rebberge angelegt und gepflegt werden, und wie man Öl gewinnt. All das mußten sie von den Kanaanitern lernen. So nahmen sie mit der Zeit die Lebensweise der Einheimischen an.
Die Israeliten sahen auch, wie die Kanaaniter zu ihren Göttern beteten: zu einem obersten Gott, der El hieß, und noch häufiger zu dem Gott Baal. Für die Kanaaniter war nämlich Baal der Herr über Wolken, Regen und Tau; also hing es von ihm ab, ob der Boden fruchtbar blieb und ob es regelmäßige Ernten gab. Zu mehreren Göttinnen beteten sie um Kindersegen oder um gesunden Nachwuchs bei den Herden.
War Jahwe, der sie sicher durch die Wüste geführt hatte, jetzt auch für diese Dinge zuständig? Durfte man ohne weiteres auch die Heiligtümer von Baal besuchen? Durfte man dort beten, singen, opfern und die großartigen Feste der Kanaaniter mitfeiern? – Viele Israeliten wurden unsicher, wenn sie sich solche Dinge überlegten; es kamen ihnen Zweifel an der Macht von Jahwe, und sie hielten nicht mehr treu zu ihm.
Als die Israeliten nach Kanaan eingedrungen waren, hatte jeder Stamm selbständig versucht, ein Gebiet zu gewinnen und zu verteidigen. Da und dort konnten sie sich zwar mit kanaanitischen Städten friedlich einigen. Einzelnen Stämmen gelang das nicht, und sie wurden von Kanaanitern abhängig. Andere setzten sich mit Gewalt durch und führten Kriege. Es waren bewegte und unsichere Zeiten. Von der Wüste her drangen immer wieder Nomaden auf schnellen Dromedaren in das bebaute Gebiet ein, um Beute zu machen und die

Kanaanitische Götterfiguren

Ernten zu stehlen. Und auf der andern Seite, der Küste des Mittelmeers entlang, herrschten die Philister, die viel besser ausgerüstet waren, weil sie schon eiserne Waffen hatten. Sie wollten ihre Macht gegen das Landesinnere ausdehnen.
Die israelitischen Stämme lebten lange Zeit jeder für sich. Eine gemeinsame Führung fehlte ihnen, und es gab keine Hauptstadt für alle. Daß sie zusammengehörten, vergaßen sie aber nicht; sie erlebten es immer von neuem, wenn sie dort, wo die Bundeslade stand, zusammenkamen, um ihre Feste für Jahwe zu feiern und ihren Bund mit ihm zu erneuern. Immer deutlicher spürten die Stämme aber, daß sie einzeln zu schwach waren und daß sie sich besser organisieren sollten. Bei ihren Nachbarn im Osten sahen sie, wie ein einziger Mann, ein König, über das ganze Volk herrschte. Sie fingen an, sich ebenfalls einen König über alle Stämme zu wünschen.

Gideon

Die Israeliten taten, was Gott nicht gefiel. Da lieferte er sie der Macht der Midianiter aus, sieben Jahre lang.
Ihre Überfälle brachten das Volk in Not. In Schluchten, in Höhlen und auf Bergfestungen mußten die Israeliten Zuflucht suchen. Jedesmal, wenn Korn auf den Feldern stand, kamen ihre Feinde aus dem Osten, griffen sie an, vernichteten den Ertrag des Landes und ließen in Israel nichts zu essen übrig, auch keine Schafe, Rinder und Esel. Sie kamen mit ihren Herden und Zelten daher, so massenhaft wie die Heuschrecken. Man konnte sie nicht zählen, sie nicht und ihre Kamele nicht. So kamen sie und verwüsteten das Land, und das Volk Israel wurde ihretwegen arm und schwach. Da riefen die Israeliten zu Gott um Hilfe.
Als sie nun wegen der Midianiter um Hilfe beteten, schickte ihnen Gott einen Propheten. Dieser mahnte die Israeliten: «So spricht der

Kampf gegen räuberische Wüstenvölker

Herr, Israels Gott: Ich habe euch aus Ägypten hergeführt und aus der Sklaverei befreit. Ich rettete euch vor den Ägyptern und vor allen, die euch bedrängten. Ich habe sie vor euch vertrieben und euch ihr Land geschenkt. Und ich sage euch: Ich bin der Herr, euer Gott; betet nicht zu den Göttern der Kanaaniter, in deren Land ihr wohnt. Aber ihr habt nicht auf meine Stimme gehört.»

Da kam einmal der Engel Gottes nach Ofra und setzte sich unter einen Baum. Der gehörte Joasch, einem Mann aus dem Stamm Manasse. Sein Sohn Gideon war eben daran, den Weizen auszuklopfen, in der Trotte, um ihn vor den Midianitern in Sicherheit zu bringen. Da zeigte sich ihm der Engel und grüßte ihn: Gott ist mit dir, du starker Held!

Gideon aber gab zurück: «Ach, mein Herr, wenn Gott wirklich mit uns ist, warum sind wir dann in Not? Und wo sind alle seine Wunder? Unsere Vorfahren haben doch davon erzählt und gesagt: Gott hat uns aus Ägypten hergeführt. – Aber jetzt hat uns Gott verlassen und uns der Macht der Midianiter ausgeliefert.»

Da wandte sich der Herr ihm zu und sagte: In dir ist Kraft. Geh hin und befreie Israel vom Druck der Midianiter. Ich sende dich. –

Aber Gideon fragte: «Ach, mein Herr, womit soll ich Israel befreien?

Unsere Familie ist die geringste im Stamm Manasse, und in meinem Vaterhaus bin ich der Jüngste.»
Gott antwortete ihm: Ich bin mit dir, und du wirst die Midianiter schlagen wie einen einzigen Mann. –

Wieder einmal versammelten sich die Midianiter und ihre Verbündeten zu einem Raubzug. Sie drangen über den Jordan vor und setzten sich in der Ebene Jesreel fest.
Da kam der Geist Gottes in Gideon. Er stieß in das Kriegshorn, und die Leute in der Nachbarschaft sammelten sich um ihn. Er sandte Boten im ganzen Stamm Manasse herum, und man folgte seinem Aufgebot. Ebenso schickte er Boten zu den Stämmen Ascher, Sebulon und Naftali, und diese kamen ihm ebenfalls zu Hilfe.
Gideon zog mit seiner Truppe aus und lagerte sich am Abhang der Gilboaberge bei einer Quelle. Das Lager der Midianiter war weiter nördlich am Rand der Ebene.
Da sagte Gott zu Gideon: Du hast zuviele Leute bei dir. So kann ich die Midianiter nicht in deine Gewalt geben, sonst könnten die Israeliten übermütig werden gegen mich und sagen: Wir haben uns selber geholfen. – Laß bei den Leuten ausrufen: «Wer sich fürchtet und Angst hat, soll heimkehren!»
Als Gideon das befolgte, kehrten 22000 Mann um, und 10000 blieben zurück. Doch Gott sagte zu Gideon: Es sind immer noch zuviele Leute. Führ sie zum Wasser hinab, dort will ich sie dir auslesen. Ich sage dir dann ‹Der soll mit dir kommen› oder ‹Der soll nicht mit dir kommen›, und daran sollst du dich halten. –
So führte Gideon seine Leute zum Wasser hinab, und Gott sagte zu ihm: Alle, die das Wasser mit der Zunge lecken wie ein Hund, die stellst du auf eine Seite, und alle, die zum Trinken niederknien, stellst du auf die andere. –
Es waren dreihundert Mann, die das Wasser leckten; alle übrigen knieten nieder, um Wasser zu trinken, und führten die Hand zum Mund. Darauf sagte Gott zu Gideon: Durch die dreihundert Mann, die geleckt haben, will ich euch retten und die Midianiter in eure Gewalt geben. Alle andern sollen heimkehren. –
Nun entließ Gideon die Mannschaft Israels nach Hause und behielt nur die dreihundert bei sich, samt den Vorräten und den Kriegshörnern. Aber die Midianiter und ihre Verbündeten, die in der Ebene lagerten, waren so zahlreich wie die Heuschrecken, und ihre Kamele waren so wenig zu zählen wie der Sand am Meer.

In der Nacht darauf sagte Gott zu Gideon: Steh auf. Brich in ihr Lager ein, denn ich habe es in deine Gewalt gegeben. Wenn du dich aber fürchtest, so geh mit deinem Burschen zum Lager hinab und horche dort, was sie reden. Dann kommt dir der Mut, in das Lager einzubrechen. –

Da schlich sich Gideon mit seinem Burschen bis zu den ersten Lagerwachen hinab. Als er hinkam, erzählte eben einer dem andern einen Traum und sagte: «Stell dir vor, ich habe geträumt, daß ein Laib Gerstenbrot in unser Lager rollte. Er kam bis zum Zelt, schlug es um und warf es über den Haufen.» – Der andere gab zur Antwort: «Das bedeutet nichts anderes als das Schwert des Israeliten Gideon. Gott hat uns samt dem Lager in seine Gewalt gegeben.»

Als Gideon hörte, wie der Traum berichtet und gedeutet wurde, warf er sich nieder und betete. Dann kehrte er in sein Lager zurück und rief: «Auf! Gott hat das Lager der Midianiter in eure Gewalt gegeben.»

Er teilte die dreihundert Mann in drei Abteilungen und gab ihnen allen Kriegshörner in die Hand und leere Krüge, und Fackeln in die Krüge hinein. Dann befahl er: «Paßt auf, und macht mir alles nach. Ich gehe nun zum Rand des Lagers, und ihr tut genau, was ich tue. Verteilt euch um das ganze Lager. Wenn ich und die Leute, die bei mir sind, die Hörner blasen, dann stoßt ihr ebenfalls in die Hörner und schreit: Für Gott und Gideon!»

Es war mitten in der Nacht, als Gideon mit seinen Leuten an den Rand des Lagers kam. Eben waren die Wachen abgelöst worden. Da bliesen sie in die Hörner und zerschlugen die Krüge, die sie in den Händen hatten.

Darauf stießen alle drei Abteilungen in die Hörner und zerbrachen die Krüge. Mit der linken Hand faßten sie die Fackeln, mit der rechten die Hörner zum Blasen, und sie schrien: «Kämpft für Gott und Gideon!» Sie blieben aber stehen, rund um das Lager verteilt, jeder an seinem Platz, während im Lager alles durcheinander lief und schrie und die Flucht ergriff.

Und während die dreihundert in die Hörner stießen, fügte es Gott, daß im Lager einer über den andern herfiel. Das ganze Heer floh auseinander und bis weit über den Jordan zurück.

Samuels Geburt

In Rama lebte ein Mann, der hieß Elkana. Er hatte zwei Frauen, Hanna und Peninna. Peninna hatte Kinder, Hanna aber nicht.
Dieser Mann zog jedes Jahr aus seiner Stadt nach Schilo hinauf, betete dort zu Gott und opferte.
Am Tag, da Elkana opferte, gab er seiner Frau Peninna und ihren Kindern je ein Stück vom Opferfleisch. Hanna aber erhielt zwei, denn er hatte sie lieber, obwohl sie keine Kinder bekam. Ihre Nebenfrau stichelte dann heftig gegen sie und machte sie herunter, weil sie kinderlos blieb. Das geschah Jahr für Jahr. Jedesmal, wenn sie nach Schilo zum Tempel zogen, verspottete Peninna sie derart, daß sie weinte und nichts aß. Elkana tröstete sie: «Warum weinst du, Hanna? Warum magst du nicht essen, und warum hast du Kummer? Bin ich für dich nicht mehr wert als zehn Söhne?»
Als sie nun wieder einmal so gegessen und getrunken hatten, stand Hanna auf und ging zum Tempel. Eli, der Priester, saß beim Tempeleingang auf einem Stuhl. Mit Kummer im Herzen betete sie zu Gott, und die Tränen kamen ihr dabei. Sie legte ein festes Versprechen ab und sagte bei sich: O Herr, sieh mein Elend an und denk an mich. Wenn du mich nicht vergißt und mir einen Sohn schenkst, will ich ihn Gott weihen für sein ganzes Leben; sein Haar soll nie geschnitten werden.
Hanna betete lange, und Eli schaute auf ihren Mund. Sie redete nämlich zu sich selber; nur ihre Lippen bewegten sich, aber man hörte die Stimme nicht. Darum meinte Eli, sie sei betrunken. Er sagte zu ihr: «Wie lange willst du hier betrunken herumstehen? Geh und werde deinen Rausch los!»
Doch Hanna antwortete: «Nein, Herr, ich bin eine unglückliche Frau. Ich habe nicht Wein getrunken, sondern ich habe Gott mein Leid geklagt. Halt mich nicht für ein nichtsnutziges Weib. Nur aus großem Kummer und Leid habe ich so lange geredet.»
Da erwiderte Eli: «Geh in Frieden. Gott wird deine Bitte erfüllen.» Hanna dankte ihm und ging zurück. Dann aß sie und sah nicht mehr traurig aus. Früh am andern Morgen beteten sie noch im Tempel und zogen dann wieder heim nach Rama. Und als Elkana bei seiner Frau Hanna schlief, dachte Gott an sie. Hanna wurde schwanger, und am Ende des Jahres gebar sie einen Sohn. Sie nannte ihn Samuel.
Elkana brach nun wieder mit seiner ganzen Familie nach Schilo auf, um Gott das jährliche Opfer zu bringen, und um das Versprechen zu

erfüllen. Hanna zog nicht mit, sondern sagte zu ihm: «Der Knabe ist noch zu klein, er trinkt noch an meiner Brust. Sobald ich ihn hinbringen kann, wollen wir mit ihm in den Tempel gehen, und dann soll er für immer dort bleiben.»
Elkana antwortete: «Tu, was du für richtig hältst, und bleib hier, bis du ihn entwöhnt hast. Aber was du versprochen hast, muß erfüllt werden.»
So blieb die Frau zurück und stillte ihr Kind, bis es entwöhnt war. Nach dieser Zeit nahm sie es mit nach Schilo, dazu einen dreijährigen Stier, einen großen Krug Mehl und einen Schlauch Wein. Das brachte sie in den Tempel.
Als sie den Stier geschlachtet hatten, ging die Mutter des Knaben zu Eli hinein. Sie sagte zu ihm: «Mein Herr, so wahr du lebst, ich bin die Frau, die hier neben dir stand und betete. Um diesen Knaben habe ich gebetet, und Gott hat mir geschenkt, was ich von ihm erbat. Nun soll er Gott gehören, für sein ganzes Leben soll er Gott gehören.»
So ließ sie Samuel dort und kehrte nach Rama zurück.

Die alten Heiligtümer in Israel

Regelmäßig kamen viele Leute aus allen Stämmen an heiligen Orten zusammen, um gemeinsam vor Gott hinzutreten und zu feiern. Heilige Orte gab es viele in Israel. Besonders wichtig für das ganze Land war das Heiligtum, wo man jeweils die Bundeslade aufbewahrte. Ihr Standort wechselte: zeitweise befand sie sich im Heiligtum von Gilgal, später in Schilo.
Gilgal lag zwischen dem Jordan und den Ruinen der Stadt Jericho, im Gebiet des Stammes Benjamin. Im Frühjahr pilgerten die Israeliten in das Jordantal hinunter, um sich in einem großen Fest an die Einwanderung nach Kanaan zu erinnern. Auf

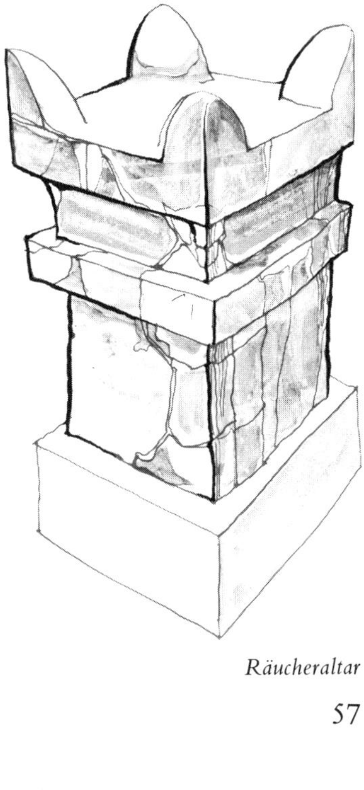

Räucheraltar

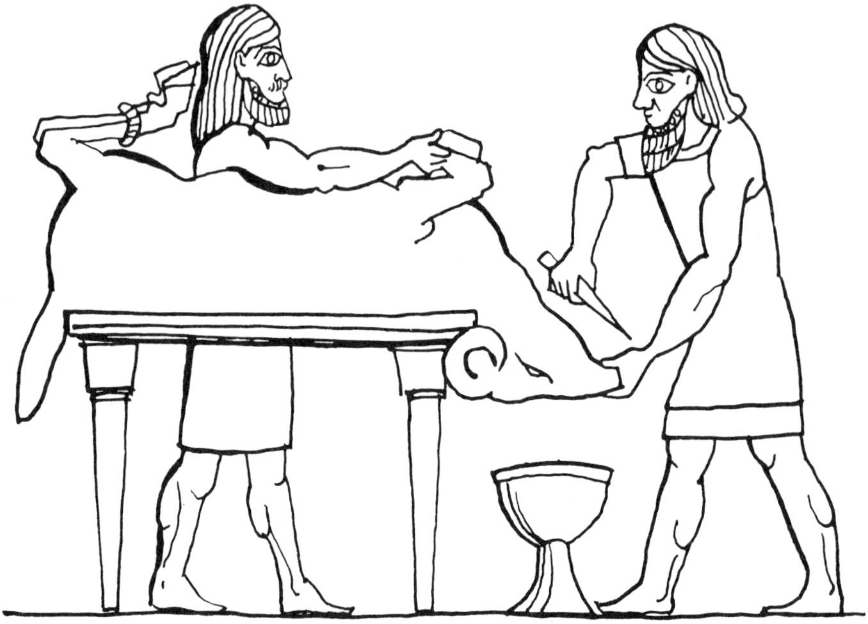

Ein Widder wird geopfert

der andern Seite des Flusses schlugen sie ein Zeltlager auf. Durch Fasten und Waschungen bereiteten sie sich auf die Feier vor. Eines Morgens brach man dann in aller Frühe auf. Die Priester hoben die Bundeslade auf die Schultern und gingen voran, das Volk in ehrfürchtigem Abstand hinterher. Bei einer Furt durchquerte der ganze Zug den Fluß. Alle dachten dankbar daran, wie Jahwe die Vorfahren aus Ägypten durch das Schilfmeer in die Wüste hinausgeführt hatte und aus der Wüste durch den Jordan hinein in das gute Land Kanaan. Was von den Vorfahren erzählt wurde, das wiederholten die Nachkommen in einem großartigen Umzug. In Gilgal, wenige Kilometer nach dem Jordandurchgang, schlug man wieder ein Lager auf. Hier standen zwölf mächtige Steine in einem Kreis. Jeder erinnerte an einen der zwölf Stämme. Jeder Stamm hatte Grund genug, Gott für das geschenkte Land zu danken.

Eine ähnliche Prozession führte von Gilgal aus rund um den mächtigen Ruinenhügel von Jericho herum. Wieder nahmen alle Leute daran teil, die Priester mit der Lade und mit Blasinstrumenten. Wenn nach ein paar Umgängen die Widderhörner geblasen wurden, stürmte das ganze Volk den Trümmerberg hinauf, wo oben noch Reste der alten Festung herausschauten. Jeder konnte die berühmte Stadt mit Füßen treten und dabei Gott dafür danken, daß er einem schwachen Nomadenvolk geholfen hatte, ein Land mit so stark befestigten Städten zu erobern.

In Schilo, etwa in der Mitte des Landes, wurde für die Bundeslade ein Tempel gebaut, wo die Gläubigen beteten und opferten. Priester wohnten ständig hier, hüteten das Heiligtum und überwachten die Opfer. Wer ein Schaf oder ein Rind darbringen wollte, brachte es zum Altar. Dort schnitt man dem Tier die Kehle durch und ließ das Blut auslaufen, wie das bei vielen Völkern vor allem im Osten noch heute der Brauch ist. Kessel standen bereit, in denen das Fleisch der Tiere gekocht wurde. Die Fetteile wurden im Feuer auf dem Altar verbrannt. Die Priester bekamen einen Teil des Fleisches zu ihrem Lebensunterhalt; den andern Teil aßen die Gläubigen in festlicher Stimmung auf dem großen freien Platz beim Heiligtum.
Die Menschen, die zum Tempel kamen, hatten oft noch andere Anliegen. Leute, die in Not und Zweifel waren, fragten bei den Priestern um Hilfe und Rat. Seine großen Tage erlebte Schilo immer im Herbst, zur Zeit der Weinlese. In einer fröhlichen großen Wallfahrt reisten die Leute zu dem gemeinsamen Heiligtum von Israel, um Gott für die Früchte des Landes zu danken.

Elis Söhne

Samuel blieb im Dienst des Herrn unter der Aufsicht des Priesters Eli. Schon als Knabe trug er den leinenen Priesterschurz. Dazu machte ihm seine Mutter Jahr für Jahr ein kleines Oberkleid und brachte es mit, wenn sie mit ihrem Mann zum jährlichen Opfer nach Schilo kam.
Eli segnete Elkana und seine Frau und sagte: «Gott gibt dir hoffentlich noch mehr Kinder von dieser Frau, zum Dank für das Geschenk, das sie Gott gemacht hat.»
Gott dachte an Hanna, so daß sie wieder schwanger wurde, und während Samuel im Tempel heranwuchs, bekam sie noch drei Söhne und zwei Töchter.
Eli hatte nichtsnutzige Kerle von Söhnen, die sich um Gott nicht kümmerten. Auch waren sie nicht mit dem zufrieden, was der Priester als Anteil von den Opfern bekam. Immer wenn jemand ein Opfer geschlachtet hatte und das Fleisch kochte, kam der Bursche des Priesters, die dreizinkige Gabel in der Hand. Er stach in den Kessel, und alles, was die Gabel heraufbrachte, nahm dann der Priester für sich. So machten sie es bei allen Israeliten, die nach Schilo kamen, um dem Herrn zu opfern. Der Bursche kam sogar, ehe man das Fett ver-

brannte, und sagte zu dem Mann, der opferte: «Gib für den Priester Fleisch zum Braten her! Aber er will kein gekochtes, sondern rohes.» Wenn dann der Mann antwortete: «Man soll doch zuerst das Fett verbrennen, dann kannst du immer noch nehmen, wonach du Lust hast», so sagte der Bursche: «Nein, jetzt gibst du's her, sonst nehm ich es mit Gewalt.» So häuften die Söhne eine Sünde auf die andere, weil sie vor den Opfern für Gott keine Achtung hatten.
Eli war schon ein alter Mann. Wenn er nun hörte, was seine Söhne dem ganzen Volk antaten und daß sie sich an den Frauen vergriffen, die am Eingang des Tempels Dienst hatten, sagte er zu ihnen: «Warum tut ihr solche Dinge, wie ich es von allen Leuten höre, so schlimme Dinge da? Nein, meine Söhne, was ich da im Volk Gottes herumreden höre, das schadet unserm Ruf. Wenn sich ein Mensch gegen einen Menschen verfehlt, so kann Gott sich seiner annehmen. Wenn aber ein Mensch sich gegen den Herrn verfehlt, wer kann sich dann seiner annehmen?»
Doch sie hörten nicht auf ihren Vater, denn Gott war entschlossen, sie umkommen zu lassen.
Der Knabe Samuel aber wuchs heran, und Gott und die Menschen hatten immer mehr Gefallen an ihm.

Gott ruft Samuel

Zu der Zeit, da der Knabe Samuel unter der Aufsicht von Eli im Dienst des Herrn stand, sprach Gott selten zu einem Menschen und erschien niemandem weit und breit.
Nun geschah folgendes: Eli schlief einmal an seinem Platz. Die Lampe im Tempel war noch nicht erloschen – Elis Augen waren nämlich schwach geworden, er war fast blind – und Samuel schlief dort, wo die Lade Gottes war.
Da rief Gott: Samuel! Samuel! –
Dieser antwortete: «Ja, ich bin da.» Er lief zu Eli und sagte: «Da bin ich, du hast mich doch gerufen.»
Der aber sagte: «Ich habe nicht gerufen, mein Sohn. Leg dich wieder schlafen.»

Er ging und legte sich schlafen. Doch Gott rief noch einmal: Samuel! – Und Samuel stand auf, ging zu Eli und sagte: «Da bin ich, du hast mich doch gerufen.»
Eli aber antwortete: «Ich habe nicht gerufen, mein Sohn. Leg dich wieder schlafen.»
Samuel hatte Gott noch nicht kennengelernt und hatte seine Stimme noch nie gehört.
Dann rief Gott Samuel zum drittenmal. Er stand auf, ging zu Eli und sagte: «Da bin ich, du hast mich doch gerufen.»
Nun merkte Eli, daß der Herr den Knaben rief. Er sagte zu Samuel: «Geh und leg dich schlafen. Wenn er dich ruft, so antworte: Rede, Herr, dein Knecht hört.»
Samuel ging und legte sich an seinem Platz schlafen. Da kam Gott zu ihm und rief wie vorher: Samuel! Samuel! – und Samuel gab zur Antwort: «Rede, Herr, dein Knecht hört.»
Gott sagte zu Samuel: Sieh, ich will in Israel etwas tun, daß jeden, der davon hört, der Schrecken packt. An jenem Tag will ich machen, daß sich an Eli alles erfüllt, was ich über seine Familie gesagt habe, vom Anfang bis zum Ende. Sag ihm, daß ich ihn und seine Nachkommen auf ewig verurteile. Er wußte, daß seine Söhne sich um Gott nicht kümmern, und hat sie doch nicht davon abgehalten. Darum habe ich geschworen: Die Schuld des Eli und seiner Nachkommen läßt sich nie und nimmer auslöschen, weder durch Schlachtopfer noch durch andere Opfergaben. –
Samuel schlief weiter bis zum Morgen. Dann öffnete er die Tempeltore. Er wagte aber nicht, Eli die Worte Gottes zu berichten. Da rief ihn Eli: «Samuel, mein Sohn!»
Er antwortete: «Ja, hier bin ich.»
Eli fragte: «Was hat er zu dir geredet? Verschweig mir nichts. Gott soll dich strafen, wenn du mir ein einziges Wort von dem verschweigst, was er dir gesagt hat.»
Da teilte Samuel ihm alles mit und ließ kein Wort aus. Eli aber sagte: «Er ist der Herr. Er mag tun, was ihm gut scheint.»
Samuel wurde zum Mann. Gott war mit ihm und gab seinen Worten Kraft und Macht. Ganz Israel vom Norden bis zum Süden merkte, daß Samuel dazu bestimmt war, ein Prophet des Herrn zu sein. Gott erschien weiterhin in Schilo und redete zu Samuel, und Samuels Worte wurden für das ganze Volk wie Gottes Worte.

Die Bundeslade geht verloren

Zu dieser Zeit sammelten sich die Philister zum Kampf gegen Israel, und die Israeliten zogen ihnen entgegen. Beide Heere trafen in den Bergen westlich von Schilo aufeinander. Die Philister griffen in Schlachtordnung an. Es kam zu einem harten Kampf, und die Israeliten wurden besiegt. Die Philister erschlugen auf dem Schlachtfeld gegen 4000 Mann.

Als das Heer ins Lager zurückkam, sagten die Anführer der Israeliten: «Warum hat Gott uns heute unterliegen lassen? Wir wollen seine Lade von Schilo zu uns holen, daß er mitten unter uns ist und uns vor den Feinden rettet.»

Man schickte Boten nach Schilo, und sie holten die Lade. Die beiden Söhne Elis begleiteten die Bundeslade. Als sie im Lager ankam, brach das ganze Heer in ein Freudengeschrei aus, daß der Boden erzitterte.

Die Philister vernahmen den Lärm und fragten sich: Was bedeutet das Geschrei im Lager der Hebräer? – Als sie erfuhren, daß die Lade ins Lager gekommen war, fürchteten sie sich, denn sie dachten: Ihr Gott ist zu ihnen ins Lager gekommen. – Und sie sagten: «Schlimm für uns, denn so etwas ist noch nie vorgekommen. Schlimm für uns. Wer wird uns aus der Hand eines so gewaltigen Gottes retten? Das ist ja der Gott, der die Ägypter in der Wüste geschlagen hat. Faßt Mut, ihr Philister, und zeigt, daß ihr Männer seid. Sonst werdet ihr die Knechte der Hebräer, wie sie vorher eure Knechte waren. Seid Männer und kämpft!»

Dann traten die Philister wieder zum Kampf an. Die Israeliten wurden geschlagen und flohen, jeder zu seinen Zelten. Es war eine schwere Niederlage: auf seiten Israels fielen 30000 Mann. Die Bundeslade wurde erbeutet, und die beiden Söhne Elis kamen ums Leben.

Einer aus dem Stamm Benjamin lief aus der Schlacht und kam noch am gleichen Tag nach Schilo, die Kleider zerrissen und Erde auf dem Kopf. Als er ankam, saß Eli, nun 98 Jahre alt und völlig erblindet, neben dem Tempeltor, der Straße zugewandt. Er hatte Angst um die Lade.

Als der Mann nun in die Stadt kam und berichtete, schrie das ganze Volk auf. Eli hörte den Lärm und fragte: «Was soll das laute Geschrei?»

Da ging der Mann sofort zu Eli und gab ihm Bericht. Er meldete: «Ich bin vom Schlachtfeld gekommen, heute bin ich aus der Schlacht geflohen.»

Eli fragte: «Wie ist es gegangen, mein Sohn?»
Der Bote antwortete: «Geflohen sind die Israeliten vor den Philistern. Ein großes Gemetzel hat es unter unsern Leuten gegeben. Auch deine Söhne sind ums Leben gekommen, und die Lade Gottes ist verloren.»
Als er von der Lade sprach, fiel Eli vom Stuhl hintenüber, brach das Genick und starb; der Mann war ja alt und schwer.

Die Philister brachten die Lade des Herrn, die sie gewonnen hatten, vom Schlachtfeld in ihre Stadt Aschdod. Dort trugen sie sie in den Tempel ihres Gottes Dagon und stellten sie neben Dagons Standbild.
Als die Leute von Aschdod am andern Morgen in den Tempel kamen, sahen sie das Standbild vor der Lade liegen, mit dem Gesicht auf dem Boden. Da richteten sie Dagon auf und stellten ihn wieder an seinen Platz. Am Morgen darauf lag das Standbild wieder vor der Lade des Herrn, mit dem Gesicht auf dem Boden. Dagons Kopf und seine beiden Hände lagen abgeschlagen auf der Schwelle, nur der Rumpf war ganz geblieben.
Die Hand des Herrn lag schwer auf den Leuten von Aschdod. Er schickte Plagen und Krankheiten über die Stadt und ihr Gebiet. Als die Bewohner von Aschdod sahen, wie es zuging, beschlossen sie: Die Lade des Gottes von Israel darf nicht bei uns bleiben. Seine Hand liegt zu schwer auf uns und auf unserm Gott Dagon. – Darauf riefen sie durch Boten die Fürsten der Philister zusammen und sagten: «Schickt die Lade des Gottes von Israel wieder fort. Sie soll heimkehren, nicht daß sie uns und unser ganzes Volk umbringt.»
Die Fürsten riefen ihre Priester und Wahrsager zusammen und fragten: «Was sollen wir mit der Lade des Gottes von Israel tun? Sagt uns, wie wir sie heimschaffen können.»
Sie gaben den Rat: «Macht einen neuen Wagen und nehmt zwei Kühe, die noch nie unter ein Joch gekommen sind. Spannt diese Kühe vor den Wagen, aber treibt ihre Kälber von ihnen weg nach Hause. Dann nehmt die Lade, stellt sie auf den Wagen und legt als Buße ein Kästchen mit goldenen Kostbarkeiten daneben. Dann laßt sie ziehen. Nimmt die Lade nun den Weg heimwärts, nach Bet-Schemesch hinauf, so könnt ihr daran sehen, daß der Gott der Israeliten das große Unheil über uns gebracht hat. Wenn nicht, dann war es nicht seine Hand, sondern ein Zufall.»
Die Leute machten es so, nahmen zwei Kühe, spannten sie vor den Wagen und behielten die Kälber zurück. Dann stellten sie die Lade

auf den Wagen, daneben das Kästlein mit den goldenen Gaben. Die Kühe gingen geradewegs die Straße nach Bet-Schemesch, ohne nach rechts oder links abzubiegen, und brüllten in einem fort. Die Fürsten der Philister folgten ihnen bis zur Grenze.
Die Leute von Bet-Schemesch schnitten eben den Weizen im Tal. Als sie aufsahen, erblickten sie die Lade und liefen ihr voll Freude entgegen. Sie sandten Boten nach Kirjat-Jearim und ließen sagen: «Die Philister haben die Lade des Herrn zurückgebracht. Kommt und holt sie zu euch hinauf.»
Da kamen die Leute von Kirjat-Jearim und holten die Lade.

10 Die Straße führt durch den Einschnitt zwischen den Bergen, wo das alte Sichem lag

Saul
David
Salomo

Saul kommt zu Samuel

In Gibea wohnte ein angesehener Mann aus dem Stamm Benjamin mit Namen Kisch. Sein Sohn Saul war schön und hochgewachsen. Kein Israelit war schöner als Saul, und er ragte einen Kopf über alle andern hinaus.

Einst gingen seinem Vater Kisch die Eselinnen verloren. Da sagte er zu Saul: «Nimm dir einen von den Knechten, mach dich gleich auf den Weg und such die Eselinnen.»

Darauf zogen sie nach Norden in die Berge von Efraim, fanden jedoch die Eselinnen nirgends. Sie wanderten und suchten kreuz und quer durch das Land, kamen auch wieder in das Gebiet des Stammes Benjamin, fanden sie aber nicht. In der Nähe von Rama sagte Saul zu dem Knecht, den er bei sich hatte: «Komm, wir kehren um. Sonst macht sich der Vater nicht mehr um die Eselinnen Sorge, sondern um uns.»

Der Knecht antwortete: «Hör, dort in der Stadt wohnt ein Gottesmann, der ist hoch angesehen. Alles, was er sagt, trifft sicher ein. Gehen wir doch hin, vielleicht kann er uns in unserer Sache weiterhelfen.»

Saul fragte aber den Knecht: «Angenommen, wir gehen hin – was bringen wir dem Mann mit? Das Brot in unseren Beuteln ist zu Ende. Nicht einmal Resten haben wir, die wir dem Gottesmann geben könnten. Haben wir sonst etwas?»

Da fing der Knecht wieder an und sagte zu Saul: «Schau, da habe ich

noch ein Silberstück. Das will ich dem Gottesmann geben, damit er uns Auskunft gibt.»
Saul antwortete: «Dein Rat ist gut. Komm, wir gehen.»
So machten sie sich auf den Weg nach Rama. Als sie den Aufgang zur Stadt hinaufstiegen, trafen sie ein paar Mädchen, die herauskamen, um Wasser zu schöpfen, und fragten sie: «Ist der Seher hier?» Früher sagte man nämlich in Israel, wenn man von Gott etwas wissen wollte: Komm, wir gehen zum Seher. – Statt Seher nannte man diese Leute später Propheten.
Die Mädchen antworteten: «Ja, der Seher ist gerade vorbeigegangen, ihr müßt euch nur beeilen. Heute ist er in die Stadt gekommen, weil die Leute auf dem Berg ein Opferfest halten. Wenn ihr in die Stadt geht, trefft ihr ihn gerade noch, ehe er auf den Berg geht. Die Leute essen nicht, bis er kommt, denn er muß ihnen das Opfer segnen. Erst dann fangen die Gäste an zu essen. Geht nur hinauf, gerade jetzt könnt ihr ihn treffen.»
Da stiegen sie zur Stadt hinauf. Kaum waren sie ins Tor hineingegangen, da kam ihnen Samuel aus der Stadt entgegen, weil er auf den Berg gehen wollte.
Gott hatte aber dem Samuel am Tag vor Sauls Ankunft das Ohr für seine Stimme geöffnet und gesagt: Morgen um diese Zeit will ich einen Mann aus dem Stamm Benjamin zu dir schicken. Ihn sollst du zum Fürsten über mein Volk Israel salben, und er soll mein Volk aus der Gewalt der Philister retten. Ich habe gehört, wie mein Volk klagt, und ich habe sein Elend gesehen. –
Als Samuel den Saul erblickte, sprach Gott zu ihm: Schau, das ist der Mann, von dem ich dir gesagt habe, daß er mein Volk regieren soll. – Mitten im Torweg trat Saul zu Samuel und sagte: «Gib mir doch Auskunft. Wo ist hier das Haus des Sehers?»
Samuel antwortete: «Ich bin der Seher. Geh mir voran auf den Berg, ihr sollt heute mit mir essen. Wenn du morgen weiterziehst, begleite ich dich zum Abschied ein Stück weit und gebe dir Bescheid über alles, was du auf dem Herzen hast. Und um die Eselinnen, die euch vor drei Tagen verloren gegangen sind, braucht ihr euch nicht zu kümmern; man hat sie wieder gefunden. Wem gehört denn alles, was in Israel kostbar ist? Doch dir und deinem Vater.»
Da erwiderte Saul: «Ich bin ja nur aus dem Stamm Benjamin, dem kleinsten in Israel, und die Familie meines Vaters ist die geringste von allen Familien des Stammes. Warum sagst du denn so etwas zu mir?»

Samuel salbt Saul zum König

Samuel nahm Saul und seinen Knecht mit und führte sie in die Halle. Dort saßen gegen dreißig Gäste, und er setzte sie zuoberst hin. Dann sagte er zum Koch: «Hol das Stück her, das ich dir gegeben habe und von dem ich dir sagte, du solltest es beiseite legen.»
Der Koch brachte die Keule samt dem Fettschwanz herbei, setzte sie Saul vor und sagte: «Schau, da ist ein kleiner Rest für dich. Das ist gerade für diese Zeit und gerade für dich zurückbehalten worden.»
So aß Saul an diesem Tag mit Samuel und mit den Gästen. Dann gingen sie vom Berg zur Stadt hinunter. Saul bekam sein Lager auf dem Dach zurechtgemacht, und er legte sich schlafen.
Im Morgengrauen rief Samuel zum Dach hinauf: «Saul, steh auf! Ich will zum Abschied ein Stück weit mit dir gehen.»
Saul stand auf, und sie gingen zusammen fort. Als sie gegen die Grenze des Stadtgebiets hinuntergekommen waren, sagte Samuel zu Saul: «Schick den Knecht voraus. Du aber bleib jetzt hier stehen, denn ich will dich hören lassen, was Gott gesagt hat.»
Er nahm das Krüglein mit dem Öl und goß Saul davon über den Kopf. Dann küßte er ihn und sagte: «So hat dich der Herr zum Fürsten über Israel gesalbt. Du bist es, der über das Volk Gottes regieren soll. Du sollst es aus der Gewalt seiner Feinde ringsum erretten. Und daß es Gott ist, der dich zum Fürsten über sein Eigentum gesalbt hat, sollst du an den folgenden Zeichen sehen:
Heute, wenn du hier fortgehst, wirst du an der Grenze des Gebiets von Benjamin zwei Männer treffen, beim Grab der Rahel im Schatten eines Felsens. Sie werden zu dir sagen: Die Eselinnen, die du suchen gingst, haben sich wieder gefunden. Dein Vater denkt nicht mehr an diese Sache, sondern hat Sorge um euch und fragt sich, was er für seinen Sohn tun soll.
Wenn du von dort weitergehst, kommst du zu einer großen Eiche. Dort wirst du drei Männern begegnen, die nach Bet-El hinaufgehen wollen, um dort zu opfern. Der eine trägt drei Böcklein, der andere drei Brote und der dritte einen Schlauch Wein. Sie werden dich grüßen und dir zwei Brote geben; die sollst du von ihnen annehmen. – Nachher wirst du zu einer Stadt und einem Heiligtum kommen, wo ein Posten der Philister ist. Wenn du dort in die Stadt gehst, wirst du auf eine Schar Propheten stoßen. Die kommen den Berg herunter, Harfen, Pauken, Flöten und Zithern vor ihnen her, und sie selber außer sich vor heiliger Begeisterung. Dann wird der Geist Gottes

auch auf dich fallen. Du wirst mit ihnen in Begeisterung geraten; du wirst dich verwandeln und wirst ein ganz anderer Mensch. –
Wenn diese Zeichen eingetroffen sind, dann ist Gott mit dir bei allem, was du tust. Geh mir dann voraus ins Jordantal hinab nach Gilgal. Ich werde auch hinabkommen, um dort zu opfern. Sieben Tage sollst du warten; dann komme ich und sage dir, was du weiter tun mußt.»
Als nun Saul von Samuel fortging, trafen noch am gleichen Tag all diese Zeichen ein. Sobald er zu dem Hügel gekommen war, begegnete ihm wirklich die Prophetenschar. Der Geist Gottes überkam ihn, und er geriet mit ihnen in heilige Begeisterung. Alle Leute, die ihn von früher her kannten und nun sahen, wie er zusammen mit den Propheten in Begeisterung versetzt war, sagten zueinander: «Was ist da mit dem Sohn von Kisch? Seit wann ist Saul unter die Propheten geraten?»
Als die Begeisterung Saul verlassen hatte, kehrte er nach Hause zurück. Sein Onkel fragte ihn und den Knecht: «Wo seid ihr denn hingegangen?»
«Die Eselinnen suchen», gab Saul zur Antwort, «und als wir merkten, daß es vergeblich war, gingen wir zu Samuel.»
Da drängte der Onkel: «Erzähl mir doch, was Samuel gesagt hat!»
Saul antwortete: «Er hat uns versichert, die Eselinnen seien gefunden.»
Was Samuel vom Königtum gesagt hatte, erzählte er jedoch nicht.

Die Königswahl

Samuel rief die Israeliten zum Heiligtum von Mizpa zusammen und sagte zu ihnen: «So spricht der Herr, der Gott von Israel: Ich habe euer Volk aus Ägypten herausgeführt. Ich habe euch aus der Gewalt der Ägypter errettet und aus der Gewalt aller Königreiche, die euch bedrängten. Gott hat euch doch aus jeder Not und aus allen schwierigen Lagen gerettet, aber ihr habt kein Vertrauen mehr zu ihm. Ihr habt von mir gefordert: Einen König sollst du uns geben! – So tretet jetzt vor Gott, geordnet nach Stämmen und Tausendschaften.»
Als nun Samuel alle Stämme der Israeliten herantreten ließ, da traf das Los den Stamm Benjamin. Und als er die Geschlechter des Stammes Benjamin herantreten ließ, da fiel es auf das Geschlecht von Matri, zu dem Kisch gehörte. Und beim Losen unter den Männern des Geschlechts von Matri traf es den Saul, den Sohn des Kisch. Sie suchten

Befestigung einer kanaanitischen Stadt. Versuch einer Nachbildung

nach ihm, aber er war nicht aufzufinden. Da fragten sie den Herrn von neuem: «Ist der Mann hierhergekommen?» und der Herr antwortete: Ja, beim Gepäck hält er sich verborgen. –
Sie liefen hin und holten ihn. Als Saul unter die Leute trat, ragte er einen Kopf über alle andern hinaus.
Samuel sagte zu der versammelten Menge: «Seht ihr, wen Gott ausgewählt hat? Unter euch allen ist keiner wie er!» Da brach die Menge in Jubel aus, und sie riefen: «Es lebe der König!»
Samuel verkündete nun dem Volk, was das Königtum zu bedeuten habe. Er schrieb das auf und verwahrte die Schriftrolle im Heiligtum. Darauf ließ er die Leute wieder nach Hause zurückkehren.
Auch Saul ging heim nach Gibea. Begleitet wurde er von einer Schar kriegstüchtiger Männer, die zu ihm hielten, weil Gott es ihnen so eingab. Einige Nichtsnutze dagegen sagten: «Was kann der uns schon helfen!» Sie zeigten keine Achtung vor ihm und brachten ihm keine Geschenke. Doch Saul ließ sich nichts anmerken.

Saul siegt bei Jabesch über die Ammoniter

Nahasch, der König der Ammoniter, kam mit einem Heer und belagerte Jabesch im Land Gilead. Die Männer von Jabesch ließen dem König sagen: «Schließ einen Vertrag mit uns, dann wollen wir deine Untertanen werden.»
Nahasch gab ihnen zur Antwort: «Mit einem Vertrag bin ich ein-

verstanden. Aber dazu gehört, daß ich jedem von euch das rechte Auge aussteche. So bringe ich Schande über ganz Israel.»
Die Ältesten von Jabesch sagten ihm darauf: «Laß uns sieben Tage Zeit. Wir wollen zuerst Boten in ganz Israel herumschicken. Ist dann niemand da, der uns hilft, so wollen wir uns dir ergeben.»
Die Boten kamen auch nach Gibea, wo Saul wohnte, und berichteten von der Sache. Als die Leute hörten, wie es stand, brachen sie in lautes Weinen aus. Da kam Saul gerade vom Feld zurück, hinter den Rindern her. Er fragte: «Was haben die Leute, daß sie weinen?»
Man erzählte ihm die Sache von den Männern in Jabesch. Als Saul das hörte, fuhr der Geist Gottes in ihn, und heißer Zorn packte ihn. Er nahm zwei Rinder, hieb sie in Stücke, schickte die Boten damit in ganz Israel herum und ließ sagen: «Wer Saul und Samuel nicht in den Krieg folgt, dessen Rindern wird es ebenso ergehen.»
Da geriet das Volk in einen heiligen Schrecken, und sie zogen alle zusammen aus. Im Jordantal zählte und ordnete Saul die Leute. Es waren 300000 Israeliten und 30000 Männer aus Juda. Zu den Boten aus Jabesch sagte er: «Geht wieder nach Gilead in eure Stadt und richtet den Männern aus: Morgen, wenn es heiß wird, kommt Hilfe für euch.»
Als die Boten heimkamen und den Männern die Nachricht brachten, freuten sie sich und ließen den Ammonitern melden: «Morgen werden wir uns ergeben; dann könnt ihr mit uns machen, was ihr wollt.»
Am andern Morgen teilte Saul das Volk in drei Haufen. Kaum war es Tag, drangen sie mitten in das Lager der Ammoniter ein und schlugen sie im Kampf. Das dauerte, bis es heiß wurde. Die Ammoniter, die dann noch am Leben waren, wurden so auseinandergesprengt, daß nicht einmal zwei beisammenblieben.
Das Volk rief Samuel zu: «Wo sind jetzt die Leute, die gesagt haben: Was, Saul soll unser König sein? Her mit ihnen, wir schlagen sie tot!»
Doch Saul antwortete: «An diesem Tag soll niemand getötet werden, denn heute hat sich Gott in Israel als Retter gezeigt.»
Und Samuel wandte sich an das Volk: «Kommt, wir wollen nach Gilgal ziehen und dort das Königtum bestätigen.»
Da zog das ganze Volk nach Gilgal. Dort beim Heiligtum bestätigten sie Saul als König und schlachteten Opfertiere, um dem Herrn zu danken. Saul und alle Männer von Israel feierten dort ein frohes Fest.

Saul hört nicht auf Gott

Es war zu erwarten, daß Saul oft in den Krieg ziehen mußte, denn die Völker ringsum waren Feinde der Israeliten. Jedesmal kehrte er mit seinem Heer als Sieger heim.
Samuel verfolgte aufmerksam alles, was Saul unternahm. Weil er sich allzuoft die Könige der Nachbarstaaten zum Vorbild nahm, mahnte er ihn: «In Israel ist Gott der Herrscher, und du als sein Gesalbter bist sein Knecht.» Diese Mahnung wurde Saul lästig.
Einmal forderte Samuel im Auftrag Gottes den König auf, gegen die Amalekiter in den Krieg zu ziehen. Das war ein mächtiges Volk im Süden, und Israel hatte unter seinen Raubzügen schon viel gelitten. Saul mußte seinen Kriegsleuten befehlen, das feindliche Volk auszurotten und nicht einmal die Tiere zu verschonen.
Auch diesmal kehrte Saul siegreich aus dem Krieg zurück. Seine Leute trieben die schönsten Rinder und Schafe der Feinde vor sich her. Es hieß, sie wollten sie zu Hause dem Herrn opfern. Saul ließ zur Erinnerung an seinen großen Sieg unterwegs ein Denkmal aufstellen. Das war so die Art, wie die Könige damals aus einem siegreichen Krieg heimkehrten. Die Israeliten jubelten, denn Saul war genauso ein König, wie das Volk es wünschte.
Ganz anders begegnete Samuel dem König. «Was höre ich da brüllen und blöken?» fragte er. «Hattest du nicht den Auftrag, alles auszurotten? Gehorsam ist besser als Opfer!»
Da versuchte Saul zuerst, sich zu entschuldigen. Dann sah er sein Unrecht ein und bat Samuel, ihm zu vergeben. Doch dieser sagte: «Du hast das Wort Gottes verachtet, jetzt achtet Gott auch dich nicht mehr. Du hast dein Königsrecht über Israel verloren.»
Samuel wandte sich und wollte gehen. Da griff Saul nach dem Mantel des Propheten und wollte ihn daran festhalten. Aber der Mantel zerriß, und Saul stand da, einen abgerissenen Zipfel in der Hand.
«Gerade so ist es mit dir», sagte Samuel. «Gott hat heute das Königtum über Israel von dir gerissen. Er wird es einem andern geben, der besser ist als du.»
Tief betrübt ging er heim nach Rama und sah Saul bis zu seinem Tod nicht wieder.

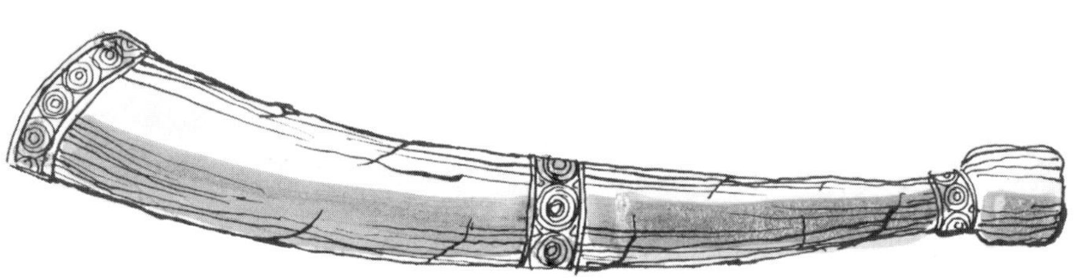

Salbhorn mit Goldreifen

Samuel salbt David

Gott sagte zu Samuel: Wie lange willst du noch trauern wegen Saul? Ich will doch nichts mehr von ihm wissen, und damit gilt er nicht mehr als König über Israel. Füll dein Horn mit Öl und mach dich auf den Weg. Ich schicke dich nach Betlehem zu Isai, denn einen von seinen Söhnen habe ich als König vorgesehen. –
Samuel antwortete: «Wie kann ich den Weg dorthin wagen? Wenn Saul das hört, bringt er mich um.»
Gott erwiderte: Nimm ein junges Rind mit dir. So kannst du sagen: ‹Ich bin gekommen, um dem Herrn zu opfern›. Lade den Isai zum Opferessen ein. Ich lasse dich dann wissen, was du zu tun hast. Du sollst mir den zum König salben, den ich dir zeigen werde. –
Samuel tat, was ihm Gott gesagt hatte. Bei seiner Ankunft in Betlehem kamen ihm die Ältesten der Stadt aufgeregt entgegen und fragten: «Ist es ein gutes Zeichen, daß du kommst?»
Er antwortete: «Ja, ein gutes. Ich bin gekommen, um dem Herrn zu opfern. Bereitet euch vor, daß ihr mit mir zum Opfer gehen könnt.» Dann lud er den Isai und seine Söhne zum Opfer ein und bereitete sie selber auf die Feier vor.
Als sie kamen, erblickte er den Eliab und dachte sich: Das ist gewiß der Gesalbte des Herrn. Doch Gott sagte zu Samuel: Schau nicht darauf, wie er aussieht und wie groß er ist. Ich will ihn nicht. Denn der Mensch sieht, was er vor den Augen hat, aber der Herr sieht das Herz an. –
Da rief Isai den Abinadab und ließ ihn vortreten, aber Samuel sagte: «Auch den da hat Gott nicht gewählt.» – Als Isai den Schamma vortreten ließ, sagte er wieder: «Auch den hat Gott nicht gewählt.» – So ließ Isai sieben Söhne vortreten, aber Samuel sagte zu ihm: «Gott hat keinen von diesen gewählt.»
Dann fragte er: «Sind das alle Knaben, die du hast?»
Isai antwortete: «Der Jüngste fehlt noch. Er hütet gerade die Schafe.»
Samuel sagte: «Schick jemand hin und laß ihn holen. Solange er nicht da ist, versammeln wir uns nicht zum Essen.»
Da ließ Isai den David holen. Helles Haar hatte er, schön waren seine Augen, und er sah gut aus. Da sagte Gott: Der ist es. Salbe ihn! –
Samuel nahm das Horn mit dem Öl und salbte ihn, mitten unter seinen Brüdern. Der Geist Gottes kam auf David und blieb auf ihm von diesem Tag an. Dann brach Samuel auf und ging nach Rama zurück.

David kommt an den Hof von König Saul

Gott hatte sich von Saul abgewendet und ließ es zu, daß ein böser Geist den König immer wieder quälte. Da sagten die Diener zu Saul: «Du weißt doch, wie der böse Geist von Gott dich quält. Du bist der Herr, und wir sind die Knechte. Du brauchst nur zu befehlen, und wir suchen sofort nach einem Mann, der die Leier zu spielen versteht. Wenn der böse Geist von Gott über dich kommt, soll er spielen, und dann geht es dir wieder besser.»

Saul antwortete seinen Dienern: «Ja, erkundigt euch nach einem Mann, der gut spielen kann, und bringt ihn her.»

Da fing einer von den Dienern an: «Ich weiß einen, den Sohn des Isai in Betlehem, der kann spielen. Dazu ist er ein tapferer Kerl und weiß mit Waffen umzugehen, kann gut reden, sieht gut aus, und Gott ist mit ihm.»

Saul sandte Boten zu Isai und ließ ihm sagen: «Schick deinen Sohn David, der bei den Schafen ist, zu mir.»

Isai nahm zehn Brote, einen Schlauch Wein und ein Ziegenböcklein, lud das auf einen Esel und schickte seinen Sohn damit zu Saul.

So kam David zum König und trat in seinen Dienst. Saul gewann ihn so lieb, daß er ihn zu seinem Waffenträger machte. Dem Isai richtete er durch Boten aus: «Laß David in meinem Dienst, denn er gefällt mir gut.»

So oft nun Saul unter dem bösen Geist litt, nahm David die Leier und spielte. Dann wurde es Saul leichter ums Herz, und der böse Geist verließ ihn.

Erzählungen über den jungen David

David wurde später der berühmteste König des Landes. Darum erzählte man in Israel gern von ihm. Die Leute wollten möglichst viele Geschichten über David hören, zum Beispiel darüber, wie er zu König Saul gekommen war. Aber ein paar Jahrzehnte nach Davids Tod wußte das natürlich niemand mehr genau.

Die einen wußten zu berichten, Saul habe David von Betlehem holen lassen. Er sollte dem König, der oft trübsinnig und traurig war, auf der Leier vorspielen und ihn mit der Musik aufheitern. Für immer ist David als Musikant und dann auch als Dichter und Sänger von Liedern berühmt geblieben.

Andere meinten, Saul sei auf David aufmerksam geworden, als er gegen Goliat kämpfte, und habe ihn dann in seiner Umgebung behalten. Das war ja eine lange und spannende Erzählung, und sie gefiel den Leuten besonders gut, weil darin so schön gezeigt wird, wie Gott auch einem schwachen Menschen Mut und Kraft gibt.

David und Goliat

Die Philister führten wieder einmal Krieg gegen Israel, drangen tief in das Gebiet des Stammes Juda ein und errichteten ihr Heerlager ein paar Stunden westlich von Betlehem. Saul und seine Leute kamen ebenfalls dorthin, errichteten ihr Lager und ordneten sich zum Kampf. Die Philister hatten ihr Lager an einem Talhang, und am Hang gegenüber hatten die Israeliten das ihre, so daß der Talgrund zwischen ihnen lag.

Da trat aus den Reihen der Philister ein Mann hervor und stellte sich zwischen die Heere. Goliat hieß er, stammte aus Gat und war gegen drei Meter groß. Auf dem Kopf trug er einen Helm aus Bronze und auf dem Leib einen Schuppenpanzer, ebenfalls aus Bronze, der gut anderthalb Zentner wog. Aus Bronze waren auch seine Beinschienen und der Wurfspieß, den er am Rücken trug. Der Schaft seiner Lanze war so dick wie ein Arm, und allein die Spitze aus Eisen wog fast zwanzig Pfund. Vor ihm her ging sein Schildträger.

So stellte er sich hin und rief zu den Reihen der Israeliten hinüber: «Warum rückt ihr alle aus und wollt zum Kampf antreten? Bestimmt doch einen Mann, der zu mir herabkommen soll. Bringt er es fertig, mich im Kampf zu erschlagen, so wollen wir eure Untertanen sein. Bin ich ihm aber überlegen und erschlage ihn, so sollt ihr unsere Untertanen sein und uns dienen.»

Noch einmal rief Goliat: «Was für eine Schande für das Heer von Israel! Habt ihr keinen Mann, der mit mir kämpft?»

Saul und alle Israeliten hörten, was der Philister sagte, und sie gerieten in Angst und Schrecken. Und Goliat trat jeden Morgen und jeden Abend so hervor, vierzig Tage lang.

Isai war zur Zeit von Saul schon zu alt, um mitzukämpfen. Aber seine

ältesten drei Söhne waren Saul gefolgt und in den Krieg gezogen: Eliab, der Erstgeborene, Abinadab, der zweite, und Schamma, der dritte. David, der jüngste, hütete in Betlehem die Herde.
Einmal sagte Isai zu David, seinem jüngsten Sohn: «Nimm doch einen Sack von dem gerösteten Korn da, und dazu diese zehn Brote. Bring alles zu deinen Brüdern ins Lager, und beeil dich! Und diese zehn Käse bringst du dem Hauptmann. Schau, ob es den Brüdern gut geht, und bring mir zum Zeichen dafür etwas von ihnen mit. Sie sind bei Saul und allen andern Israeliten und kämpfen dort gegen die Philister.»
Früh am andern Morgen machte sich David auf den Weg und überließ die Herde einem Hirten. Dann ging er mit seiner Last, wie Isai es ihm befohlen hatte. Er kam zum Lagerplatz, als die Truppe gerade ausrückte, sich zum Kampf bereitstellte und ein lautes Kriegsgeschrei erhob. Reihe gegen Reihe, so stellten sich die Israeliten und die Philister gegeneinander auf.
Jetzt warf David seine Last ab, gab sie dem Wächter beim Gepäck und lief nach vorn zur Schlachtreihe. Dort begrüßte er seine Brüder und fragte, ob es ihnen gut gehe. Während er noch mit ihnen redete, trat gerade wieder Goliat, der Philister aus Gat, aus den Reihen der Feinde zwischen die Heere und führte die gewohnten Reden, so daß David es hörte.
Als die Israeliten den Mann erblickten, zogen sie sich alle voll Angst wieder zurück. Sie sagten zueinander: «Habt ihr gesehen, wie der Mann daherkommt! Und er kommt nur daher, um uns zu verspotten. Wenn einer ihn erschlägt, dann will ihn der König reich belohnen. Seine Tochter will er ihm geben, und seine Familie will er in Israel steuerfrei machen.»
Da fragte David die Männer, die in seiner Nähe standen: «Was bekommt der Mann, der diesen Philister erschlägt und die Schande von Israel wegnimmt? Wer ist er denn, der unbeschnittene Philister, daß er das Heer des lebendigen Gottes verspotten darf?»
Die Leute wiederholten es ihm: Das und das bekomme der Mann, der ihn erschlage. Eliab, sein ältester Bruder, hörte David mit den Männern reden und wurde wütend auf ihn. «Wozu bist du überhaupt hier herübergekommen?» rief er. «Wem hast du drüben in der Steppe die paar Schafe überlassen? Ich weiß genau, du bist eingebildet und hast Dummheiten im Kopf. Du bist nur hergekommen, um den Krieg zu sehen.»
David gab zurück: «Was hab ich denn getan? Man wird doch noch

ein Wort reden dürfen!» Und er drehte sich um, ging davon und fragte einen andern nochmals dasselbe, und die Leute gaben ihm die gleiche Antwort wie vorher.

Es wurde bekannt, was David gesagt hatte. Auch bei Saul redete man davon, und dieser ließ ihn holen.
David sagte zum König: «Kein Mensch braucht wegen dieses Philisters den Mut zu verlieren. Ich bin dein Knecht; ich gehe hin und kämpfe mit ihm.»
Aber Saul antwortete ihm: «Nein, mit diesem Philister kannst du nicht kämpfen. Du bist noch ein junger Bursche, und er hat sein Lebtag gekämpft.»
Da erwiderte David: «Ich habe die Herde meines Vaters gehütet. Manchmal kam ein Löwe oder ein Bär und trug ein Tier von der Herde fort. Dann zog ich los, hinter ihm her, erschlug ihn und riß es ihm aus dem Rachen. Und wenn er mich angreifen wollte, packte ich ihn bei der Gurgel und schlug ihn tot. Löwen und Bären habe ich erschlagen, und diesem unbeschnittenen Philister wird es genau gleich ergehen, weil er das Heer des lebendigen Gottes verspottet hat.» – Und er fuhr weiter: «Der Herr hat mich vor den Tatzen der Löwen und Bären gerettet; er wird mich auch aus der Gewalt dieses Philisters retten.»
«Also geh!» sagte Saul. «Gott wird mit dir sein.» Und er legte dem David seine eigene Rüstung an, setzte ihm einen Helm aus Bronze auf den Kopf und zog ihm einen Panzer an; dazu schnallte er ihm sein Schwert über die Rüstung.
Nun versuchte David zu gehen; aber er war das nicht gewohnt und sagte zu Saul: «Darin kann ich nicht gehen, das ist mir zu fremd.» So legte er alles wieder ab und griff zu seinem Stock. Aus dem Bach suchte er fünf glatte Steine und legte sie in seine Hirtentasche, die ihm nun als Steinbeutel diente. Seine Schleuder in der Hand, stellte er sich Goliat entgegen.
Der Philister kam David immer näher, vor ihm her sein Schildträger. Er schaute sich David genau an und hielt nichts von ihm, denn er war ja noch ein junger Bursche mit hellem Haar und schön anzusehen.
«Bin ich ein Hund», fragte Goliat, «daß du mit einem Stock auf mich loskommst?» Er verfluchte David im Namen seiner Götter und rief ihm dann zu: «Komm doch her! Ich will dein Fleisch den Vögeln und den wilden Tieren zu fressen geben.»
Doch David antwortete dem Philister: «Du kommst mit Schwert und

Hirtenschleuder. Krieger mit Schleudern

Spieß und Lanze gegen mich. Ich aber komme gegen dich mit der Kraft von Jahwe. Das ist der Gott von Israel und seinem Heer, das du verspottet hast. Er wird dich heute in meine Gewalt geben. Erschlagen werde ich dich und dir den Kopf abhauen. Deine Leiche und die Leichen des Philisterheeres werde ich heute den Vögeln und den wilden Tieren zu fressen geben. Alle Welt soll merken, daß Israel einen Gott hat, und alle hier sollen erfahren, daß Jahwe nicht mit Schwert und Lanze seine Hilfe bringt. Dieser Krieg ist seine Sache, und er wird euch in unsere Gewalt geben.»

Als Goliat sich nun zum Angriff bereitmachte und herankam, löste sich David vom Heer und eilte dem Philister entgegen. Er griff mit

der Hand in die Tasche, holte einen Stein heraus, schleuderte ihn und traf Goliat an die Stirn, daß der Stein ihm den Schädel brach und er vornüber aufs Gesicht fiel. So besiegte David den Philister mit Schleuder und Stein; er traf ihn und tötete ihn ohne Schwert in der Hand. Dann lief er zu Goliat hin, ergriff dessen Schwert und zog es aus der Scheide. Er hieb ihm den Kopf ab und machte ihm so den Garaus.
Als die Philister sahen, daß ihr starker Mann tot war, flohen sie. Die Männer von Juda und von Israel sprangen auf, erhoben ein lautes Kriegsgeschrei und jagten den Philistern nach bis weit in ihr Land hinab. Den ganzen Weg entlang lagen erschlagene Feinde. Nach der Verfolgung kehrten die Israeliten zurück und plünderten das Lager der Philister.
David aber nahm Goliats Kopf und brachte ihn nach Jerusalem; die Waffen brachte er zum heiligen Zelt.

Die Freundschaft mit Jonatan

Saul hatte gesehen, wie David dem Philister entgegenging und hatte seinen Unterführer Abner gefragt: «Wessen Sohn ist der Bursche?»
Abner antwortete: «König, so wahr du lebst – das möchte ich selber auch wissen.»
Da sagte der König: «Also erkundige dich, wessen Sohn der Bursche eigentlich ist.»
Sowie David dann zurückkam, nachdem er den Philister erschlagen hatte, nahm ihn Abner und führte ihn vor Saul; Goliats Kopf trug er noch in der Hand.
Und Saul fragte ihn: «Wessen Sohn bist du, Bursche?»
«Der Sohn deines Knechts Isai, aus Betlehem», gab David zur Antwort.
Nach dem Gespräch mit Saul schloß Jonatan, der Sohn des Königs, David in sein Herz. Er bekam ihn lieb wie sein eigenes Leben. Und Saul nahm David von diesem Tag an zu sich und ließ ihn nicht mehr zu seinem Vater zurückkehren.
Weil Jonatan David so lieb hatte wie sich selber, schloß er einen Bund mit ihm. Er zog den Mantel aus, den er trug, und gab ihn David, dazu seine Rüstung und sogar das Schwert, den Bogen und den Gürtel.

Saul wird eifersüchtig

Als David vom Sieg über den Philister zurückkehrte, zogen aus allen Städten Israels die Frauen tanzend und singend dem König Saul entgegen, mit Handpauken und Zimbeln und unter Jubelgeschrei. Sie tanzten vor Freude und riefen:

Saul erschlug seine Tausend,
David seine Zehntausend!

Da stieg in Saul der Zorn hoch. Er nahm es übel, daß sie so etwas riefen, und sagte sich: Dem David geben sie zehntausend und mir tausend – jetzt fehlt nur noch, daß er König wird.
Saul bekam Angst vor David. Gott war eben mit ihm, dagegen hatte er Saul verlassen. Der König entfernte David aus seiner Umgebung und machte ihn zum Anführer einer Truppe von tausend Mann. So zog dann David an der Spitze seiner Leute umher, und überall, wo er hinkam, hatte er Erfolg; Gott war eben mit ihm.
Saul sah, wieviel Erfolg David hatte, und er wurde ihm unheimlich. Aber in ganz Israel und Juda war er beliebt, wenn er an der Spitze seiner Truppe im Land umherzog.

Saul verfolgt David

Saul redete vor Jonatan und vor allen seinen Dienstleuten offen davon, er wolle David umbringen. Jonatan war aber Davids bester Freund, und darum erzählte er es ihm. «Mein Vater Saul hat im Sinn, dich zu töten», sagte er. «Nimm dich morgen in acht, such dir ein Versteck und halte dich verborgen. Ich komme dann hinaus aufs Feld, helfe dort dem Vater und will mit ihm über dich reden. Wenn ich etwas erfahre, gebe ich dir Bericht.»
So redete Jonatan bei seinem Vater Saul gut von David und sagte zu ihm: «Du als König solltest deinem Knecht nicht Unrecht tun, denn er hat auch dir kein Unrecht getan und hat dir gute Dienste geleistet. Er hat doch sein Leben eingesetzt und den Philister erschlagen, und das war eine Wohltat Gottes für ganz Israel. Du hast es selber mit angesehen und dich gefreut. David ist unschuldig. Warum willst du ihn ohne Grund umbringen? Das ist ein Unrecht.»

Saul hörte auf Jonatan und schwor: «Er soll nicht umgebracht werden, Gott soll mein Zeuge dafür sein!»
Da ließ Jonatan David rufen und erzählte ihm alles, was gesagt worden war. Dann führte er ihn zu Saul. David war dann wieder in seinem Dienst wie vorher, und der Krieg ging immer weiter. David zog gegen die Philister in den Kampf und schlug sie so gewaltig, daß sie vor ihm flohen.

Einmal saß Saul in seinem Haus, den Speer in der Hand, und David spielte auf der Leier. Da kam der böse Geist von Gott über den König, und Saul versuchte David mit dem Speer an die Wand zu spießen. David wich aber aus, so daß der Speer in die Wand fuhr; dann floh er und konnte sich retten.
In der gleichen Nacht schickte Saul Leute zu Davids Haus, denn er wollte ihn bewachen und am Morgen umbringen lassen. Doch Michal, Davids Frau, verriet es ihm und sagte: «Rette heute nacht dein Leben, sonst wirst du morgen umgebracht.»
Michal ließ ihn durch das Fenster hinab, und David machte sich auf die Flucht und konnte sich retten. Dann nahm sie den Hausgötzen und legte ihn auf das Bett. Beim Kopfende tat sie ein Geflecht aus Ziegenhaar hin und zog eine Decke über die Figur. Als die von Saul gesandten Boten kamen, um David zu holen, sagte sie: «Er ist krank.»
Wieder schickte Saul Boten, die nach David sehen sollten, und er gab ihnen den Auftrag: «Bringt ihn im Bett zu mir herauf; er muß umgebracht werden!»
Die Boten kamen und merkten, daß eben der Hausgötze auf dem Bett lag, und beim Kopfende ein Geflecht aus Ziegenhaar.
Saul fragte dann Michal: «Warum hast du mich so betrogen? Du hast meinen Feind entfliehen lassen, damit er sich retten konnte.»
Doch Michal gab ihm zur Antwort: «Er hat zu mir gesagt: Laß mich davon, oder ich bringe dich um!»
So war David entflohen und hatte sich gerettet. Er ging nach Rama zu Samuel und berichtete ihm alles, was Saul gegen ihn unternommen hatte.

David und Jonatan

David suchte Jonatan auf und fragte: «Was ist meine Schuld? Was habe ich getan? Und was ist mein Unrecht gegen deinen Vater, daß er mir das Leben nehmen will?»
Jonatan antwortete: «Was kommt dir in den Sinn? Du wirst nicht sterben. Mein Vater tut nichts Großes und nichts Kleines, ohne daß er es mich wissen läßt. Warum sollte er mir so etwas verbergen? Es stimmt nicht.»
David erwiderte: «Dein Vater weiß genau, daß du mein Freund bist, und denkt: Jonatan darf das nicht wissen. Es würde ihm Kummer machen. – Aber ich schwöre bei Gott und bei deiner Freundschaft, es ist nur ein Schritt zwischen mir und dem Tod.»
Da fragte ihn Jonatan: «Was soll ich denn für dich tun? Was denkst du?»
David gab zur Antwort: «Du weißt, morgen ist Neumond. Da müßte ich unbedingt zu dem feierlichen Essen des Königs kommen. Laß mich gehen, daß ich mich bis zum Abend draußen auf dem Feld verbergen kann. Wenn dein Vater mich dann vermißt, so kannst du sagen: David hat mich um Urlaub gebeten, damit er heim nach Betlehem gehen kann; denn dort wird das Jahresopfer für seine Familie und alle Verwandten abgehalten. – Sagt er dann: Gut! so ist es günstig für mich. Gerät er aber in Zorn, so merkst du daran, daß er mein Verderben fest beschlossen hat. Tu mir diesen Freundschaftsdienst, denn du hast ja vor Gott einen Bund mit mir geschlossen. Wenn ich aber ein Unrecht getan habe, so töte mich, du selber, und bring mich nicht erst zu deinem Vater.»
«Was kommt dir in den Sinn?» gab Jonatan zurück. «Im Gegenteil, wenn ich sicher weiß, daß mein Vater dein Verderben beschlossen hat, warum sollte ich es dir nicht mitteilen?»
Doch David fragte: «Und wenn nun die Antwort deines Vaters hart ausfällt? Wer bringt mir dann Bericht?»
Da sagte Jonatan: «Komm, wir gehen aufs Feld hinaus.»
Sie gingen beide hinaus aufs Feld, und Jonatan versprach David: «Ich schwöre dir bei Gott, dem Herrn von Israel, wenn mein Vater dein Verderben beschließt, so gebe ich dir Bericht und lasse dich ziehen. Du kannst in Frieden gehen, und Gott soll mit dir sein, wie er mit meinem Vater gewesen ist.»
Weiter sagte Jonatan: «Morgen, am Neumond, wird man dich zwar vermissen, wenn dein Platz leer bleibt. Aber übermorgen wird man

dich erst recht vermissen. Geh dann zu der Stelle hinunter, wo du dich schon einmal versteckt hast, und setz dich hinter jenen Steinhaufen. Übermorgen will ich dort in der Nähe drei Pfeile abschießen, als würde ich für mich auf ein Ziel schießen. Dann paß auf! Ich heiße meinen Burschen: Los, such die Pfeile! – Wenn ich ihm zurufe: Achtung! der Pfeil liegt gegen mich hin, bring ihn! – dann steht es günstig für dich, und es ist nichts zu befürchten, ich schwöre es dir. Wenn ich dem Burschen aber zurufe: Achtung! der Pfeil liegt weiter draußen! – dann geh, denn Gott heißt dich gehen. Doch was wir hier besprochen haben, du und ich, schau, dafür ist Gott Zeuge, und es gilt für dich und mich auf ewig.»

Darauf versteckte sich David draußen im Feld.

Der Neumond kam, und der König setzte sich zu Tisch, um sein feierliches Essen zu halten. Er saß wie jedesmal auf dem Platz an der Wand, Jonatan ihm gegenüber, und Abner an der Seite von Saul; doch der Platz von David blieb leer. An diesem Tag sagte Saul aber nichts, denn er dachte sich, David werde verhindert sein.

Der Platz war jedoch am andern Tag wieder leer. Da sagte Saul zu Jonatan: «Warum ist Isais Sohn gestern und heute nicht zum Essen gekommen?»

Jonatan antwortete ihm: «David hat mich ganz dringend um Urlaub gebeten. Er sagte: ‹Laß mich nach Betlehem gehen, denn wir haben ein Familienopfer in der Stadt, und mein Bruder hat mich selber dazu eingeladen. Sei so freundlich und laß mich fort, damit ich meine Brüder aufsuchen kann!› Darum ist er nicht zum Essen des Königs gekommen.»

Da wurde Saul von einem heftigen Zorn auf Jonatan gepackt, und er fuhr ihn an: «Aus der Art geschlagen bist du! rebellisch wie deine Mutter! Ich wußte es ja, und es ist eine Schande für dich und für deine Mutter, daß du an Isais Sohn den Narren gefressen hast. Denn solange Isais Sohn auf dieser Erde lebt, bist du nichts und kannst nicht König werden. So schick jetzt Leute und laß ihn zu mir bringen; er ist ein Kind des Todes.»

Jonatan gab dem Vater zur Antwort: «Warum soll er umgebracht werden? Was hat er getan?»

Da holte Saul mit dem Speer gegen ihn aus und wollte ihn durchstoßen. Jetzt merkte Jonatan, daß sein Vater fest entschlossen war, David zu töten. Zornig ging er vom Tisch und aß an diesem Tag nach dem Neumond nichts. Er hatte Kummer, weil sein Vater ihn wegen David beschimpft hatte.

Am andern Morgen ging Jonatan mit einem jungen Burschen aufs Feld hinaus, wie er es mit David verabredet hatte.
«Lauf!» sagte er zu dem Burschen. «Such die Pfeile, die ich jetzt abschieße.»
Während der Bursche lief, schoß Jonatan einen Pfeil über ihn hinaus, und als jener zu der Stelle kam, wo der abgeschossene Pfeil lag, rief er hinter ihm her: «Liegt der Pfeil von dir aus nicht weiter draußen?» Und er rief ihm noch nach: «Bleib nicht stehen! Rasch, eil dich!»
Der Bursche las die Pfeile auf und brachte sie seinem Herrn zurück, ohne daß er etwas merkte; nur David und Jonatan wußten, worum es ging. Darauf gab Jonatan dem Burschen seine Waffen und befahl ihm: «Geh und trag das in die Stadt.»
Als der Bursche auf dem Heimweg war, stand David auf und kam hinter dem Steinhaufen hervor. Er fiel auf die Knie und neigte den Kopf dreimal bis zur Erde. Dann umarmten sie einander, und beide weinten.
Jonatan sagte zu David: «Geh jetzt in Frieden. Was wir zwei einander im Namen Gottes geschworen haben, dafür ist Gott Zeuge, und es gilt für dich und mich, für deine und meine Nachkommen, und auf ewig.»
Nachher brach David auf und ging fort. Jonatan kehrte in die Stadt zurück.

David hielt sich dann jahrelang in der Wüste auf und hauste mit seinen Leuten in Bergfestungen. Saul suchte ihn die ganze Zeit, aber Gott ließ ihn nicht in seine Hand fallen. David wußte wohl, daß Saul ausgezogen war, um ihm das Leben zu nehmen.
Als David in der Bergwüste zwischen Hebron und dem Toten Meer war, suchte ihn Jonatan dort auf und gab ihm neuen Mut und Gottvertrauen.
«Du brauchst dich nicht zu fürchten», sagte er. «Mein Vater Saul wird dich nicht in seine Gewalt bekommen. Du wirst einmal König über Israel, und ich bin dann der zweite nach dir. Das weiß auch mein Vater Saul ganz genau.»
Dann beschworen sie ihre Freundschaft neu. David blieb in der Bergwüste, und Jonatan kehrte nach Hause zurück.

Die Begegnung in der Höhle

Saul hatte die Philister verfolgt. Als er zurückkehrte, erhielt er die Nachricht: «Weißt du schon? David ist in der Wüste von En-Gedi.»
Da sammelte Saul 3000 Mann, ausgesuchte Leute aus ganz Israel, und machte sich auf die Suche nach David und seinen Leuten.
Er kam in eine felsige Gegend. An einem Ort, wo es Schafhürden am Weg hatte, war auch eine Höhle, und Saul ging hinein, um seine Notdurft zu verrichten. Hinten in der Höhle jedoch saß David mit seinen Leuten, und diese sagten zu ihm: «Merkst du es? Der Tag ist gekommen, von dem Gott zu dir gesagt hat: Ich gebe deinen Feind in deine Gewalt, und du kannst mit ihm tun, was dir gefällt.»
David stand auf und schnitt unbemerkt von Sauls Mantel einen Zipfel ab. Es machte ihm aber Herzklopfen, daß er das getan hatte, und er sagte zu den Männern: «Gott soll mich davor bewahren, daß ich gegen Saul Gewalt brauche. Er ist mein Herr, und Gott hat ihn gesalbt; ich darf ihm so etwas nicht antun.» Er drohte seinen Leuten und verbot ihnen, etwas gegen den König zu unternehmen.
Als Saul wieder aufgestanden und aus der Höhle zum Weg zurückgekehrt war, ging David hinterher. Er trat aus der Höhle und rief ihm nach: «Mein Herr und König!»
Saul blickte sich um, und David neigte zum Zeichen seiner Ehrfurcht seinen Kopf bis zur Erde. Dann sagte er zu Saul: «Warum hörst du auf die Leute, wenn sie sagen: David denkt nur daran, dich zu verderben? – Jetzt hast du selber sehen können, daß Gott dich heute in der Höhle in meine Gewalt gegeben hat. Ich hätte dich töten können, aber ich verschonte dich, weil ich dachte: Ich will gegen meinen Herrn keine Gewalt brauchen, denn Gott hat ihn gesalbt.
Schau, mein Vater, da in meiner Hand ist ein Zipfel deines Mantels. Diesen Zipfel habe ich von deinem Mantel geschnitten, aber ich habe dich nicht getötet. Daran kannst du sehen und merken, daß ich gegen dich nichts Böses im Sinn habe und nicht rebellieren will. Ich habe kein Unrecht gegen dich begangen. Du dagegen lauerst mir auf und willst mir das Leben nehmen.
Zwischen dir und mir soll Gott Richter sein. Gott mag für mich Rache an dir nehmen; doch ich will keine Gewalt gegen dich brauchen, wie es im alten Sprichwort heißt: Böses mag von bösen Menschen kommen, doch ich will keine Gewalt brauchen gegen dich.»
Als David fertig geredet hatte, fing Saul laut zu weinen an und sagte zu ihm: «Du bist im Recht, mehr als ich. Denn ich habe böse gegen

dich gehandelt, du aber gut gegen mich. Das hast du mir heute gezeigt, als Gott mich in deine Gewalt gab und du mich doch nicht getötet hast. Wenn sonst einer seinen Feind antrifft, läßt er ihn dann in Frieden ziehen? Für das, was du mir heute getan hast, soll dich Gott belohnen. Denn nicht wahr, du wirst bestimmt einmal König, ich weiß es ja. In deinen Händen wird die Königsherrschaft über Israel fest und sicher sein. Aber schwöre mir jetzt bei Gott, daß du meine Nachkommen verschonen wirst, wenn ich gestorben bin. Lösche den Namen meiner Familie nicht aus.»
David versprach es ihm mit einem Schwur. Dann zog Saul heim, während David und seine Leute wieder in die Berge hinaufstiegen.

David bei den Philistern

David sagte sich: Eines Tages werde ich doch in die Hände von Saul fallen und umkommen. Für mich ist es das beste, wenn ich mich ins Land der Philister rette. Daß mich Saul in ganz Israel herum verfolgt, das hört dann auf, und ich bin sicher vor ihm.
So brach David auf und zog mit den sechshundert Mann, die bei ihm waren, zu Achisch hinüber, dem König von Gat. Dort blieb er mit seinen Leuten, die Männer mit ihren Familien und er selber mit seinen beiden Frauen Ahinoam und Abigajil. Saul bekam Nachricht davon, David sei nach Gat geflohen, und gab die Verfolgung auf.
David sagte zu Achisch: «Wenn ich dich um einen Gefallen bitten darf, so laß mir einen Ort draußen auf dem Land anweisen. Es hat keinen Wert, daß ich hier wohne; in der Königsstadt kann ich dir keine guten Dienste leisten.»
Achisch wies ihm darauf Ziklag an, und darum gehört Ziklag seither den Königen von Juda. So blieb David ein Jahr und vier Monate im Land der Philister.

In jener Zeit sammelten die Philister ihre Truppen zu einem Kriegszug gegen Israel. Da sagte Achisch zu David: «Du wirst wissen, daß du mir in den Krieg folgen mußt, du selber und deine Leute.»
David sagte darauf: «Gut. Dann wirst du sehen, was ich tun werde.»
Achisch antwortete: «So mache ich dich für die ganze Zeit zu meinem Leibwächter.»

3. Zur Zeit der grossen Könige

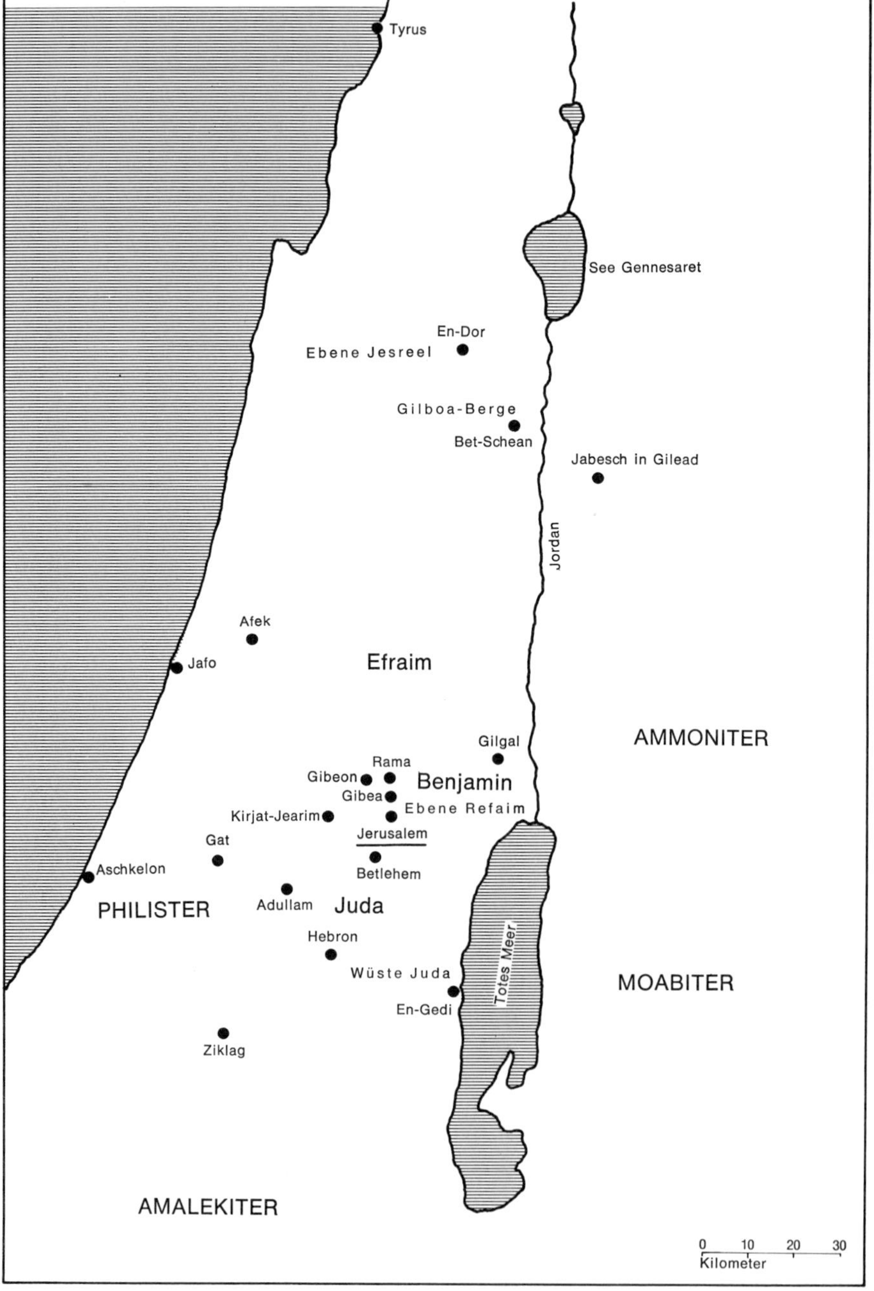

Die Philister versammelten ihr ganzes Heer bei Afek. Die Israeliten dagegen hatten ihr Lager an der Quelle bei Jesreel. Aus den Philisterstädten kamen die Truppen anmarschiert, in Haufen von hundert und tausend, am Schluß Achisch mit David und seinen Leuten. Da fragten die Anführer der Philister: «Was haben diese Hebräer hier zu suchen?»
Achisch antwortete ihnen: «Das ist doch David, einer, der bei Saul war, dem König von Israel. Er ist schon Jahr und Tag bei mir, und ich hatte nie etwas an ihm auszusetzen, von dem Tag an, da er zu mir kam, bis heute.»
Aber die Anführer der Philister ärgerten sich über Achisch und sagten zu ihm: «Schick den Mann fort. Er soll an den Ort zurückkehren, den du ihm angewiesen hast. Er darf nicht mit uns in den Kampf ziehen; dann kann er im Kampf auch nicht zum Verräter werden. Denn wie könnte er bei seinem früheren Herrn wieder in ein besseres Licht kommen, als mit den Köpfen der Männer hier? Das ist doch derselbe David, von dem sie bei ihren Reigentänzen sangen: Saul erschlug seine Tausend, David seine Zehntausend!»
Achisch ließ David rufen und sagte zu ihm: «Ich könnte beschwören, daß du ehrlich bist. Mir wäre es recht, wenn du mit mir in den Krieg ziehen könntest. Ich habe nämlich von dem Tag an, da du zu mir gekommen bist, bis heute an dir nichts Unrechtes finden können. Aber den Fürsten bist du nicht recht. Zieh jetzt in Frieden wieder heim, nicht daß du etwas tust, das den Philisterfürsten nicht paßt.»
David antwortete ihm: «Was sollte ich denn auch getan haben? Und was hättest du von dem Tag an, da ich zu dir kam, bis heute an mir finden können, daß ich nicht mitkommen darf und nicht mit den Feinden des Königs, meines Herrn, kämpfen darf?»
Achisch gab zurück: «Du bist mir doch recht wie ein Engel Gottes, aber die Anführer der Philister haben eben gesagt: ‹Er darf nicht mit uns in den Kampf ziehen.› Mach dich also morgen früh auf den Weg, samt den Leuten, die mit dir gekommen sind. Zieht an den Ort zurück, den ich euch angewiesen habe. Aber denk nicht an etwas Böses, denn ich mag dich gut. Macht euch also morgen in aller Frühe auf; zieht fort, sobald es Tag wird.»
Da brachen David und seine Leute in der Frühe auf und kehrten ins Land der Philister zurück. Die Philister aber zogen zur Ebene Jesreel.

Saul bei der Wahrsagerin von En-Dor

Die Philister hatten sich versammelt, waren ins Land gedrungen und setzten sich an einem Berghang über der Ebene Jesreel fest. Saul dagegen sammelte alle Israeliten um sich, und sie lagerten sich an einem Hang auf der andern Seite.

Als Saul das Heer der Philister sah, bekam er Angst und verlor allen Mut. Er wandte sich an Gott um Rat; aber Gott gab ihm keine Antwort, weder in Träumen noch mit dem heiligen Los noch durch Propheten. Samuel war gestorben, ganz Israel hatte die Totenklage für ihn gehalten und ihn in seiner Stadt Rama begraben. Auch hatte Saul die Totenbeschwörer und Wahrsager aus dem Land getrieben.

Nun aber sagte er zu seinen Leuten: «Sucht mir eine Frau, welche die Macht hat, Tote herbeizurufen. Dann will ich zu ihr gehen und sie befragen.»

Die Diener gaben ihm zur Antwort: «Eine Frau, welche Macht über Totengeister hat, lebt in En-Dor.»

Da zog Saul andere Kleider an, damit man ihn nicht erkannte, und ging hin, begleitet von zwei Männern. In der Nacht kamen sie zu der Frau. Saul sagte: «Du mußt mir durch einen Totengeist wahrsagen. Ruf mir den herauf, den ich dir angebe.»

Die Frau gab zurück: «Du weißt doch, was Saul getan hat. Die Totenbeschwörer und Wahrsager hat er aus dem Land getrieben. Warum willst du mir eine Falle stellen, daß ich umkomme?»

Doch Saul versprach ihr mit einem heiligen Schwur: «Gott soll mein Zeuge sein – in dieser Sache soll dich keine Strafe treffen.»

Die Frau fragte nun: «Wen soll ich dir heraufrufen?»

«Hol mir Samuel herauf!» gab er zur Antwort.

Als die Frau den Namen Samuel hörte, schrie sie laut auf und sagte zu ihm: «Warum hast du mich getäuscht? Du bist ja Saul!»

Der König erwiderte: «Du brauchst nicht Angst zu haben. Sag mir lieber, was du siehst.»

«Ich sehe, wie ein Geist aus der Erde heraufsteigt», sagte die Frau zu ihm.

«Wie sieht er aus?» fragte Saul.

Sie antwortete: «Es steigt ein alter Mann herauf, und er hat einen Mantel an.»

Da merkte Saul, daß es wirklich Samuel war. Er warf sich zu Boden und neigte den Kopf bis zur Erde.

Samuel aber fragte Saul: «Warum störst du mich in meiner Ruhe? Warum läßt du mich heraufsteigen?»

«Ich bin in großer Not», antwortete Saul. «Die Philister stehen gegen mich im Krieg, und Gott hat mich verlassen und gibt mir keine Antwort mehr, weder durch Propheten noch in Träumen. Darum habe ich dich gerufen, damit du mir zeigst, was ich tun soll.»
Da sagte Samuel: «Warum fragst du mich überhaupt, wenn Gott dich verlassen hat und gegen dich ist? Gott hat jetzt getan, was er durch mich verkündete: Er hat dir das Königtum aus der Hand gerissen und hat es einem andern gegeben, dem David. Du hast dem Befehl Gottes nicht gehorcht und hast nicht ausgeführt, was er in seinem heftigen Zorn über die Amalekiter beschlossen hatte. Darum hat Gott heute gegen dich gehandelt. Er hat dich in die Gewalt der Philister gegeben, und morgen wirst du samt deinen Söhnen bei mir sein. Auch das Heer von Israel wird Gott in die Gewalt der Philister geben.»
Da stürzte Saul in seiner ganzen Länge zu Boden. Entsetzen über die Worte Samuels hatte ihn gepackt, und er hatte auch keine Kraft mehr, weil er den ganzen Tag und die ganze Nacht keinen Bissen gegessen hatte.
Die Frau trat auf Saul zu und sah, daß er ganz verstört war. Da sagte sie zu ihm: «Schau, ich habe dir gehorcht. Ich habe mein Leben aufs Spiel gesetzt, weil ich auf das hörte, was du mir gesagt hast. So hör jetzt auch auf mich. Ich will dir etwas Brot geben. Du solltest essen, damit du wieder bei Kräften bist, wenn du weiterziehst.»
Doch Saul lehnte ab und sagte: «Nein, ich mag nicht essen.»
Als seine Begleiter und die Frau nicht aufhörten zu bitten, gab er nach, stand auf und setzte sich zurecht. Die Frau hatte ein Mastkalb im Haus; das schlachtete sie in Eile. Dann nahm sie Mehl, knetete es und buk Brotfladen. Das setzte sie Saul und seinen Begleitern vor. Als sie dann gegessen hatten, standen sie auf und gingen noch in der gleichen Nacht wieder fort.

Saul und Jonatan kommen um

Als die Philister angriffen, mußten die Männer von Israel vor ihnen fliehen. Viele kamen um und lagen durchbohrt im Bergland von Gilboa. Dem Saul und seinen Söhnen setzten die Philister hart zu. Sie töteten Jonatan und zwei seiner Brüder.

Ein schwerer Kampf entstand um Saul. Die Bogenschützen vermochten ihn zu treffen, und er wurde schwer verletzt. Da forderte er seinen Waffenträger auf: «Zieh dein Schwert und durchbohre mich damit, daß nicht die Philister kommen und ihr Gespött mit mir treiben.»
Doch der Waffenträger wollte nicht, weil er sich zu sehr scheute. Da nahm Saul selber sein Schwert und stürzte sich hinein. Als der Waffenträger sah, daß der König tot war, stürzte auch er sich in sein Schwert und starb mit ihm. Saul, drei von seinen Söhnen, sein Waffenträger und sein ganzes Gefolge kamen so am gleichen Tag um.
Die Israeliten im Norden der Ebene Jesreel und auf der andern Seite des Jordan erfuhren, daß die Truppen Israels geflohen und daß Saul und seine Söhne tot waren. Da ergriffen sie ebenfalls die Flucht, verließen ihre Ortschaften, und die Philister kamen und besetzten das Land.
Am nächsten Morgen wollten die Philister die Gefallenen ausplündern. Da fanden sie Saul und seine Söhne, die in den Bergen von Gilboa gefallen waren. Sie hieben ihm den Kopf ab, zogen ihm die Rüstung aus und schickten sie im Land der Philister herum. So verkündeten sie in ihren Tempeln und vor dem Volk die freudige Nachricht vom Sieg. Sauls Rüstung legten sie dann in den Tempel der Astarte, seine Leiche aber hängten sie an die Stadtmauer von Bet-Schean.
Die Einwohner von Jabesch hörten davon, was die Philister mit Saul getan hatten. Da machten sich alle kriegstüchtigen Männer auf, marschierten die ganze Nacht hindurch und holten die Leichen Sauls und seiner Söhne von der Mauer von Bet-Schean herab. Sie brachten sie nach Jabesch und verbrannten sie dort. Die Gebeine begruben sie dann unter der Tamariske von Jabesch und fasteten sieben Tage lang.

Davids Klagelied

Da liegt dein Stolz, Israel,
auf deinen Bergen erschlagen!
Wie sind die Helden gefallen!

Verkündet es nicht in Gat,
nicht in den Gassen von Aschkelon,
sonst jauchzen die Philistertöchter,
sonst jubeln die Töchter der Heiden.

Ihr Berge von Gilboa!
Kein Tau und kein Regen
soll auf euch fallen,
ihr treulosen Hügel.
Denn dort zerbrach
der Schild der Helden,
der Schild von Saul,
die Waffe des Gesalbten.

Der Bogen Jonatans
wich nie zurück,
das Schwert von Saul
kam niemals leer zurück
vom Blute der Erschlagenen,
vom Mark der starken Männer.

Saul und Jonatan,
einander lieb und teuer,
waren im Leben vereint,
blieben im Tod nicht getrennt.
Sie waren geschwinder als Adler
und waren stärker als Löwen.

Ihr Töchter von Israel,
um Saul sollt ihr weinen!
Er hat euch ja herrlich
in Purpur gekleidet,
hat Goldschmuck geheftet
auf euer Gewand.

Wie sind die Helden gefallen
mitten im Kampf,
Jonatan auf den Bergen
bei den Erschlagenen!

Es ist mir weh um dich,
mein Bruder Jonatan!
Du warst so lieb zu mir,
so lieb, es war ein Wunder,
wunderbarer für mich
als die Liebe von Frauen.

Wie sind die Helden gefallen!
Wie ist die Waffenpracht dahin!

David wird König über Juda und Israel

Nach dem Tod von Saul richtete David an Gott die Frage: «Soll ich in eine der Städte von Juda hinaufziehen?»
Gott gab ihm zur Antwort: Ja, zieh hinauf. –
David fragte weiter: «Wohin soll ich ziehen?» und Gott antwortete: Nach Hebron. –
So zog David dort hinauf, zusammen mit seinen beiden Frauen Ahinoam und Abigajil. Er nahm auch die Männer mit, die bei ihm waren, jeden mit seiner Familie. In der Gegend von Hebron siedelten sie sich an. Darauf kamen die Männer von Juda und salbten David in Hebron zum König über den Stamm Juda.
Als David Nachricht erhielt, daß die Männer von Jabesch den Saul begraben hatten, schickte er Boten zu ihnen und ließ ihnen sagen: «Ihr habt den Segen Gottes dafür, daß ihr dem Saul, eurem Herrn, soviel Liebe gezeigt und ihn begraben habt. Gott soll euch ebenfalls seine Liebe und Treue zeigen, und auch ich will euch Gutes tun dafür, daß ihr das getan habt. Verliert euren Mut nicht und zeigt, daß ihr tapfere Männer seid. Saul ist zwar tot, dafür hat der Stamm Juda mich zu seinem König gesalbt.»

Ein paar Jahre später kamen alle Stämme von Israel nach Hebron zu David und sagten: «Wir sind doch vom gleichen Fleisch und Blut wie du. Schon früher, als Saul noch König war, hast du uns in den Kampf und wieder heim geführt. Und Gott hat dir versprochen: Du sollst mein Volk Israel hüten, du sollst der Fürst über Israel sein.»
Alle Stammesältesten von Israel kamen in Hebron bei David zusammen. Dort im Heiligtum schloß er mit ihnen einen Vertrag, und dann salbten sie ihn zum König über Israel.
Kaum hörten die Philister, daß David König über ganz Israel geworden war, unternahmen sie miteinander einen Kriegszug, um ihn in ihre Gewalt zu bringen. David erfuhr das und ging sofort zur Bergfestung von Adullam hinunter. Die Philister drangen ins Land ein, breiteten sich in der Ebene Refaim aus und hielten auch Betlehem besetzt.
Da kamen einmal – es war zu Anfang der Erntezeit – drei von seinen dreißig starken Männern zu David in die Höhlen von Adullam hinunter. Nun sagte er, weil es ihn gerade so gelüstete: «Wer könnte mir wohl aus dem Brunnen beim Tor von Betlehem Wasser zu trinken bringen?»
Darauf brachen die drei starken Männer durch das Lager der Philister, schöpften Wasser aus der Zisterne beim Tor von Betlehem und brachten es zu David zurück. Er wollte es aber nicht trinken, sondern goß es aus, als Opfergabe für Gott, und sagte: «Gott soll mich davor bewahren, daß ich so etwas tue. Das ist doch das Blut der Männer, die ihr Leben wagten, als sie dorthin gingen.» – Das war eine Tat dieser drei starken Männer.
David richtete nun an Gott die Frage: «Soll ich gegen die Philister in den Kampf ziehen? Wirst du sie in meine Gewalt geben?»
Und Gott gab ihm zur Antwort: Ja, tu das. Bestimmt gebe ich sie in deine Gewalt. –
Da zog David in den Kampf. Nicht weit von Jerusalem und Betlehem siegte er über die Philister. Dann sagte er: «Gott ist vor mir her durch meine Feinde gebrochen, gleich wie Wasser durch einen Damm bricht.»

David erobert Jerusalem und bringt die Bundeslade in die Stadt

Der König zog mit seinen Leuten nach Jerusalem, gegen die Jebusiter, die dort wohnten. Diese riefen David zu: «Hier kommst du nicht herein. Im Gegenteil, die Blinden und die Lahmen treiben dich davon und sagen: Hier kommt David nicht herein!»
Doch David eroberte die Burg Zion, nahm sie zu seinem Wohnsitz und gab ihr den Namen ‹Davidsstadt›. Rundum fing er an zu bauen, vom Rand des Hügels gegen innen. Seine Macht wurde immer größer, und Gott, der Herr, war mit ihm.
Hiram, der König von Tyrus, schickte Gesandte zu David. Er lieferte ihm Zedernholz sowie Zimmerleute und Steinhauer, und sie bauten für David einen Palast. So merkte er, daß Gott ihn als König anerkannte und sein Königtum in die Höhe gebracht hatte, aus Wohlwollen gegen sein Volk Israel.

David ließ im ganzen Land Leute aussuchen, 30000 Mann, und rief sie zusammen. Dann brach er auf, von diesem ganzen Volk begleitet, und zog nach Kirjat-Jearim. Von dort wollte er die Bundeslade nach Jerusalem holen, die Lade, die den Namen Gottes trägt, der seinen Thron über den Himmelswesen hat.
Sie setzten die Lade Gottes auf einen neuen Wagen und führten sie fort. Zwei Männer, Usa und Achjo, begleiteten den Wagen; Usa ging neben der Lade her, und Achjo ging voran. David und alle Israeliten zogen der Lade im Tanzschritt voraus, sangen so laut sie konnten und machten dazu Musik mit Leiern, Harfen, Pauken, Schellen und Zimbeln.
Unterwegs gerieten die Rinder einmal vom Weg, darum griff Usa mit der Hand nach der Lade und hielt sie fest. Da flammte in Gott der Zorn über Usa auf, und sein Schlag traf ihn, so daß er dort neben der Lade starb. Jetzt überfiel den König die Furcht vor Gott, und er sagte: «Wie soll da die heilige Lade zu mir kommen?»
Er wollte sie nun nicht mehr zu sich nach Jerusalem bringen lassen, sondern ließ sie beiseite führen, in das Haus von Obed-Edom aus Gat. An diesem Ort blieb die Lade Gottes drei Monate lang, und über Obed-Edom und über alles, was ihm gehörte, kam der Segen Gottes. Als das dem König David gemeldet wurde, ging er und holte die Bundeslade mit großer Freude aus dem Haus von Obed-Edom nach

Jerusalem herauf. Sobald die Träger der Lade die ersten sechs Schritte getan hatten, opferte er einen Stier und ein Mastkalb. Dann ging er, nur mit einem Leinenschurz bekleidet, ganz begeistert im Tanzschritt vor der Lade her. So führten David und ganz Israel die Lade Gottes mit Jubel und Posaunenschall nach Jerusalem hinauf.

Davids Plan zum Tempelbau

König David lebte nun in seinem Palast, und Gott hatte ihm vor allen Feinden ringsherum Ruhe verschafft. Da sagte er einmal zu dem Propheten Natan: «Sieh dir das an: Ich wohne hier in einem Haus aus Zedernholz, die Lade Gottes dagegen steht nur in einem Zelt.»
Natan antwortete: «Du hast etwas im Sinn. Was es auch ist – mach dich nur daran, denn Gott ist mit dir.»
Doch noch in der gleichen Nacht redete Gott zu Natan: Geh zu meinem Diener David und richte ihm aus: So spricht der Herr: Willst du mir ein Haus bauen, damit ich darin wohnen soll? Aber ich hatte doch nie ein Haus zur festen Wohnung, seit ich das Volk Israel aus Ägypten herführte bis heute, sondern immer bin ich von einem Ort zum andern gezogen und wohnte in einem Zelt. Solange ich in ganz Israel unterwegs war, habe ich zwar den Richtern befohlen, sie sollten mein Volk schützen; aber nie habe ich einen gefragt: Warum hast du mir kein Zedernhaus gebaut? –
Sag darum zu meinem Diener David: So spricht der Herr: Ich habe dich von der Weide und von der Herde weggeholt, damit du der Fürst über mein Volk Israel werden solltest. Wohin du auch gezogen bist, überall war ich mit dir und habe vor dir her alle deine Feinde vernichtet. Ich will dich so berühmt machen wie die größten Herrscher der Welt. Meinem Volk Israel habe ich ein Land gegeben, damit es ruhig wohnen kann, damit es sich nicht mehr zu fürchten braucht und die bösen Feinde es nicht mehr unterdrücken. Und wie früher, als ich meinem Volk Israel die Richter gab, habe ich auch dir vor deinen Feinden Ruhe verschafft.
So verkündet dir der Herr: Er selber wird dir ein Haus bauen. Wenn deine Zeit einmal um ist und du dich zu deinen Vorfahren gelegt hast, so will ich deinen Sohn zu deinem Nachfolger machen. Er soll dann mir zu Ehren ein Haus bauen, und ich will seinen Königsthron für

alle Zeiten befestigen. Ich will sein Vater sein, und er soll mein Sohn sein. Wenn er auf krummen Wegen geht, werde ich ihn strafen, mit Ruten und mit Schlägen, aber meine Liebe wird ihn nicht verlassen. Den Saul habe ich verlassen, und er mußte dir Platz machen, aber dein Geschlecht und dein Königtum sollen mit meiner Hilfe für immer bestehen. Dein Thron soll für alle Zeiten feststehen. –
Das teilte Natan dem König mit, Wort für Wort, wie er es vernommen hatte.
Da ging David zum heiligen Zelt, ließ sich vor der Lade nieder und betete: «Herr, mein Gott, wer bin ich? Und was ist meine Familie, daß du mich bis hierher gebracht hast? Herr und Gott von Israel! Du hast mir, deinem Diener, die Ohren aufgetan und hast mir versprochen: Ich will dir ein Haus bauen. – Darum habe ich den Mut gefaßt, zu dir zu beten. Du bist mein Herr. Du bist Gott, und was du sagst, ist wahr. Du hast mir ein herrliches Wort verkündet. So gib meinem Königtum jetzt deinen Segen, damit es mit deiner Hilfe für alle Zeiten besteht.»

David und Batseba

Es war zu der Jahreszeit, da die Könige in den Krieg ziehen, zu Beginn der Trockenzeit. Da schickte David unter der Führung von Joab das ganze Heer der Israeliten aus, dazu seine eigene Truppe. Sie verwüsteten das Land der Ammoniter und belagerten ihre Hauptstadt, während David in Jerusalem blieb.
Einmal gegen Abend – er hatte eben seine Nachmittagsruhe gehalten – spazierte David auf dem Dach seines Palastes herum und sah von dort aus, wie eine Frau badete. Sie war sehr schön. Er erkundigte sich nach ihr und erhielt die Auskunft: «Das ist doch Batseba, die Tochter von Eliam, die mit dem Hetiter Urija verheiratet ist.»
David schickte Boten zu Batseba und ließ sie zu sich bringen. Als sie zu ihm gekommen war, schlief er bei ihr. Dann kehrte die Frau in ihr Haus zurück. Sie wurde aber schwanger und gab David Nachricht, daß sie ein Kind erwarte.
Darauf ließ David dem Joab ausrichten: «Schick den Hetiter Urija zu mir.»
Joab schickte Urija zum König. Als er kam, erkundigte sich David

bei ihm nach Joab, nach dem Heer und nach dem Verlauf des Kriegs. Er blieb zwei Tage im Palast.
Am folgenden Morgen schrieb David einen Brief an Joab und ließ ihn durch Urija überbringen. In dem Brief hieß es aber: «Setz den Urija zuvorderst ein, wo der Kampf am heftigsten ist. Dann zieht euch hinter ihm zurück, daß er getroffen wird und umkommt.»
Weil Joab über die Verteidigung der Stadt im Bild war, setzte er Urija an einer Stelle ein, wo, wie er wußte, tüchtige Gegner standen. Als nun die Männer der Stadt einen Ausfall machten und sich mit Joab auf ein Gefecht einließen, gab es beim Heer und bei Davids Truppe Verluste, und auch der Hetiter Urija fand den Tod.
Als Urijas Frau hörte, daß ihr Mann umgekommen war, hielt sie die Totenklage für ihn. Doch sobald die Trauerzeit vorbei war, ließ David sie holen und nahm sie zu sich in den Palast. Sie wurde seine Frau und brachte ihm einen Sohn zur Welt. Aber Gott hielt das, was David getan hatte, für eine böse Sache.

Natan verkündet David die Strafe Gottes

Gott schickte Natan zu David. Der Prophet kam zum König und erzählte ihm:
«Zwei Männer lebten in der gleichen Stadt. Der eine war reich, der andere arm. Der Reiche hatte sehr viele Schafe und Rinder, der Arme dagegen nur ein einziges Schäflein, das er sich gekauft hatte. Er zog es auf, und es wuchs bei ihm zusammen mit seinen Kindern auf. Es aß von seinem Essen und trank aus seinem Becher und schlief in seinem Schoß – er hielt es wie ein Kind.
Da kam bei dem reichen Mann einmal ein Fremder vorbei. Es reute den Reichen, eines von seinen Schafen oder Rindern zu nehmen und es für den Wanderer zuzubereiten, der zu ihm gekommen war. So nahm er das Lamm des armen Mannes und richtete es für seinen Gast her.»
David geriet in heftigen Zorn über diesen Mann und sagte zu Natan: «Bei Gott, der Mann, der so etwas tut, muß sterben. Und weil er keine Rücksicht nahm und ihn sein Eigentum reute, muß er das Lamm vierfach ersetzen.»
Da sagte Natan zu David: «Du bist dieser Mann. Und so spricht Gott,

der Herr von Israel: Ich habe dich zum König über Israel gesalbt. Ich habe dich vor Sauls Gewalt gerettet. Ich habe dir seinen Besitz und seine Frauen gegeben. Ich habe dir die Töchter von Juda und Israel gegeben. Und wenn das zu wenig wäre, könnte ich noch mehr dazutun. Aber warum hast du Gott verachtet? Warum hast du getan, was ihm zuwider ist? Die Frau des Hetiters Urija hast du zu deiner Frau gemacht, und ihn selber hast du von den Ammonitern totschlagen lassen. Es wird in deiner Familie immer wieder Totschlag geben, weil du mich verachtet und die Frau des Hetiters Urija zu deiner Frau gemacht hast.
So spricht der Herr: Ich werde machen, daß aus deiner eigenen Familie Unheil über dich kommt. Vor deinen Augen werde ich dir deine Frauen wegnehmen und sie einem andern geben. Der wird bei ihnen schlafen, und jedermann wird es erfahren. Deine Tat ist heimlich geschehen; meine Tat dagegen wird geschehen, daß ganz Israel davon erfährt.»
Da sagte David zu Natan: «Ich bin vor Gott schuldig geworden.»
Natan antwortete: «Dann vergibt dir Gott deine Schuld. Du brauchst nicht zu sterben. Doch durch deine Tat hast du es dazu gebracht, daß Gott von seinen Feinden verhöhnt wird. Darum muß der Sohn, den du bekommen hast, sterben.» Darauf ging Natan wieder in sein Haus zurück.
Die Strafe Gottes traf ein, und das Kind, das Urijas Frau dem David geboren hatte, wurde schwer krank. Da ging David zum heiligen Zelt und betete für das Kind. Er fastete, und wenn er heimkam, behielt er immer das Bußgewand an und schlief auf dem Boden. Die Palastbeamten kamen zu ihm und wollten ihn davon abbringen, aber er weigerte sich und wollte auch nicht mit ihnen essen.
Nach einer Woche starb das Kind. Davids Diener scheuten sich, ihm mitzuteilen, daß es tot sei. Sie sagten sich nämlich: Als das Kind noch lebte, haben wir ihm zugeredet, ohne daß er auf uns hörte. Wie können wir ihm jetzt sagen ‹Das Kind ist tot?› Er könnte sich ja ein Leid antun. –
David merkte aber, daß die Diener miteinander flüsterten, und begriff, daß das Kind gestorben war. Da fragte er sie: «Ist das Kind tot?»
Sie antworteten: «Ja, es ist tot.»
Da stand David vom Boden auf. Er wusch sich und salbte sich, zog andere Kleider an und ging zum heiligen Zelt, um zu beten. Als er wieder heimkam, ließ er sich ein Essen auftischen.

«Warum tust du das?» fragten ihn die Diener. «Solange das Kind am Leben war, hast du seinetwegen gefastet und geweint. Jetzt, da es tot ist, bist du aufgestanden und hast gegessen. Wie ist das zu verstehen?» David gab zur Antwort: «Solange das Kind noch lebte, habe ich gefastet und geweint, weil ich mir sagte: Vielleicht hat Gott Erbarmen mit mir, und das Kind bleibt am Leben. – Aber jetzt ist es tot; was soll ich da weiterfasten? Ich kann es doch nicht ins Leben zurückbringen. Ich muß einmal zu ihm gehen, aber das Kind kommt nicht wieder zu mir.»
Dann ging David zu seiner Frau Batseba. Er tröstete sie und schlief bei ihr. Sie brachte ihm dann wieder einen Sohn zur Welt. Diesen nannte er Salomo, und Gott hatte ihn lieb.

Abschalom

Der rebellische Prinz

Der Prophet Natan hatte dem König schweres Leid in der eigenen Familie angekündet, und das traf auch ein. Als David alt und älter wurde, fragte man sich am Königshof, welcher der vielen Prinzen eines Tages sein Nachfolger werden sollte. Aber David schwieg und war nicht zu einer Entscheidung zu bringen.
Abschalom, der älteste unter den Söhnen, die noch am Leben waren, durfte am ehesten hoffen, die Würde und die Macht seines Vaters zu übernehmen. Er war ein ehrgeiziger junger Mann und schreckte vor nichts zurück, um sein Ziel zu erreichen. So nahm er Rache an einem älteren Halbbruder, der ihm großes Unrecht angetan hatte, und ließ ihn ermorden. Zur Strafe wurde er aus Jerusalem verbannt und durfte erst nach Jahren wieder zurückkehren.
Abschalom wollte gar nicht abwarten, ob David ihn zum Nachfolger bestimmen würde. Planmäßig unternahm er manches, um vorzeitig an die Macht zu kommen. Er kaufte sich Pferde und Wagen, was damals in Israel eine Seltenheit war, und ließ sich von fünfzig Leibwächtern begleiten, wenn er durch die Straßen ging. Das machte auf die Leute besonderen Eindruck. Früh am Morgen stellte sich Abschalom jeweils in das Tor zum Königspalast. Wollte nun jemand zum König, um einen Streit zu schlichten, so rief ihn Abschalom zu sich und fragte ihn nach seinem Anliegen. Gewöhnlich sagte er dann: «Du bist zwar im Recht, aber es ist keiner da, der dir beim König dein Recht verschafft. Wenn nur ich zum Richter im Land gemacht würde! Ich würde jedem, der mit einer Streitsache käme, zu seinem Recht verhelfen.» Wenn ihm dann einer dankbar zu Füßen fallen wollte, hob er ihn auf und küßte ihn. So gewann Abscha-

lom die Herzen der Männer von Israel für sich.
Eines Tages zog Abschalom mit seinen Anhängern nach Hebron, wo seinerzeit schon David zum König über Juda und Israel gesalbt worden war. Er schickte Boten im ganzen Land herum. Sie sollten überall verkünden: «Abschalom ist in Hebron König geworden!» So griff seine Verschwörung immer weiter um sich, immer mehr Leute hielten zu ihm.
Ein Spion brachte David die Meldung: «Das Herz der Männer von Israel hat sich Abschalom zugewandt.» Da faßte David einen raschen Entschluß. Er rief die Leute, die ihm in Jerusalem treu geblieben waren, und forderte sie auf: «Kommt, wir fliehen! Sonst entrinnen wir dem Abschalom nicht. Macht euch schnell auf den Weg, sonst überfällt er die Stadt mit Gewalt, und wir haben das Schlimmste von ihm zu fürchten.»
So zog der König aus und alle Leute ihm nach, darunter auch 600 ausländische Söldner aus Gat. Da rief David ihren Anführer zu sich und gab ihm den Rat: «Kehr um, bleib in der Stadt! Erst gestern bist du aus deiner Heimat verbannt worden; da kannst du nicht heute schon mit mir ziehen, denn ich weiß ja nicht einmal, wohin mein Weg mich führt. Bleib nicht hier!» Aber der Söldnerführer antwortete dem König: «Nein! Du bist der König, und ich bin dein Knecht. Wo du bist, da will auch ich sein, und wenn es mir ans Leben geht; das schwöre ich dir.» – Da ließ David ihn mitgehen.
Sie stiegen ins Kidrontal hinunter. Dort trafen sie den Priester Zadok mit allen Leviten. Er hatte die Bundeslade geholt und wollte sie mit auf die Flucht nehmen. Aber davon wollte David nichts wissen. Er befahl Zadok und den andern Priestern: «Bringt die Lade Gottes wieder in die Stadt zurück! Wenn Gott es gut mit mir meint, führt er mich wieder zurück, so daß ich die Lade und das Zelt Gottes wiedersehen kann. Er soll mit mir tun, was er für gut hält. Kehr du mit deinen Söhnen ruhig in die Stadt zurück. Ihr könnt ja versuchen, mir Nachricht zu bringen von dem, was dort geschieht.»
Dann zog David den Ölberg hinan, weinend und mit verhülltem Gesicht. Viele Menschen in der Stadt, die ihm nachsahen, weinten ebenfalls.
Am Rande der Wüste, bei den letzten Höfen, erschien Schimi, ein alter Anhänger von Saul. Er fluchte in einem fort, warf mit Steinen nach David und seinen Begleitern und schrie: «Fort! Fort mit dir, du Blutmensch, du Teufelsmensch! Weil du ein Blutmensch bist, steckst du jetzt selber im Unglück.» – Ein Begleiter von David sagte empört: «Was hat dieser Hund auf meinen Herrn und König zu fluchen? Ich gehe und bringe ihn um.» – Aber der König gab zurück: «Laß ihn fluchen. Was ist das schon dagegen, daß mein eigener Sohn mich töten will. Laßt ihn fluchen! Vielleicht sieht Gott mein Elend an. Vielleicht schenkt er mir wieder Glück für diesen ungerechten Fluch.»
So zog David mit seinen Leuten weiter durch die Bergwüste hinab, kam an den Jordan und gelangte in das Gebiet jenseits des Flusses. Dort hatten Freunde schon von seiner Flucht gehört und für den König und sei-

ne Leute Ruhebetten herbeigebracht, auch Decken, Schalen und Geschirr, dazu Weizen, Gerste, Mehl, geröstetes Korn, Bohnen, Linsen, Rahm, Schaffleisch und Käse. Sie wußten, daß Davids Leute nach ihrem Marsch durch die Wüste hungrig und durstig und müde sein würden.

Abschaloms Tod

Abschalom und seine Anhänger hatten inzwischen Jerusalem und den Königspalast besetzt. Er nahm sich Zeit und sammelte ein großes Heer, um gegen seinen Vater zu ziehen. Auch David hatte wieder Truppen gesammelt, ordnete sie in Tausendschaften und Hundertschaften und setzte Hauptleute ein. Dann machte er aus seinem Heer drei Abteilungen, die er je einem Obersten unterstellte. Am liebsten wäre er an der Spitze seiner Soldaten in den Kampf gezogen, aber seine Leute ließen es nicht zu. «Wenn du mitgehst», sagten sie, «werden sie alles daransetzen, dich zu töten. Sollte die Hälfte von uns umkommen, so macht man sich darüber keine Gedanken; aber wenn du ums Leben kommst – das wäre unvorstellbar.»
So blieb David in einer befestigten Stadt zurück. Den Anführern aber befahl er, so daß alle Soldaten es hören konnten: «Schont mir unter allen Umständen den jungen Mann, den Abschalom.» – Dann trat er unter das Tor, und das ganze Heer zog an ihm vorüber.
In den dichten Wäldern jener Gegend kam es zur Schlacht, und Davids Soldaten siegten. Von Abschaloms Leuten fiel an diesem Tag der größte Teil. Auf der Flucht lief das Maultier, das Abschalom ritt, unter einem großen Baum durch. Mit seinen langen Haaren – er pflegte sie nur einmal im Jahr zu schneiden – blieb der Prinz in den Ästen hängen; das Tier lief unter ihm weg und davon. Soldaten von David fanden ihn, wie er zwischen Himmel und Erde schwebte. Sie meldeten es dem Feldherrn Joab. Dieser hielt sich nicht an Davids Befehl und durchbohrte Abschalom mit drei Speeren. Den Leichnam warf man in eine Grube und errichtete über ihm einen mächtigen Steinhaufen.
Joab befahl seinem Mohren: «Geh und sag dem König, was du gesehen hast.» Der Mohr verneigte sich und lief zur Stadt, wo David unter dem Tor saß. Er kam dort an und meldete: «Gute Botschaft, mein Herr und König! Der Herr hat dir heute dein Recht verschafft gegen alle Rebellen.»
Der König aber fragte nur: «Und der junge Mann, der Abschalom? Geht es ihm gut?» Als er von seinem Tod hörte, zuckte er zusammen, zog sich in den obern Stock seiner Wohnung zurück und weinte. Noch im Gehen rief er in einem fort: «O mein Sohn! o Abschalom! mein Sohn, mein Sohn! o Abschalom! Wäre doch ich an deiner Stelle gestorben! o Abschalom, mein Sohn, mein Sohn!» Er hatte ihn nämlich immer lieb gehabt, und sein Tod traf ihn wie ein großes Unglück.
Die Israeliten aber wandten sich wieder David zu.
Erst gegen das Ende seines Lebens, nach einer Regierungszeit von vierzig Jahren, bestimmte er unter seinen übriggebliebenen Söhnen Salomo zu seinem Nachfolger.

Salomo wird König

Als für David die Zeit zum Sterben kam, mahnte er seinen Sohn Salomo: «Ich gehe jetzt den gleichen Weg wie alle Welt. Sei stark und werde ein rechter Mann. Tu deine Pflicht gegen Gott, deinen Herrn. Geh auf seinen Wegen und halte dich an seine Gebote und Vorschriften, wie sie im Gesetz des Mose geschrieben stehen. So wirst du bei allem, was du machst und was du anfängst, Erfolg haben. So läßt Gott dann wahr werden, was er über mich sagte: Wenn deine Nachkommen auf ihren Weg achten, wenn sie mir mit ihrem ganzen Herz und ihrem ganzen Leben treu bleiben, dann soll keiner je vom Thron Israels weggestoßen werden.»
Dann ging David bei seinen Vorfahren zur Ruhe und wurde in Jerusalem begraben. Vierzig Jahre lang hatte er als König regiert, sieben Jahre in Hebron und dreiunddreißig Jahre in Jerusalem. Salomo setzte sich auf den Thron seines Vaters, und sein Königtum hatte sicheren Bestand.

Salomos Traum

Salomo liebte Gott und folgte den Mahnungen seines Vaters David. Doch hatte er die Gewohnheit, auf den Bergen Opfertiere zu schlachten und zu verbrennen.
Einmal ging der König zum großen Bergheiligtum von Gibeon, um dort zu opfern. Tausend Opfer verbrannte er auf jenem Altar. In der Nacht erschien ihm Gott im Traum und sagte: Bitte um etwas. Was soll ich dir geben? –
Salomo antwortete: «Mein Vater David, dein Diener, hatte sein Leben lang Vertrauen zu dir und war immer aufrichtig gegen dich. Darum hast du ihm deine große Treue gezeigt und hast sie ihm auch bewahrt, denn du hast ihm einen Sohn gegeben, der jetzt auf seinem Thron sitzt. Herr, mein Gott, ich bin dein Knecht. Du hast mich an Stelle meines Vaters David zum König gemacht, aber ich bin noch ein junger Mann und weiß nicht recht aus und ein. Dazu kommt, daß ich mitten in dem Volk stehe, das du erwählt hast, in einem Volk, das so groß ist, daß man es weder zählen noch berechnen kann. So bitte ich: Gib mir Verstand ins Herz, daß ich dein Volk regieren kann

und den Unterschied verstehe zwischen dem was recht und unrecht ist. Wie könnte ich sonst ein so gewaltiges Volk regieren?»
Es gefiel Gott, daß Salomo um so etwas bat, und er gab ihm zur Antwort: Du hast nicht um ein langes Leben, nicht um Reichtum und nicht um den Tod deiner Feinde gebeten, sondern um Verständnis für das, was recht ist. Darum erfülle ich deinen Wunsch. Ich gebe dir jetzt Weisheit und Verstand in dein Herz, soviel, daß es einen Mann wie dich noch nie gegeben hat und nie mehr geben wird. Und das, worum du nicht gebeten hast, schenke ich dir noch dazu: soviel Reichtum und Ansehen für dein ganzes Leben, daß kein König dir je gleichkommt. Und wenn du auf meinen Wegen gehst und dich an meine Gebote und Vorschriften hältst wie dein Vater David, so will ich dir ein langes Leben geben. –
Salomo erwachte und merkte, daß es ein Traum gewesen war. Dann kehrte er nach Jerusalem zurück, opferte vor der Bundeslade und versammelte den ganzen Königshof zu einem großen Festessen.

Ein Beispiel von Salomos Weisheit

Eines Tages gingen zwei Frauen in den Palast und kamen zum König. Die eine sagte: «Mein Herr! Ich und diese Frau, wir wohnen im gleichen Haus. In diesem Haus habe ich ein Kind geboren, und sie war dabei. Drei Tage darauf bekam auch diese Frau ein Kind. Wir waren allein im Haus, nur wir zwei, sonst kein Mensch. Dann starb eines Nachts der Sohn dieser Frau, weil sie sich auf ihn gelegt hatte. Da stand sie mitten in der Nacht auf und nahm mir, während ich schlief, den Sohn von meiner Seite. Ihren toten Sohn legte sie mir in die Arme, und mein Kind nahm sie zu sich. Als ich aufstand und meinen Sohn stillen wollte, war er tot. Nun schaute ich ihn genauer an und merkte, daß es gar nicht das Kind war, das ich zur Welt gebracht hatte.»
Die andere Frau dagegen sagte: «Nein, mein Sohn ist am Leben, und deiner ist tot.»
Die erste wieder: «Im Gegenteil, dein Sohn ist tot, und meiner ist am Leben.»
So stritten sie sich vor dem König.
Salomo aber sagte: «Da behauptet die eine: Das ist mein Sohn, der

am Leben ist, und dein Kind ist tot. – Und die andere behauptet: Im Gegenteil, dein Sohn ist tot, und mein Kind ist am Leben.» Dann befahl er: «Holt mir ein Schwert!» Als das Schwert vor den König gebracht war, sagte er: «Haut das lebende Kind in zwei Teile, und gebt die eine Hälfte der einen und die andere Hälfte der anderen.»
Da wurde die Frau, der das lebende Kind gehörte, ganz aufgeregt wegen ihres Sohnes, und sie rief: «Mein Herr! Gebt das lebende Kind der anderen, nur tötet es nicht!»
Die andere sagte: «Es soll nicht dir und nicht mir gehören. Haut zu!»
Da entschied der König: «Gebt das lebende Kind der ersten Frau, tötet es ja nicht. Sie ist die Mutter.»
Ganz Israel hörte von dem Urteil, das der König gefällt hatte, und alle bekamen Ehrfurcht vor ihm. Sie merkten nämlich, daß die Weisheit in ihm von Gott war, so daß er recht entscheiden konnte.

Aus dem Buch der Sprüche Salomos

Die Israeliten haben mit offenen Augen und mit wachem Verstand das Wesen der Menschen und die Vielfalt des menschlichen Lebens beobachtet und haben darüber nachgedacht. Die Einsichten aus ihrem Nachdenken haben sie gerne in der Form von Sprichwörtern weitergegeben. Diese sollten den Menschen helfen, sich im Leben besser zurechtzufinden. Mit der Zeit wurden verschiedene Sammlungen solcher Sprüche und Sprichwörter angelegt und im ‹Buch der Sprüche› vereinigt. Weil König Salomo für seine Weisheit besonders berühmt war, hat man dem Titel des Buches seinen Namen hinzugefügt.

Beobachtungen und Erfahrungen

Ein frohes Herz ist eine gute Medizin;
ein bedrücktes Gemüt dörrt die Knochen aus.

Wer eine Grube gräbt, fällt hinein,
und wer einen Stein ins Rollen bringt, auf den rollt er zurück.

Stolz kommt vor dem Untergang,
und Hochmut kommt vor dem Fall.

Süß schmeckt dem Mann das ergaunerte Brot,
doch hinterher hat er den Mund voll Kies.

Mancher gibt reichlich und wird immer reicher;
mancher ist geizig und wird immer ärmer.

Wer im Sommer sammelt, der ist klug;
wer aber in der Ernte schläft, der handelt schändlich.

Ein Faulenzer kommt sich weiser vor
als sieben, die klug antworten.

Gewöhne den Knaben an das, was sein Lebensweg verlangt,
so weicht er davon auch im Alter nicht ab.

Wer sich an weise Leute hält, wird weise;
wer mit Narren verkehrt, dem geht es bös.

Vergleiche

Eisen wird mit Eisen geschliffen –
so schleift ein Mensch den andern.

Der Schmelztiegel prüft das Silber, der Ofen das Gold –
so prüft Gott die Herzen.

Wolken und Wind, und doch kein Regen –
so ist ein Mann, der mit Gaben großtut und doch nie gibt.

Ein schlechter Zahn und ein wackliger Fuß –
so ist der treulose Mann am Tag der Not.

Ein knurrender Löwe, ein gieriger Bär –
so ist ein gottloser Herrscher für ein armes Volk.

Ein Vogel auf der Flucht und weit von seinem Nest –
so ist ein Mann, der auf der Flucht und weit von seiner Heimat ist.

Totenreich und Unterwelt werden nicht satt –
so werden die Augen des Menschen nicht satt.

Was besser ist

Besser gering sein und für sich arbeiten,
als vornehm tun und kein Brot haben.

Besser ein Stück trockenes Brot in Ruhe
als ein Haus voll Opferfleisch mit Streit.

Besser ein Teller Gemüse, wo Liebe ist,
als ein gemästeter Ochs, aber Haß dabei.

Besser geduldig sein, als ein Held im Krieg;
besser sich selbst beherrschen als Städte erobern.

Lieber einer Bärin begegnen, der man die Jungen geraubt,
als einem Narren in seinem Unverstand.

Die Armen

Der Mensch geht auf Gewinn aus;
doch besser arm sein, als ein Betrüger.

Reichtum bringt mehr und mehr Freunde;
aber der Arme wird von seinem Freund verlassen.

Wer über einen Armen spottet, beleidigt den, der ihn erschaffen hat;
wer sich an Unglück freut, der bleibt nicht ungestraft.

Wer vor dem Geschrei der Armen sein Ohr verschließt,
bekommt auch keine Antwort, wenn er einmal selber schreit.

Reich und arm begegnen einander;
Gott hat sie beide gemacht.

Gottvertrauen

Sprich nicht zuviel vom nächsten Tag;
denn du weißt nicht, was ein Tag bringen kann.

Die Schritte des Menschen sind von Gott gelenkt;
aber der Mensch – wie kann er seinen Weg verstehen?

Dem Menschen kommt sein Weg stets recht vor;
aber Gott ist es, der die Herzen prüft.

Das Herz des Menschen denkt sich einen Weg aus;
aber Gott lenkt die Schritte.

Das Ohr, das hört, und das Auge, das sieht;
Gott hat sie beide gemacht.

Der Name Gottes ist ein fester Turm;
dort findet der fromme Mann Zuflucht und Schutz.

Sag nicht: «Ich will das Böse vergelten.»
Warte auf Gott, er wird dir helfen.

Der Weg der Gottlosen ist wie dunkle Nacht;
sie wissen nicht, worüber sie stolpern.
Der Weg der frommen Leute ist wie das Morgenlicht,
das immer heller wird bis in den vollen Tag.

Salomo baut in Jerusalem einen Tempel

Israel erinnerte sich gerne an die Zeit von König Salomo. Es wurde sprichwörtlich, daß ringsum Friede war, solange er regierte. Nach den vielen Kriegen seines Vaters David konnte Salomo in Ruhe an die Ausführung seiner vielen Pläne gehen.

Handel und Verkehr entwickelten sich besonders stark. Der Warenaustausch zwischen Afrika und Asien ging über die Straßen, die durch Salomos Gebiet führten. Der König konnte deshalb Zölle und Abgaben erheben und wurde außerordentlich reich.

Salomo hatte Großes im Sinn. Er wollte sich mit den angesehensten Königen seiner Zeit messen. Die Enge der Stadt Jerusalem bedrückte ihn. Hoch über der alten Stadt ließ er auf geeignetem Boden ein ganzes Quartier völlig neu anlegen: großartige Paläste für sich, für seine vielen Frauen und für seine Beamten, dazu Waffenlager und Schatzkammern und Vorratshäuser.

Inmitten dieser Bauten plante Salomo auch einen Tempel für Gott. In ihm wollte er die Bundeslade unterbringen, das alte Heiligtum der Israeliten, das schon David in die Stadt hereingeholt hatte. Seinen Leuten fehlte aber jede Erfahrung im Bau von Tempeln. Wie man dabei vorging, mußten sie bei den Nachbarvölkern lernen. Von dem phönizischen König Hiram von Tyrus bezog Salomo das beste Bauholz, das man damals kannte, mächtige Zedern und Zypressen, wie sie in Palästina nicht wuchsen. Abwechselnd wurden Tausende von Arbeitern für einen Monat in den Norden geschickt, in das Libanongebirge, und waren dort mit dem Holzschlag und mit dem Transport beschäftigt. Der Küste entlang wurden die Stämme im Meer zum Hafen Jafo geflößt; von dort schleppten andere Fronarbeiter sie nach Jerusalem hinauf. In den Bergen von Juda waren Zehntausende in den Steinbrüchen beschäftigt. Auch hier war Salomo auf den Rat der Phönizier angewiesen; der Kalkstein wurde mit Hilfe fremder Bauarbeiter behauen.

Der Tempel in Jerusalem wurde den phönizischen Gotteshäusern sehr ähnlich. Er war etwa 30 m lang und 10 m breit. Der Innenraum war durch eine Holzwand unterteilt. In dem würfelförmigen Hinterraum war die Bundeslade aufgestellt. In dem 20 m langen Vordersaal, der durch Fenster erhellt wurde, standen die Altäre für Weihrauchopfer und der Tisch mit den Schaubroten, dazu die Lampen für die Öllichter, die Tag und Nacht brannten. Vor dem Eingangstor, in einer Vorhalle, ragten zwei mächtige Säulen auf. Sie waren mit einem Bronzemantel umkleidet, reich verziert und kunstvoll gegossen.

In den beiden Haupträumen waren alle Mauerflächen mit Holz getäfelt. Vergoldete geschnitzte Blumen und Palmen schmückten die Wände. Ohne zu sparen, ließ Salomo überall viel Gold anbringen und schaffte so einen festlichen Raum, wo Gott seinem Volk begegnen sollte. Der König hielt sich an das Verbot von Mose und duldete kein Gottesbild. Darin unter-

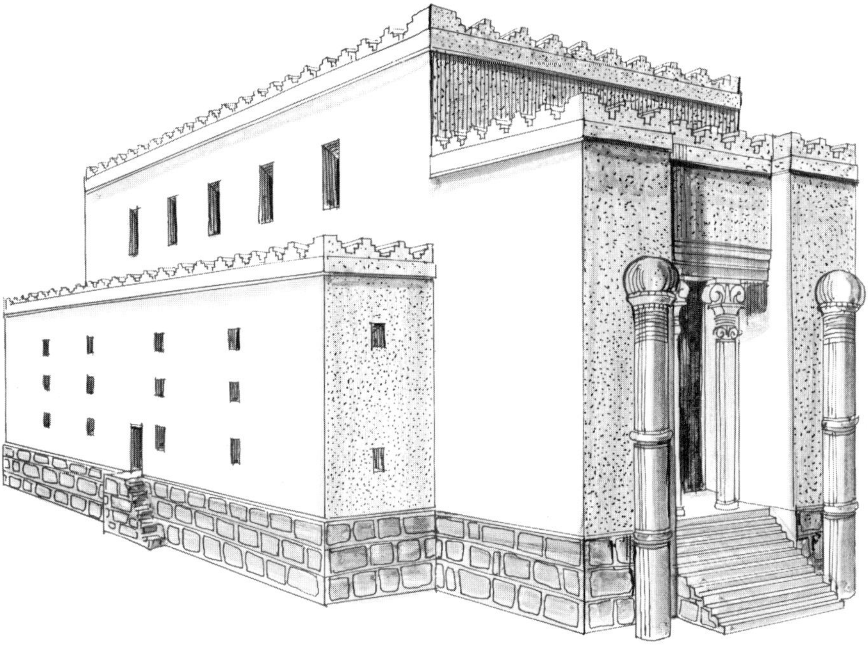

Der Tempel Salomos. Versuch einer Nachbildung

schied sich der Tempel in Jerusalem von den heidnischen Tempeln in den Nachbarländern.
Auf einem weiten freien Platz östlich vor dem Tempel wurden die meisten Gottesdienste gehalten. Dort erhob sich der große Brandopferaltar, und dort stand auch das mächtige Wasserbecken aus Bronze für die vorgeschriebenen Waschungen; es hieß das ‹Eherne Meer›. Das Volk gewann diesen heiligen Ort lieb und suchte ihn auf, um zu beten und zu singen, um zu opfern und von den Priestern die Weisungen Gottes zu vernehmen. An Feiertagen kamen die Pilger zu Tausenden von weit her.
Der ganze Tempelbau wurde in sieben Jahren vollendet. Salomo wandelte ganz Jerusalem in eine schöne Stadt um und wurde berühmt als großer Bauherr. Aber von all der Pracht ist heute in Jerusalem nichts mehr zu sehen.
Der König hatte allerdings auch andere als nur rühmenswerte Seiten. Pracht und Luxus liebte er übermäßig und breitete seinen Reichtum vor allen Augen aus. Dem Volk legte Salomo schwere Steuern auf, und

Das «Eherne Meer»

viele waren darüber unzufrieden. Zehntausende mußten andauernd Frondienste leisten. Die alten Bräuche der Stämme Israels galten dem König nicht viel. Man spürte, daß seine Mutter nicht aus Juda kam. Fremde Lebensgewohnheiten nahmen an seinem Hof überhand. In seinem Harem lebten viele ausländische Prinzessinnen. Sie brachten Götterbilder und Priester von fremden Religionen mit nach Jerusalem. So wurde Salomo dem Gott seiner Vorfahren untreu.

Als nach dem Tod des Königs, gegen 930 v. Chr., sein Großreich in zwei Teile auseinanderbrach, erblickte man darin eine Strafe Gottes.

Elija

Fremde Götter im Land

Nach Salomos Tod zerfiel das große Königreich in zwei Teile. Der Name Israel galt von da an nur noch für den Nordstaat, während der südliche Teil mit der Hauptstadt Jerusalem Juda hieß. Jeder der beiden Staaten hatte seinen eigenen König.
Der nördliche Teil brauchte auch einen Hauptort. Die Stadt Samaria wurde neu gestaltet und ein Palast darin errichtet, der den Prachtbauten von Jerusalem nicht viel nachstand. Von hier aus regierten die Könige von Israel.
Einer von ihnen, Ahab, machte besonders durch seine Heirat von sich reden. Er nahm eine Ausländerin namens Isebel zur Frau, eine Prinzessin aus der phönizischen Stadt Sidon. Als Isebel zu Ahab nach Samaria kam, nahm sie nicht die Religion von Israel an, sondern behielt ihre eigene. Sie glaubte an Baal, den Gott des Wetters und der Fruchtbarkeit, und an die Göttin Aschera.
Beim Einzug in den Palast war Isebel von Priestern begleitet, die man Baalspropheten nannte. Das waren Leute, die schon in der Heimat der Prinzessin die Opferfeste für Baal geleitet hatten, und das sollten sie nun auch am Königshof von Israel tun. Ahab hatte nichts dagegen. Viele Israeliten besuchten nun neben ihrem eigenen Gottesdienst auch diese Opferfeste für Baal. Es war bald nur noch wenigen klar, daß sich der Glaube an Jahwe mit dem Glauben an Baal nicht vertrug. Einer dieser wenigen war der Prophet Elija.

Elija und die große Trockenzeit

Elija aus Tischbi in Gilead sagte zu Ahab: «Jahwe ist der Gott von Israel, und ich stehe in seinem Dienst. So wahr er lebt, wird in den nächsten Jahren kein Tau und kein Regen fallen, bis ich es sage.»
Dann bekam Elija von Gott den Befehl: Geh fort von hier. Geh nach

Osten und verbirg dich am Bach Kerit, auf der andern Seite des Jordan. Aus dem Bach kannst du trinken, und den Raben habe ich befohlen, daß sie dich mit Essen versorgen. –
Elija tat, was Gott gesagt hatte. Er ging nach Osten zum Bach Kerit auf der andern Jordanseite und blieb dort. Die Raben brachten ihm am Morgen Brot und am Abend Fleisch, und aus dem Bach trank er.
Weil im ganzen Land kein Regen fiel, trocknete der Bach nach einiger Zeit aus. Da sagte Gott zu Elija: Mach dich auf den Weg nach Sarepta bei Sidon und bleib dort. Einer Witwe dort trage ich auf, daß sie für dich sorgt. –
Elija machte sich auf den Weg und ging nach Sarepta. Als er zum Stadttor kam, las da eine Witwe Holz zusammen. Er begann mit ihr zu reden und bat sie: «Bring mir in einem Krug etwas Wasser; ich möchte trinken.» Kaum war sie gegangen, um es zu holen, so rief er ihr nach: «Bring mir auch einen Bissen Brot mit!»
Doch die Witwe gab zur Antwort: «So wahr Jahwe, dein Gott, lebt – ich habe nichts Gebackenes, nur eine Handvoll Mehl im Topf und ein wenig Öl im Krug. Jetzt lese ich hier ein paar Äste zusammen; dann gehe ich heim und backe für mich und meinen Sohn, und wenn wir das aufgegessen haben, müssen wir sterben.»
«Mach dir keine Sorgen», erwiderte Elija. «Geh nur und tu, wie du gesagt hast. Aber mach davon zuerst ein kleines Brot für mich und bring es heraus. Für dich und deinen Sohn kannst du nachher backen. Jahwe, der Gott von Israel, sagt nämlich:

Das Mehl im Topf geht nicht aus,
und der Ölkrug wird nicht leer,
bis zu der Zeit, da Gott
dem Lande Regen schenkt.»

Die Frau ging und tat, was Elija sie geheißen hatte, und darauf hatten sie Tag für Tag zu essen, sie und er und der Sohn. Das Mehl im Topf ging nicht aus, und der Ölkrug wurde nicht leer, wie Gott es durch Elija verkündet hatte.
Dann wurde einmal der Sohn der Witwe krank, und es wurde immer schlimmer mit der Krankheit, bis kein Hauch von Leben mehr in ihm war. Da sagte die Frau zu Elija: «Was hast du eigentlich bei mir zu tun, du Mann Gottes? Weil du zu mir gekommen bist, denkt Gott an meine Schuld, und darum muß mein Sohn sterben.»
Elija antwortete ihr: «Gib mir deinen Sohn.» Er nahm ihn aus ihren Armen, trug ihn in das obere Stockwerk hinauf, wo er lebte, und legte

ihn auf sein Bett. Er rief Gott an und betete: «Herr, willst du die Witwe, bei der ich zu Gast bin, wirklich so ins Unglück bringen, daß du ihren Sohn sterben läßt?» Dann legte er sich dreimal über den Knaben hin, rief Gott an und betete: «Herr! Mach, daß das Leben dieses Knaben wieder in ihn zurückkehrt.» Und Gott hörte auf Elija. Die Seele kehrte in den Knaben zurück, und er wurde wieder lebendig. Elija nahm ihn, trug ihn vom oberen Stockwerk hinunter und übergab ihn der Frau mit den Worten: «Schau, dein Sohn ist am Leben.»
Darauf sagte die Frau zu ihm: «Jetzt weiß ich, daß du ein Mann Gottes bist. Und was Jahwe durch deinen Mund sagt, das ist die Wahrheit.»

Elija und die Baalspriester

Nach drei Jahren bekam Elija von Gott den Befehl: Geh und zeig dich dem König Ahab; ich will Regen auf die Erde schicken. – Und er ging, um sich Ahab zu zeigen.
Als die Hungersnot in Samaria immer größer wurde, rief Ahab seinen Verwalter Obadja. Das war ein Mann, der Gott treu geblieben war. So hatte er, als Isebel die Propheten Jahwes ausrotten ließ, hundert von ihnen beiseite genommen, hatte je fünfzig in einer Höhle versteckt und sie mit Essen und Trinken versorgt. Zu diesem Obadja sagte Ahab: «Komm, wir wollen im ganzen Land alle Quellen und Bachtäler absuchen. Vielleicht finden wir Gras, dann können wir die Pferde und Maultiere am Leben halten und brauchen nicht einen Teil der Tiere zu töten.» Dann durchzogen sie das Land, aber getrennt: Ahab für sich nach der einen Seite, und Obadja für sich nach einer andern.
Während Obadja unterwegs war, stand plötzlich Elija vor ihm. Als er ihn erkannte, fiel er vor ihm nieder und rief: «Elija, mein Herr! Bist du es wirklich?»
«Ja», antwortete dieser. «Geh zu deinem Herrn und sag ihm: Elija ist wieder da.»
Obadja erwiderte: «Was habe ich verbrochen, daß du mich dem König ausliefern willst? Er wird mich töten. Gott soll mein Zeuge sein, es gibt kein Volk und keinen König, zu dem Ahab nicht Boten geschickt hat, um nach dir zu suchen. Und wenn es hieß ‹Er ist nicht da!›

ließ er König und Volk schwören, daß man dich nicht finden könne. Und jetzt willst du, daß ich gehe und Ahab melde ‹Elija ist wieder da!› Wenn ich jetzt von dir weggehe, so könnte der Geist Gottes dich wieder fortführen, wer weiß wohin. Dann komme ich zu Ahab und berichte ihm, und wenn er dich dann nicht findet, bringt er mich um. Und ich bin doch Gott von Jugend auf treu geblieben. Weißt du nicht, was ich getan habe, als Isebel die Propheten Gottes ermorden ließ? Daß ich hundert von ihnen versteckte, je fünfzig in einer Höhle, und sie mit Essen und Trinken versorgte? Und trotzdem befiehlst du, daß ich gehe und dem König melde ‹Elija ist wieder da!› Er wird mich sicher töten.»

Doch Elija sagte: «Bei dem mächtigen Gott, dem ich diene! Noch heute will ich mich dem Ahab zeigen.»

Dann suchte Obadja den König auf und brachte ihm die Nachricht. Ahab ging Elija entgegen. Als er ihn erblickte, rief er ihm zu: «Bist du es wirklich, du Verderber Israels?»

Elija gab zurück: «Nicht ich habe Israel ins Verderben gestürzt, sondern du und deine Familie; denn ihr habt Jahwe verlassen und seid den Baalen nachgelaufen. Schick jetzt Boten aus und versammle ganz Israel bei mir auf dem Berg Karmel, samt den vierhundertfünfzig Baalspropheten und den vierhundert Propheten der Aschera, die bei der Königin Isebel im Dienst stehen.»

Da schickte Ahab Boten in ganz Israel herum und ließ die Propheten auf dem Berg Karmel zusammenkommen. Dort trat Elija vor das Volk hin und sagte: «Wie lange wollt ihr noch auf beiden Seiten hinken? Wenn Jahwe der wahre Gott ist, so dient ihm; ist es Baal, so dient diesem.» Aber die Leute gaben ihm keine Antwort.

Darauf sagte er zu ihnen: «Ich allein bin noch übrig als Prophet Jahwes, Baalspropheten dagegen sind vierhundertfünfzig da. Jetzt soll man uns zwei junge Stiere bringen. Die Baalspriester sollen sich einen auswählen, sollen ihn zerteilen und die Stücke auf den Holzstoß legen, aber kein Feuer anfachen. Ich will den andern Stier herrichten und auf den Holzstoß legen, aber ebenfalls kein Feuer anfachen. Nachher sollen sie ihren Gott anrufen, und ich rufe Jahwe an. Der Gott, der dann mit Feuer antwortet, der ist der wahre.»

Das ganze Volk gab darauf zur Antwort: «So ist es gut.»

Elija wandte sich jetzt an die Baalspriester: «Ihr seid in der Mehrzahl. Ihr könnt zuerst den Stier wählen und ihn herrichten. Ruft euren Gott an, aber Feuer dürft ihr nicht anfachen.»

Da nahmen sie den Stier und richteten ihn her. Vom Morgen bis zum

Baalsfigur

Mittag hopsten sie um den Altar herum, den sie errichtet hatten, und riefen den Namen ihres Gottes an: «Baal, erhöre uns!» – Aber da war kein Laut, keine Antwort. Als es Mittag wurde, verspottete sie Elija: «Schreit doch lauter! Er ist doch ein Gott, aber vielleicht ist er in Gedanken oder verrichtet seine Notdurft oder ist verreist; vielleicht schläft er auch und muß erst aufwachen.»
Sie riefen immer lauter und brachten sich nach ihrer Sitte mit Schwertern und Spießen Schnitte bei, bis das Blut an ihnen herabrann. Am Nachmittag gerieten sie in Raserei, und das bis zu der Zeit, da man

gewöhnlich das Speiseopfer darbringt. Aber kein Laut – nichts von Antwort, nichts von Erhörung.
Dann forderte Elija das Volk auf: «Kommt zu mir!»
Die Leute kamen herbei, und er stellte den zerstörten Altar Jahwes wieder her. Er nahm zwölf Steine, nach der Zahl der Stämme Israels, errichtete mit ihnen im Namen Jahwes einen Altar und zog ringsum einen Graben. Er schichtete die Scheiter auf, zerteilte den Stier und legte die Stücke auf den Holzstoß.
Dann sagte er: «Füllt vier Krüge mit Wasser und gießt es über das Opfer und über das Holz.» Sie taten es.
«Tut es noch einmal», befahl er, und sie taten es noch einmal.
«Tut es zum dritten Mal», sagte er dann, und sie taten es zum dritten Mal. Das Wasser lief rings um den Altar, auch den Graben ließ er füllen.
Als es Zeit war, das Abendopfer darzubringen, trat der Prophet Elija vor den Altar und betete: «O Jahwe, Gott von Abraham, Isaak und Jakob! Heute soll es sich zeigen, daß du Gott bist in Israel, und daß ich dein Knecht bin, der alles auf deine Anordnung hin getan hat. Erhöre mich, Jahwe! Erhöre mich, damit dieses Volk merkt, daß du Gott bist und daß du ihr Herz zu dir zurückwendest.»
Da fuhr das Feuer Gottes herab. Es verzehrte das Opfer und den Holzstoß, versengte die Steine und den Boden, und sogar das Wasser im Graben leckte es auf.
Als die Leute das sahen, fielen sie nieder und riefen: «Jahwe ist Gott! Jahwe ist Gott!»
Elija aber forderte sie auf: «Packt die Baalspriester! Keiner von ihnen darf entkommen.» Man ergriff sie, und Elija ließ sie zum Bach Kischon hinunterführen und dort umbringen. Dann sagte er zu Ahab: «Geh jetzt hinauf, iß und trink; ich höre schon den Regen rauschen.»
Während Ahab essen und trinken ging, stieg Elija auf den Gipfel des Karmel. Er kauerte sich nieder und verbarg das Gesicht zwischen den Knien. Seinen Diener hieß er: «Geh doch und schau aufs Meer hinaus!»
Der Diener ging, hielt Ausschau und meldete: «Es ist nichts zu sehen.»
Elija aber sagte: «Geh noch einmal.» – Siebenmal sagte er das, und der Diener ging siebenmal hin. Beim siebenten Mal aber meldete er: «Da steigt über dem Meer eine kleine Wolke auf, nicht größer als eine Hand.»
Elija befahl: «Sag es Ahab und sag ihm, er soll anspannen und fahren, sonst hält ihn der Regen zurück.»

Nach kurzem war der Himmel schwarz von Wolken und Sturm, und als Ahab nach Jesreel hinunterfuhr, kam ein gewaltiger Regen. Elija aber, von Gott getrieben, band sein Gewand hoch und lief vor Ahab her bis nach Jesreel.

Elija am Gottesberg

Ahab erzählte seiner Frau Isebel alles, was Elija getan und daß er die Baalspriester mit dem Schwert getötet hatte. Darauf schickte Isebel einen Boten zu Elija und ließ ihm sagen: «Bist du Elija, so bin ich Isebel. Die Götter sollen mich strafen, wenn ich nicht morgen um diese Zeit so mit dir verfahre, wie du mit den Priestern.»
Elija bekam Angst, und um sein Leben zu retten, ergriff er die Flucht. Als er nach Beerscheba in Juda kam, ließ er seinen Diener dort zurück; er selber wanderte in die Wüste. Einen Tag lang ging er, und als er soweit gekommen war, setzte er sich unter einen Ginsterstrauch und wünschte sich den Tod: «Es ist genug. Gott, nimm mir mein Leben; ich bin nicht stärker als meine Vorfahren.» – Dann legte er sich unter dem Strauch schlafen.
Auf einmal rührte ihn ein Engel an und sagte zu ihm: «Steh auf und iß!»
Elija blickte sich um. Da sah er neben sich ein Röstbrot und einen Krug voll Wasser. Er aß und trank und legte sich wieder schlafen.
Der Engel Jahwes kam ein zweites Mal, rührte ihn an und sagte: «Steh auf und iß. Sonst ist der Weg zu weit für dich.» – Elija stand auf, aß und trank, und so gestärkt wanderte er vierzig Tage und vierzig Nächte bis zum Horeb, dem Berg Gottes. Er ging dort in eine Höhle, und darin blieb er über Nacht.
Da ging Gott vorüber, vor ihm her ein gewaltiger Sturm, der Berge aufriß und Felsen zertrümmerte; doch Gott war nicht in dem Sturm. Dem Sturm folgte ein Erdbeben, doch Gott war nicht im Erdbeben. Auf das Erdbeben folgte ein Feuer, doch Gott war nicht im Feuer. Nach dem Feuer etwas wie ein leises Wehen.
Als Elija das hörte, verhüllte er mit dem Mantel sein Gesicht und trat zum Eingang der Höhle. Und eine Stimme redete zu ihm: Elija, was tust du hier? –
Er antwortete: «Mit aller Kraft habe ich mich eingesetzt für dich, den

mächtigen Gott. Denn die Israeliten haben dich verlassen; sie haben deine Altäre zerstört und deine Propheten mit dem Schwert getötet. Ich allein bin übrig geblieben, und auch mir wollen sie das Leben nehmen.»
Gott aber sagte zu ihm: Geh zurück! Nimm deinen Weg durch die Wüste nach Damaskus, geh in die Stadt, und salbe Hasael zum König über Syrien. Jehu, den Sohn von Nimschi, sollst du zum König über Israel salben, und Elischa, den Sohn von Schafat, sollst du als deinen Nachfolger zum Propheten salben. Und so wird es kommen: Wer dem Schwert Hasaels entrinnt, den wird Jehu töten, und wer dem Schwert Jehus entrinnt, den wird Elischa töten. Aber siebentausend will ich in Israel übrig lassen: alle, die ihre Knie vor Baal nicht gebeugt haben und sein Bild nicht geküßt haben.

Nabots Rebberg

Nabot, ein Mann von Jesreel, besaß dort einen Rebberg, neben dem Palast von Ahab, dem König von Samaria. Dieser machte Nabot den Vorschlag: «Überlaß mir deinen Rebberg. Er liegt nahe bei meinem Palast, darum möchte ich einen Gemüsegarten daraus machen. Ich gebe dir dafür einen bessern Rebberg, oder wenn du lieber willst, zahle ich dir die Kaufsumme bar.»
Nabot erwiderte dem König: «Gott soll mich davor bewahren, daß ich dir überlasse, was ich von meinen Vorfahren geerbt habe.»
Verstimmt und mißmutig über die Antwort, die Nabot ihm gegeben hatte, kehrte Ahab nach Hause zurück. Er legte sich aufs Bett, drehte das Gesicht zur Wand und aß nichts. Da kam Isebel zu ihm herein und fragte: «Warum ißt du nichts? Warum bist du so mißmutig?»
«Weil ich mit Nabot von Jesreel gesprochen habe», gab er zur Antwort. «Ich habe ihm vorgeschlagen: Überlaß mir deinen Rebberg, gegen bares Geld, oder ich will dir dafür einen andern geben, wenn dir das lieber ist. – Darauf sagte er: Ich gebe dir meinen Rebberg nicht.»
«Und du willst über Israel regieren!» rief Isebel aus. «Steh auf und iß und sei guter Laune. Den Rebberg Nabots verschaffe ich dir.»
Darauf schrieb sie Briefe im Namen Ahabs, siegelte sie mit seinem Siegel und schickte sie an die Vorsteher der Stadt Jesreel und an die vornehmen Leute, die dort Nabots Nachbarn waren. In diesen Briefen

schrieb sie: «Ruft einen feierlichen Fasttag aus, und gebt Nabot den Ehrenplatz unter den Leuten. Setzt ihm zwei ehrlose Kerle gegenüber, die als Zeugen gegen ihn auftreten und behaupten, er habe Gott und den König beleidigt. Dann führt ihn vor die Stadt hinaus und steinigt ihn, bis er tot ist.»
Die Vorsteher und Nabots Nachbarn in der Stadt befolgten die Anweisungen von Isebel, wie es in den Briefen stand, die sie ihnen geschickt hatte. Sie riefen einen feierlichen Fasttag aus und gaben Nabot unter allen Leuten den Ehrenplatz. Dann kamen die beiden ehrlosen Kerle, setzten sich Nabot gegenüber, brachten ihre Behauptung gegen ihn vor und sagten aus: «Nabot hat Gott und den König beleidigt.» Sie führten ihn zur Stadt hinaus und steinigten ihn, bis er tot war. Sie ließen Isebel melden: «Nabot ist gesteinigt und tot.»
Als Isebel das vernahm, sagte sie zu Ahab: «So, jetzt kannst du den Rebberg, den Nabot dir nicht verkaufen wollte, in Besitz nehmen. Nabot ist nicht mehr am Leben, er ist tot.»
Sowie Ahab das hörte, machte er sich auf den Weg nach Jesreel hinab, um den Rebberg in Besitz zu nehmen. Doch Elija von Tischbi bekam von Gott den Befehl: Mach dich auf und geh zu Ahab; er ist drunten in Nabots Rebberg. Stell dich vor den König und sage ihm: So spricht der Herr: Du hast gemordet. Willst du schon das Erbe antreten? – Und sag ihm auch: So spricht der Herr: An derselben Stelle, wo die Hunde das Blut Nabots geleckt haben, sollen sie auch dein Blut lecken. –
Als Ahab diese Worte hörte, zerriß er seine Kleider. Er zog ein Bußgewand an und fastete, schlief auch im Bußgewand und ging barfuß.

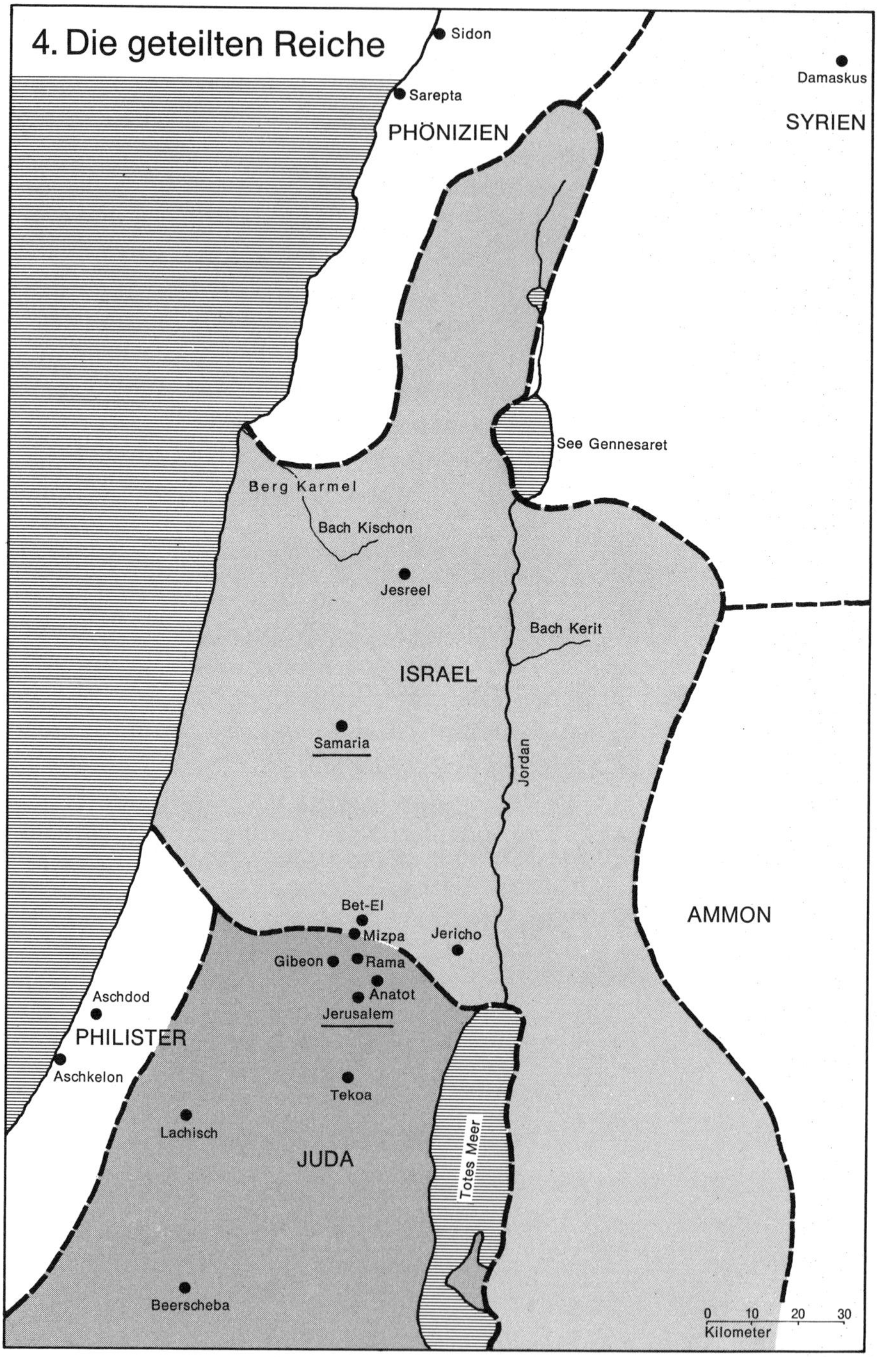
4. Die geteilten Reiche
Sidon
Sarepta
Damaskus
PHÖNIZIEN
SYRIEN
See Gennesaret
Berg Karmel
Bach Kischon
Jesreel
Bach Kerit
ISRAEL
Samaria
Jordan
Bet-El
Mizpa
Jericho
Gibeon
Rama
Anatot
Jerusalem
AMMON
Aschdod
PHILISTER
Aschkelon
Tekoa
Lachisch
JUDA
Totes Meer
Beerscheba
0 10 20 30
Kilometer

Amos

Ungerechtigkeit im Land

In der Königszeit brachten es die vielen fremden Einflüsse mit sich, daß im Volk große Unterschiede entstanden. Die Vornehmen sonderten sich von den Geringen ab, die Reichen von den Armen. Das Gefühl, miteinander verbunden zu sein, wurde immer schwächer, besonders wenn die Zeiten gut waren und keine Kriege das Land bedrohten.

So war es auch im 8. Jahrhundert. Der nördliche Staat erlebte eine Reihe von guten Jahren, in denen viel verdient wurde. Die Vornehmen und Reichen konnten sich teure Häuser aus Stein statt aus Lehmziegeln bauen lassen. Jedermann wollte reich und reicher werden, und dazu war jedes Mittel recht. Die Krämer benützten oft gefälschte Waagen, und die Händler verlangten zu hohe Preise. Leute, die Geld oder Waren ausliehen, kannten kein Erbarmen, wenn einer ihnen etwas schuldig blieb; selbst rechtschaffene Leute wurden als Zwangsarbeiter verkauft, wenn sie ihre Schulden nicht begleichen konnten.

Auch die Männer, die beim Stadttor zusammenkamen, um Gericht zu halten, liebten das Geld oft mehr als die Gerechtigkeit. Viele von ihnen ließen sich bestechen und behandelten die Armen ungerecht. Dennoch glaubten die Reichen, sie hätten Gott auf ihrer Seite, weil sie viele Opfer brachten.

Weder der König noch die Priester sorgten für Abhilfe. Da traten einzelne Männer auf, die sich von Gott dazu getrieben fühlten, die Wahrheit zu sagen und zu mahnen. Im Namen Gottes hielten sie den Leuten vor, Gott verlange von ihnen nicht nur Opfer, sondern auch gute Taten. Sie warnten: «Wenn ihr die Armen weiterhin so quält, gibt es für euch keine Rettung mehr.» Die Männer, die auf solche Weise zur Besserung mahnten und den Untergang des Königreichs androhten, nannte man Propheten.

Der Prophet Amos stammte aus dem Dorf Tekoa, südlich von Jerusalem im Land Juda. Von Beruf war er Schafzüchter und hatte Feigenbäume zu besorgen. Weil er einen Auftrag Gottes in sich spürte, ließ er seine Arbeit liegen und ging in das Nordreich, um dort die Strafe Gottes anzukündigen, besonders dem König Jerobeam. Er kam in die Stadt Bet-El. Dort stand eines der beiden großen Heiligtümer des Landes, und dort traf er die Leute, die er mahnen mußte.

Prophetenworte von Amos

Was ich angedroht habe, nehme ich nicht zurück, denn Israel begeht Verbrechen, drei- und vierfach: Einen rechtschaffenen Mann verkaufen sie wegen einer Schuld, und einen Armen wegen eines Paars Sandalen. Sie treten den Kopf eines Hilflosen in den Dreck und versperren den Armen den Weg zu ihrem Recht.

Wehe denen, die das Recht verdrehen und die Gerechtigkeit zu Boden stürzen! Wenn einer beim Gericht am Tor feststellt, was recht ist, so hassen sie ihn, und wenn einer dort die Wahrheit sagt, verabscheuen sie ihn.
Dafür preßt ihr dem hilflosen Mann den Pachtzins ab und nehmt die Kornsteuer von ihm. Häuser aus behauenen Steinen habt ihr gebaut, doch darin wohnen werdet ihr nicht. Prächtige Rebberge habt ihr angelegt, doch den Wein davon werdet ihr nicht trinken.
Ja, ich weiß, wieviele Verbrechen ihr begangen habt und wie bös ihr euch verfehlt habt. Ihr bedrückt unschuldige Leute, laßt euch bestechen und laßt am Tor die Armen nicht zu ihrem Recht kommen.

Hört doch! Ihr trampelt auf den armen Leuten herum, und die Elenden im Land richtet ihr zugrunde. Ihr denkt: Wann ist der Neumond vorüber, damit wir wieder Getreide verkaufen können? Wann der Sabbat, damit wir wieder Korn feilhalten können? Auch den Abfall vom Korn wollen wir verkaufen, das Maß kleiner machen und den Preis größer, und dazu wollen wir mit einer falschen Waage betrügen. Die Hilflosen bringen wir in unsere Hände, wenn sie uns Geld schuldig sind, die Armen für ein Paar Sandalen.
Hochmütig ist das Volk Israel, und darum hat Gott geschworen: Ich werde alle ihre Untaten nie vergessen.

Ich hasse eure Feste, ich verachte sie. Eure Feiern mag ich nicht riechen. Eure Gaben gefallen mir nicht, und eure geopferten Mastkälber sehe ich nicht an. Haltet mir den Lärm eurer Lieder fern, euer Lautenspiel mag ich nicht hören.
Vielmehr muß das Recht wie Wasser daherströmen, und die Gerechtigkeit wie ein Bach, der nie austrocknet.

Ja, so hat Gott zum Volk Israel gesprochen: Mich sollt ihr suchen, dann lebt ihr! –
Das Gute sollt ihr suchen, nicht das Böse, dann bleibt ihr am Leben. Nur dann ist der Herr, der mächtige Gott, mit euch, wie ihr sagt. Das Böse sollt ihr hassen, das Gute lieben und dem Recht am Tor seinen Platz verschaffen. Vielleicht hat der mächtige Gott dann Erbarmen mit dem Rest des Volkes.

Hört, ihr Israeliten, was Gott gegen euch gesagt hat, gegen das ganze Volk, das er aus Ägypten herausgeführt hat: Nur euch habe ich aus allen Geschlechtern der Erde ausgewählt. Darum bestrafe ich euch aber auch für eure ganze Schuld.

Visionen

So ließ Gott es mich sehen: Da schickte einer einen Heuschreckenschwarm, eben als die Spätsaat zu wachsen begann. Und als sie schon daran waren, das Grün im Lande völlig aufzufressen, sagte ich: «O Gott, mein Herr, verzeih doch! Wie soll Israel weiterleben? Es ist doch so schwach!»
Da hatte Gott Erbarmen. – Es soll nicht geschehen, sagte er.

So ließ Gott es mich sehen: Da rief einer einen Feuerregen herbei, und dieser fraß das ganze Meer. Und als er anfing, das Ackerland zu fressen, sagte ich: «O Gott, mein Herr, laß doch ab! Wie soll Israel weiterleben? Es ist doch so schwach!»
Da hatte Gott Erbarmen. – Auch das soll nicht geschehen, sagte er.

So ließ Gott es mich sehen: Da stand einer auf einer Mauer, ein Senkblei in der Hand. Gott fragte mich: Amos, was siehst du? –
Ich antwortete: «Ein Senkblei.»
Da sagte Gott: Schau, mitten in meinem Volk Israel lege ich das Senkblei an. Ich will es nicht länger schonen.

So ließ Gott es mich sehen: Da war ein Korb mit reifem Obst, und er fragte mich: Amos, was siehst du? –
Ich antwortete: «Einen Korb mit reifem Obst.»
Da sagte Gott zu mir: Die Ernte und das Ende sind da für mein Volk Israel. Ich will es nicht länger schonen.

Ich sah meinen Gott, wie er auf dem Altar stand. Er hieb auf die Säulen, daß die Grundmauern zitterten, und er sagte: So schlage ich alle auf den Kopf, und den Rest töte ich mit dem Schwert. Keiner von ihnen kann entrinnen. Wer flieht, kann sich nicht retten.
Auch wenn sie in die Unterwelt einbrechen, holt meine Hand sie dort herauf, und wenn sie in den Himmel steigen, hole ich sie herunter. Und wenn sie sich auf dem Gipfel des Karmel verbergen, spüre ich sie auf und hole sie, und wenn sie sich auf dem Grund des Meeres verbergen, befehle ich dem Drachen dort, daß er sie beißt. Und wenn sie vor ihren Feinden her in die Gefangenschaft ziehen, befehle ich auch dort dem Schwert, daß es sie tötet. Ich richte meinen Blick auf sie, und davon kommt Böses, nicht Gutes.

Amos und Amazja

Amazja, der Priester von Bet-El, schickte dem König Jerobeam die Nachricht: «Amos zettelt mitten in Israel eine Verschwörung gegen dich an. Das Land kann seine Reden nicht mehr ertragen. Er hat nämlich gesagt: Jerobeam kommt durch das Schwert um, und das Volk Israel wird verschleppt, fort von seiner Heimat.»
Zu Amos sagte Amazja: «Seher, geh fort! Flieh in das Land Juda. Dort kannst du dein Brot essen und den Propheten spielen. Aber in Bet-El darfst du nicht wieder als Prophet auftreten, denn hier ist ein Heiligtum des Königs, ein Staatstempel.»
Amos gab Amazja zur Antwort: «Ich bin kein Prophet und auch kein Prophetenschüler, sondern ich hüte Vieh und habe Feigenbäume zu besorgen. Aber Gott hat mich von der Herde fortgeholt, und Gott hat mir geboten: Geh und verkünde meinem Volk Israel, was ich dir sage.»

Jesaja

Juda wird von außen bedroht

Etwas später als Amos lebte im Südreich Juda der Prophet Jesaja, zu der Zeit der Könige Ahas und Hiskija. Wahrscheinlich stammte er aus einer vornehmen Familie von Jerusalem. Er hatte freien Zutritt zum königlichen Palast, kannte sich in der Politik aus und mahnte den König oft daran, wie er nach dem Willen Gottes handeln solle. Die Könige baten Jesaja auch öfter um Rat.

Zu Jesajas Lebzeiten befand sich Jerusalem mehrmals in Gefahr. Einmal marschierten die Truppen des Nordreichs Israel gegen Juda. Sie hatten sich mit dem König von Syrien verbündet, der in Damaskus wohnte. Mit vereinten Kräften wollten sie den König Ahas von Juda schlagen, um einen ihrer Freunde auf den Thron von Juda zu setzen. Ahas fand Hilfe beim assyrischen König, und so wurde die Gefahr abgewendet. Syrien und Israel wurden ganz von Assyrien abhängig. Jesaja hatte dem König allerdings von diesem Bündnis abgeraten und ihn aufgefordert, mehr auf Gott zu vertrauen.

Als Ahas starb, wurde Hiskija sein Nachfolger. Damals führten die Könige der Assyrer große Eroberungskriege, dehnten ihr Reich gewaltig

Ein israelitischer König wirft sich vor dem assyrischen Herrscher nieder

aus und zwangen so kleine Staaten wie Juda und seine Nachbarvölker im Westen und Osten, daß sie ihre Oberherrschaft anerkannten. Gegen zwanzig Jahre lang mußte Hiskija den Assyrern regelmäßig Abgaben entrichten.
Als in Assyrien im Jahr 705 v.Chr. ein neuer König an die Macht kam, gab es Unruhen in seinem Reich. Hiskija sah ebenfalls eine Gelegenheit, sein Land von der assyrischen Herrschaft zu befreien. Allein war er jedoch nicht stark genug, darum brachte er ein Bündnis mit den Philisterstädten und mit Ägypten zustande. Von nun an schickte er keine Abgaben mehr nach Assyrien. Das mußte zum Krieg führen. Nachdem Sanherib, der assyrische König, die andern Unruhen unterdrückt hatte, wandte er sich mit seinem Heer gegen Juda. Es kam so, daß Hiskija nur gerade die Stadt Jerusalem behalten konnte und aufs neue Abgaben zahlen mußte. Jesaja hatte den König lange vergeblich vor dem Bündnis gegen die Assyrer gewarnt.
Jesaja sagte aber nicht nur in politischen Angelegenheiten, was der Wille Gottes sei. Ebenso wie Amos griff auch er die Vornehmen im Land an, weil sie die Armen unterdrückten. Die reichen Grundbesitzer brachten nach und nach den größten Teil des Landes in ihren Besitz. Die Richter nahmen Bestechungsgelder an. Man brachte wohl viele Opfer, aber nicht in der rechten Gesinnung, und man kümmerte sich nicht darum, daß das ganze Land in Gefahr war. Jesaja sagte den Untergang von Juda voraus, die Verschleppung und die Gefangenschaft des Volkes. Er ließ dabei wenig Hoffnung. Höchstens ein kleiner Rest würde die kommenden schweren Zeiten überstehen, aber auch dieser nur dann, wenn er ruhig darauf vertrauen würde, daß Gott schon alles richtig lenke. Niemals aber würden die Feinde Jerusalems und die Ungerechtigkeit das letzte Wort haben. Gott würde einen neuen, wunderbaren Anfang machen.

Der assyrische König Sargon II.

Die Berufung

Im Jahr, da König Usija starb, sah ich Gott. Er saß auf einem hoch aufragenden Thron, und die Schleppen seines Gewandes reichten durch die ganze Halle.
Sarafen standen bei ihm. Jeder hatte sechs Flügel: Mit zweien verdeckten sie ihr Gesicht, mit zweien den Leib, und mit zweien flogen sie. Sie riefen einander zu:

> Heilig, heilig, heilig
> ist der Herr, der mächtige Gott!
> Die ganze Welt ist voll von seiner Herrlichkeit.

Als sie so riefen, zitterten die Pfosten der Tore von ihrer Stimme, und der Raum wurde voll Rauch.
Da rief ich:

> Weh mir, daß ich schweigen muß,
> denn ich bin ein Mann mit unreinen Lippen
> und ich lebe unter einem Volk
> mit unreinen Lippen;
> denn ich habe den König, den mächtigen Gott,
> mit meinen Augen gesehen.

Einer der Sarafen flog zu mir, in der Hand eine glühende Kohle, die er mit der Zange vom Altar genommen hatte. Er berührte damit meinen Mund und sagte: «Schau, dies hat deine Lippen berührt, und damit verschwindet deine Schuld, und was du Schlechtes getan hast, ist gutgemacht.»
Darauf hörte ich die Stimme Gottes fragen: Wen soll ich senden? Wer soll unser Bote sein? –
Ich rief: «Hier bin ich, sende mich!»
Da sagte er: Geh und sprich zu diesem Volk: Hört nur immer zu – aber versteht nichts. Seht nur immer her – aber erkennt nichts. So machst du das Herz dieses Volks verstockt, du verstopfst seine Ohren und verklebst ihm die Augen, daß es nicht umkehrt und gesund wird, sondern daß es mit seinen Augen nicht sieht, mit seinen Ohren nicht hört und mit seinem Herz nicht versteht. –
Ich frage: «Herr, wie lange?»
Er gab zur Antwort: Bis die Städte verödet liegen und ohne Einwohner, die Häuser ohne Menschen, und das Ackerland als Wüste übrigbleibt.

Jesaja und Ahas

Zu der Zeit, da Ahas König von Juda war, kam die Nachricht nach Jerusalem: «Syrien hat sich mit Israel verbündet!» Da zitterte sein Herz und das Herz seines Volks wie die Waldbäume im Wind.
Aber Gott sagte zu Jesaja: Geh und such mit deinem Sohn zusammen den Ahas auf, beim Ende der Wasserleitung des oberen Teiches, an der Straße beim Tuchwalkerfeld. Sag ihm: Sei vorsichtig, aber bewahr deine Ruhe und fürchte dich nicht. Vor dem brennenden Zorn der Könige von Syrien und Israel brauchst du den Mut nicht zu verlieren: das sind nur zwei qualmende Scheiter.
Rezin von Syrien und der Sohn des Remalja, der König von Israel, haben Böses gegen dich geplant und sagen: Wir wollen gegen Juda ziehen, wollen es bedrängen und erobern und den Sohn des Tabeal dort zum König machen. – Darum sagt Gott: Es kommt nicht so weit. Es wird nicht geschehen. Die Herrschaft über Syrien hat nur Damaskus, und Herr über Damaskus ist nur Rezin. Die Herrschaft über Israel hat nur Samaria, und Herr über Samaria ist nur der Sohn des Remalja.
Glaubt ihr nicht, so bleibt ihr nicht bestehen.

Hiskija und die Assyrer

Es war im vierzehnten Regierungsjahr des Königs Hiskija. Da unternahm Sanherib, der König von Assyrien, einen Kriegszug gegen die befestigten Städte von Juda und eroberte sie. Gegen den König Hiskija in Jerusalem schickte er von Lachisch aus seinen Minister mit einem starken Heer. Bei den Wasserleitungen am oberen Teich, an der Straße beim Tuchwalkerfeld, bezog er Stellung.
Der Palastvorsteher Eljakim, der Staatsschreiber Schebna und der Kanzler Joach gingen zu ihm hinaus. Der Minister sagte zu ihnen: «Richtet Hiskija folgende Botschaft des Großkönigs von Assyrien aus: Was für ein Vertrauen hast du da? Du meinst wohl, bloße Worte genügen schon als Kriegsplan und Kriegsmacht. Also, auf wen verläßt du dich eigentlich, daß du von mir abgefallen bist? Du verläßt dich auf Ägypten, aber Ägypten ist wie ein geknickter Rohrstab: jedem, der sich auf ihn stützt, dringt er in die Hand und durchbohrt

sie – so ist der Pharao, der König von Ägypten, für alle, die sich auf ihn verlassen.

Mach doch eine Wette mit meinem Herrn, dem König von Assyrien: Zweitausend Pferde will ich dir geben, wenn du dazu die Reiter stellen kannst! Wie willst du auch nur einen Truppenteil meines Heeres zurücktreiben? Du verläßt dich ja nur auf Ägypten wegen der Kriegswagen und Pferde. Und abgesehen davon – bin ich etwa ohne den Willen eures Gottes gegen euer Land gezogen? Jahwe hat zu mir gesagt: Zieh gegen dieses Land und vernichte es!»

Eljakim, Schebna und Joach baten den Minister: «Sprich doch Aramäisch mit uns, wir verstehen es ja. Aber sprich nicht Judäisch mit uns vor den Ohren der Leute, die da auf der Mauer sitzen.»

Doch der Minister gab zurück: «Hat mich denn mein Herr mit dieser Botschaft nur zu euch und zu eurem Herrn geschickt? Nicht auch zu den Männern auf den Mauern, die bei euch ihren Kot fressen und ihren Urin saufen müssen?»

Darauf trat er vor und rief laut auf Judäisch: «Hört die Botschaft des Großkönigs von Assyrien! Hört, was er sagt: Hiskija soll euch nicht betrügen, er kann euch nicht retten. Hiskija soll euch nicht Gottvertrauen aufschwatzen und sagen: Sicher wird der Herr uns retten, diese Stadt kann nicht in die Gewalt des Assyrerkönigs fallen! – Hört nicht auf Hiskija! Die Botschaft des Königs von Assyrien lautet: Macht einen Vertrag mit mir und ergebt euch. Dann kann jeder von seinem Rebstock und von seinem Feigenbaum essen und das Wasser aus seinem Brunnen trinken. Später komme ich dann und nehme euch mit in ein Land voll Brot und Wein, ein Land mit Kornfeldern und Rebbergen.

Hiskija soll euch nicht täuschen und sagen: Der Herr wird uns retten. – Haben etwa die Götter der andern Völker ihr Land vor der Gewalt des Königs von Assyrien gerettet? Keiner von allen den Göttern in diesen Ländern konnte sein Land vor meiner Gewalt retten – und da sollte Jahwe Jerusalem vor meiner Gewalt bewahren?»

Die Leute gaben dem Minister aber keine Antwort. Sie schwiegen, denn der Befehl des Königs hatte gelautet: Gebt ihm keine Antwort! – Dann gingen Eljakim, Schebna und Joach mit zerrissenen Kleidern wieder zu Hiskija und meldeten ihm, was der Minister gesagt hatte. Als der König das hörte, zerriß auch er seine Kleider. Er legte das Trauergewand an und ging in den Tempel. Er schickte Eljakim, Schebna und die Ältesten der Priester in Trauergewändern zum Propheten Jesaja. Diesem brachten sie die Botschaft von Hiskija:

«Heute ist ein Tag der Not, der Strafe und der Schande. Aber vielleicht hat Gott die Reden des Ministers gehört, die dieser geführt hat, um ihn, den lebendigen Gott, zu beleidigen. Vielleicht straft ihn Gott für die Reden, die er geführt hat. Bete also für den Rest des Volkes, der uns geblieben ist.»
So kamen die Beamten des Hiskija zu Jesaja, und dieser sagte zu ihnen: «Meldet eurem Herrn, was Gott spricht: Fürchte dich nicht vor den Reden, die du gehörst hast, und mit denen die Kerle des Königs von Assyrien mich beleidigen wollten. Ich will ihm eingeben, daß er in sein Land zurückkehrt, wenn er ein Gerücht hört. Und dort werde ich ihn durch das Schwert umkommen lassen.»
Der Minister kehrte zum König von Assyrien zurück. Er hatte gehört, daß dieser von Lachisch weitergezogen war, und traf ihn bei der Belagerung von Libna. Dort hörte Sanherib sagen, Tirhaka, der König von Äthiopien, sei gegen ihn zum Krieg ausgezogen. Da brach er auf und zog ab. Er kehrte nach Ninive zurück und blieb dort.
Als er später einmal im Tempel seines Gottes Nisroch betete, brachten ihn zwei seiner Söhne mit dem Schwert um und flohen dann aus dem Land. Ein anderer Sohn folgte ihm als König nach.

Hiskijas Krankheit und Heilung

Zu jener Zeit wurde Hiskija todkrank. Der Prophet Jesaja kam und sagte zu ihm: «So spricht Gott: Mach dein Testament, denn du wirst nicht gesund, sondern du wirst sterben.»
Da kehrte Hiskija das Gesicht zur Wand und betete zu Gott: «Herr, denk doch daran, daß ich dir treu geblieben bin. Ich habe mein Leben lang nur dir gedient und habe getan, was in deinen Augen gut ist.» Und er fing laut zu weinen an.
Da bekam Jesaja von Gott den Auftrag: Geh zu Hiskija und sag ihm: So spricht der Herr, der Gott Davids: Ich habe dein Gebet gehört, ich habe deine Tränen gesehen. So will ich deiner Lebenszeit fünfzehn Jahre hinzufügen. Auch vor der Gewalt des Königs von Assyrien will ich dich retten und diese Stadt schützen. –
Hiskija fragte: «Was ist das Zeichen dafür, daß ich wieder in den Tempel hinaufgehen kann?»
«Dies soll dir das Zeichen Gottes dafür sein», sagte Jesaja, «daß er er-

füllen wird, was er gesagt hat: Auf den Stufen der Sonnenuhr, die Ahas gebaut hat, lasse ich den Schatten, den die Sonne abwärts gegangen ist, wieder um zehn Stufen zurückgehen.» Darauf ging der Schatten um zehn Stufen, die er schon abwärts gegangen war, wieder zurück.
Jesaja sagte: «Man soll ein Feigenpflaster bringen und auf das Geschwür streichen, dann wird der König gesund.»

Hiskijas Danklied

Ein Lied Hiskijas, des Königs von Juda, als er krank war und wieder gesund wurde:

Ich sagte: «In der Mitte meines Lebens
muß ich hingehen.
Ich bin zu den Toren der Unterwelt bestellt
für den Rest meiner Jahre.»

Ich sagte: «Ich darf den Herrn nicht mehr sehen
im Land der Lebenden,
darf keinen Menschen mehr erblicken
bei den Bewohnern der Welt.

Meine Hütte ist abgebrochen,
zusammengepackt wie ein Hirtenzelt.
Mein Leben habe ich zusammengerollt wie ein Weber;
er hat mich vom Webstuhl abgeschnitten.»

Ich war ihm ausgeliefert, Tag und Nacht.
Ich schrie um Hilfe bis zum Morgen.
Wie ein Löwe zermalmte er
alle meine Knochen.

Schrill wie ein Mauersegler schrie ich,
wie eine Taube schluchzte ich:
«Meine Augen brennen und wollen Gott sehen.
Ich leide Not. Herr, hilf mir!»

Was soll ich heute zu ihm sagen,
da er es getan hat?
Mein Leben lang will ich dir danken
für diese Bitterkeit!

Herr, mein Herz sehnte sich nach dir,
und du hast meinen Geist beruhigt,
hast mich gesund und heil gemacht,
und die Bitterkeit wurde mein Glück.

Du hast mein Leben bewahrt
vor der Grube des Verderbens,
hast nicht geachtet
auf alle meine Sünden.

Die Unterwelt kann dir nicht danken.
Der Tod kann dich nicht loben.
Wer in die Grube gefahren ist,
hofft nicht mehr auf deine Hilfe.

Der Lebende, der Lebende dankt dir
wie ich heute.
Der Vater sagt es seinen Söhnen weiter,
wie treu du bist.

Der Herr hat mich gerettet, es war sein Wille.
So wollen wir die Saiten klingen lassen
unser Leben lang
vor dem Tempel des Herrn!

Wachtturm

Jesajas Lied vom Rebberg

Von meinem Freunde will ich singen,
von meinem Liebsten und von seinem Rebberg.

Einen Rebberg besaß mein Geliebter,
oben am Hügel, auf gutem Boden.
Den hackte er und las die Steine daraus
und pflanzte Reben hinein.

Er baute einen Wachtturm mittendrin
und höhlte eine Trotte darin aus.
Dann hoffte er, daß er ihm Trauben brächte,
doch er trug nichts als faule Beeren.

Ihr Bürger von Jerusalem!
Ihr Männer von Juda!
Seid jetzt die Richter zwischen mir
und meinem Rebberg!

Was blieb für meinen Rebberg noch zu tun,
das ich nicht schon getan hatte?
Warum hoffte ich, er würde mir Trauben bringen,
und er trug nichts als faule Beeren?

Jetzt will ich euch aber sagen,
was ich mit meinem Rebberg tun will:
seine Hecke wegreißen, dann wird er verwüstet,
seine Mauer einreißen, dann wird er zertreten.

Er wird nicht mehr geschnitten, nicht gejätet,
dann schießt das Unkraut und die Dornen auf.
Und den Wolken will ich befehlen,
daß sie nicht mehr auf ihn regnen.

Denn der Rebberg des mächtigen Gottes,
das ist das Volk von Israel,
und die Pflanzung, die er liebt,
das sind die Männer von Juda.
Er hoffte auf Recht und Gerechtigkeit,
da gab es Wehklagen und Schlechtigkeit.

Weherufe

Wehe denen, die ein Haus an das andere reihen und ein Feld an das andere fügen, bis kein Platz mehr ist und ihr allein den Boden habt im Land. Denn in meinen Ohren hat Gott, der Herr, sich hören lassen: Ja, viele Häuser sollen schauerlich verwüstet werden, große schöne Häuser: kein Mensch wohnt mehr darin. Denn von zehn Rebbergen wird es nur einen Eimer Wein geben, und eine Eselslast von Saatgut bringt nur einen Eimer Korn.

Wehe denen, die schon am Morgen dem Alkohol nachlaufen, die bis tief in die Nacht dasitzen, weil der Wein sie hitzig macht. Bei Zithern und Harfenklang wollen sie feiern, bei Handpauken und Flöten – aber wie Gott wirkt und wie er handelt, darauf achten sie nicht. Darum muß mein Volk in die Verbannung wandern, weil es nichts merkt. Dann gibt es statt der Herrlichkeit den Hunger, der die Kräfte nimmt, und statt des lärmigen Treibens den Durst, der sie ausdörrt.

Wehe denen, die das Böse gut nennen und das Gute böse, die Finsternis zum Licht machen und Licht zur Finsternis, die Bitteres süß machen und Süßes bitter.

Wehe denen, die einen Schuldigen freisprechen, weil sie bestochen worden sind, die aber machen, daß ein Schuldloser sein Recht verliert. Wie die Feuerzungen die Stoppelhalme fressen, und wie dürres Gras in den Flammen zusammenschrumpft, so soll ihre Wurzel verfaulen und ihre Blüte verfliegen wie Staub. Denn das Gebot des Herrn, des mächtigen Gottes, haben sie verachtet; was der Heilige von Israel sagte, haben sie verspottet.

Das mißratene Volk

Hör, o Himmel, vernimm es, Erde; denn Gott redet:
Söhne habe ich aufgezogen und groß werden lassen, doch sie sind mir untreu geworden. Ein Stier weiß, wer ihn gekauft hat; ein Esel weiß, wo die Krippe seines Meisters steht. Aber Israel denkt nicht daran; mein Volk sieht das nicht ein.
Eure Untreue wird immer größer. Wohin wollt ihr noch geschlagen werden? Euer ganzer Kopf und euer ganzes Herz sind krank. Von Kopf bis Fuß ist keine Stelle mehr heil; da sind nur Beulen und Wunden und frische Striemen, nicht ausgedrückt und nicht verbunden und nicht mit Öl bestrichen.
Euer Land ist eine Wüste, eure Städte sind verbrannt, euer Ackerland verzehren die Fremden vor euren Augen. Nur die Tochter Zion, das Volk von Jerusalem, ist übriggeblieben, wie ein Laubdach im Rebberg, wie eine Wachthütte im Gurkenfeld, wie ein Eselchen im Pferch. Hätte der Herr, der mächtige Gott, nicht uns, die wenigen Entronnenen, verschont, so wäre es uns ergangen wie Sodom, und wir würden aussehen wie Gomorra.

Der falsche Gottesdienst

Ihr Anführer von Sodom, hört, was Gott sagt! Du Volk von Gomorra, vernimm das Mahnwort unseres Gottes!
Was soll ich mit euren vielen Brandopfern? sagt Gott. – Ich habe mehr als genug von Widderbrandopfern und Mastkälberfett, und das Blut von Jungstieren und Böcken gefällt mir nicht.
Ihr kommt her und wollt vor meinen Augen erscheinen – wer hat von euch verlangt, daß ihr in meinen Vorhöfen herumtrampelt? Bringt keine wertlosen Gaben mehr; mir ekelt vor der Räucherei.
Ich hasse eure Neumondfeste und Feiertage. Sie sind für mich zu einer Last geworden, und es ist mir verleidet, sie zu tragen. Und wenn ihr eure Hände ausbreitet, so verhülle ich meine Augen vor euch. Auch wenn ihr noch so viel betet, ich höre es nicht. Eure Hände sind ja voll Blut.
Wascht euch, reinigt euch! Schafft mir eure bösen Taten aus den Augen! Hört auf, Böses zu tun, lernt Gutes tun! Sorgt dafür, daß Gerechtigkeit herrscht. Setzt euch bei Gericht für die Unterdrückten ein, helft den Waisen und den Witwen zu ihrem Recht!

Friede auf der Erde

In den letzten Zeiten wird der Berg mit dem Tempel bestehen bleiben, höher als alle Berge und Hügel.
Alle Völker werden zu ihm strömen, ganze Länder werden zu ihm hinziehen und sagen: «Wir wollen zum Berg des Herrn hinaufsteigen, zum Haus von Israels Gott. Er wird uns seine Wege zeigen, damit wir auf ihnen gehen können. Denn vom Berg Zion geht das Gesetz aus, von Jerusalem geht das Wort Gottes aus.»
Er wird Richter sein zwischen den Völkern und wird ganze Länder zurechtweisen. Dann schmieden sie ihre Schwerter zu Pflugscharen um und ihre Speere zu Rebmessern. Kein Volk erhebt mehr sein Schwert gegen ein anderes Volk, und den Krieg lernt man nicht mehr.
Komm, Volk von Israel, wir wollen im Licht Gottes gehen!

Der Messias

Das Volk, das im Dunkel geht,
sieht ein großes Licht.
Bei denen, die im dunklen Land wohnen,
leuchtet ein Licht auf.

Du machst das Jauchzen laut
und die Freude groß.
Deinetwegen freuen sie sich,
wie man sich bei der Ernte freut
und wie man jauchzt,
wenn die Beute verteilt wird.
Denn das drückende Joch des Volkes,
den Zugbalken auf seinen Schultern,
den Stock seines Treibers
zerbrichst du wie in der Midianiterschlacht.
Jeder Stiefel, der dröhnend daherstampft,
jeder Mantel, der mit Blut getränkt ist,
wird verbrannt,
wird ein Fraß für das Feuer.

Denn uns ist ein Kind geboren,
ein Sohn ist uns gegeben.
Auf seine Schultern ist die Herrschaft gelegt.
Mit Namen heißt er:
Planer wunderbarer Taten,
Mann von göttlicher Macht,
Vater zu jeder Zeit,
Bewahrer des Friedens.
Groß wird die Herrschaft,
und der Friede nimmt kein Ende
auf dem Thron von David
und in seinem Reich;
denn er macht es stark
und er stützt es
mit Recht und Gerechtigkeit
von da an für immer.
Der Wille des Herrn, des mächtigen Gottes,
wird das zustande bringen.

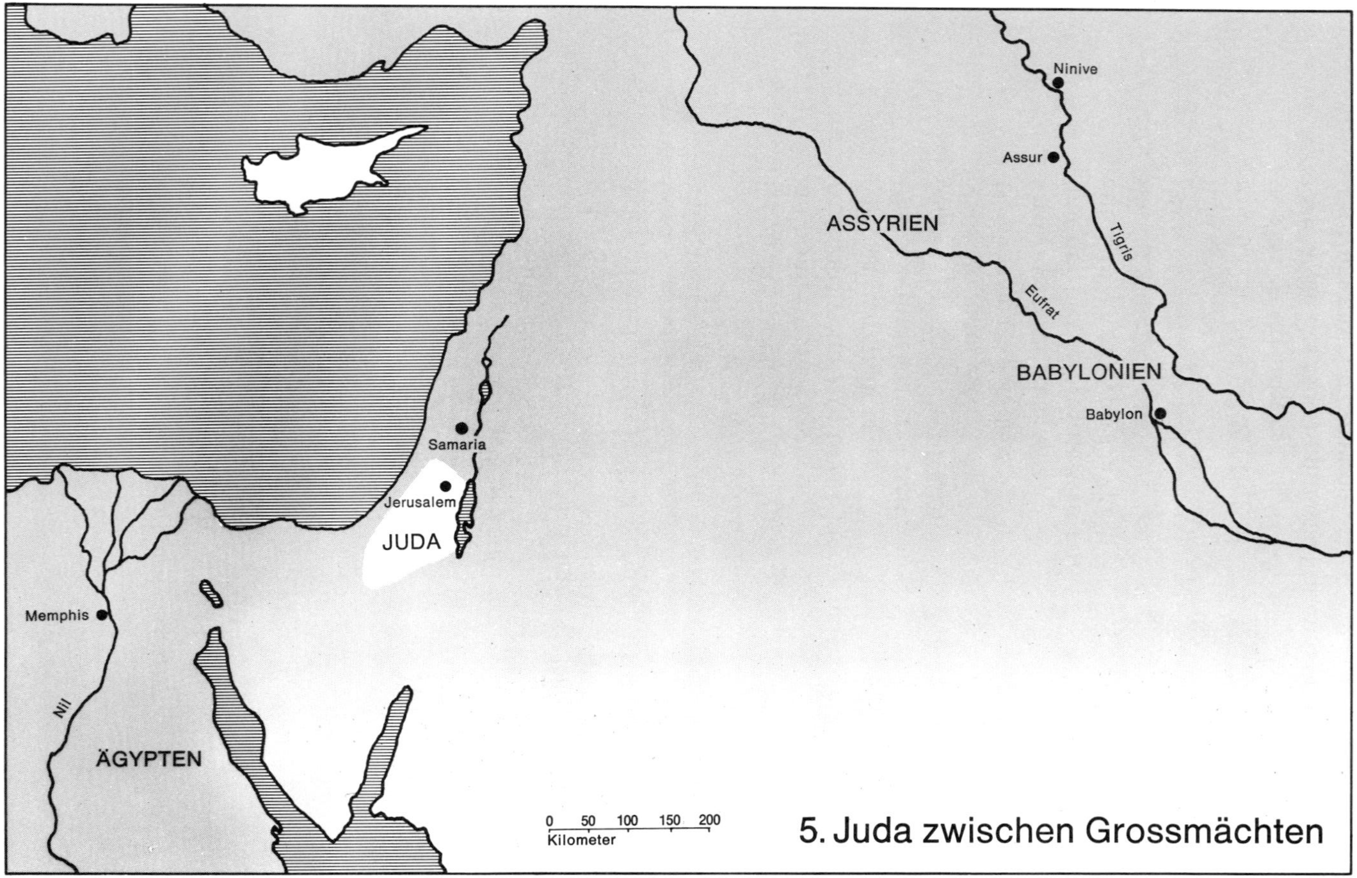

5. Juda zwischen Grossmächten

Jeremia

Das Ende des Reiches Juda

Die Assyrer dehnten ihr Reich noch weiter aus als zur Zeit des Jesaja. Dreißig Jahre nach dem Krieg in Palästina eroberten sie sogar Ägypten. Sie konnten ihre Macht jedoch nicht behalten. Neben ihnen kamen andere Völker auf. Die Babylonier drängten die Assyrer zurück und machten ihrem Reich schließlich ein Ende.

Für Juda war dieser Wechsel wichtig. Weil die Assyrer schwächer wurden, gelang es, ihre Herrschaft abzuschütteln. Juda wurde wieder mächtiger. Der König Joschija gewann zum alten Reich sogar den größten Teil des ehemaligen Nordstaates Israel hinzu.

Gegen hundert Jahre lang war Juda von Assyrien abhängig gewesen. In dieser Zeit waren Religion, Recht und Sitten verwildert. Überall im Land standen Altäre für fremde Götter, sogar im Tempel von Jerusalem. In den Städten lebte man nach fremden Sitten, und einfache Leute hatten es schwer, zu ihrem Recht zu kommen. Eine neue Ordnung, eine Reform war nötig, und der König Joschija sah es auch ein. Die Priester auf dem Lande und ein paar Propheten unterstützten ihn dabei. Ein unerwarteter Fund brachte die Entscheidung: Bei einer Reparatur am Tempel kamen alte Schriftrollen zum Vorschein, eine ganze Sammlung von Gesetzen, die man längst vergessen hatte. Joschija machte die religiösen Gebote aus diesen alten Schriften nun zum Staatsgesetz und sorgte auch dafür, daß man sie befolgte. Alle Heiligtümer im ganzen Land wurden abgeschafft. Nur noch im Tempel von Jerusalem durfte Gott verehrt werden, und nur er allein.

Die Freiheit des Landes Juda fand ein rasches Ende. Joschija mischte sich nämlich in die Streitigkeiten zwischen Ägypten und dem Rest von Assyrien und Babylon. Bei einem Kampf gegen die Ägypter kam er um. Das Land Juda wurde von Ägypten abhängig, aber nur für kurze Zeit, denn bald wurden die Ägypter von Babylon geschlagen. Jojakim, der neue König, mußte von da an den Babyloniern Abgaben entrichten. Als er einmal versuchte, sich von dieser Last zu befreien, zog gleich ein babylonisches Heer unter dem König Nebukadnezzar heran, erstürmte Jerusalem im Jahre 598 v. Chr. und führte den König samt einem Teil der Be-

völkerung fort. Den Zurückgebliebenen gab Nebukadnezzar einen andern König, Zidkija.
Zidkija versuchte zehn Jahre später dasselbe wie Jojakim, mit demselben Mißerfolg. Jerusalem wurde belagert. Anderthalb Jahre lang dauerte der verzweifelte Widerstand der Stadt. Im Jahre 587 wurde sie dann erobert, geplündert und in Brand gesteckt. Wahrscheinlich ist damals auch die Bundeslade zerstört worden. Es gab von nun an kein Reich Juda mehr. Wieder wurde ein großer Teil der Bevölkerung nach Babylon verschleppt. Das Land wurde eine Provinz des babylonischen Reichs und bekam einen königlichen Statthalter. Als dieser nach wenigen Jahren ermordet wurde, flohen viele von den übriggebliebenen Judäern nach Ägypten.
Diese Zeiten hat der Prophet Jeremia miterlebt. Um 650 war er geboren worden. Sein Ende fand er als alter Mann in Ägypten, man weiß nicht wo und wie.

Die Berufung

Die Worte des Jeremia, des Sohnes von Hilkija aus dem Priestergeschlecht in Anatot im Land Benjamin. Jeremia erhielt seinen Auftrag von Gott zu der Zeit, da Joschija König von Juda war, im dreizehnten Jahr seiner Regierung.

Ich vernahm die Stimme Gottes: Schon ehe ich dich im Leib der Mutter formte, habe ich dich für mich ausgewählt. Schon vor deiner Geburt habe ich dich geweiht und zum Propheten für die Völker bestimmt. –
Da antwortete ich: «Ach Herr, mein Gott, sieh, ich verstehe nicht zu reden, ich bin doch noch zu jung.»
Doch Gott entgegnete mir: Sag nicht ‹Ich bin zu jung›. – Du wirst zu allen gehen, zu denen ich dich schicke, und du wirst alles sagen, was ich dir auftrage. Du brauchst dich vor niemandem zu fürchten, denn ich bin bei dir und schütze dich. –
Gott streckte seine Hand aus, berührte meinen Mund und sagte zu mir: Schau, ich lege meine Worte in deinen Mund, und damit gebe ich dir Macht über Völker und über Königreiche, daß du ausreißen und niederreißen, aufbauen und einpflanzen kannst. –
Und ein zweites Mal vernahm ich die Stimme Gottes: Jeremia, was siehst du? –

Ich antwortete: «Einen Kessel sehe ich, in dem es siedet, und von Norden her droht er umzukippen.»
Da sagte Gott zu mir: Von Norden her ergießt sich das Unglück über alle Leute in diesem Land. Ja, ich rufe alle Königreiche von Norden. Sie sollen kommen und sich mit ihrer Macht dicht vor den Toren von Jerusalem aufstellen, ringsum vor seinen Mauern, und vor allen Städten von Juda. Dann rechne ich mit den Judäern ab wegen ihrer Bosheit, weil sie mich verlassen haben, weil sie andern Göttern geopfert haben und vor dem Werk ihrer eigenen Hände niedergefallen sind.
Du aber binde dein Gewand hoch, steh auf und rede zu ihnen. Sag ihnen alles, was ich dir auftrage. Erschrick nicht vor ihnen, sonst erschrecke ich dich so, daß sie es sehen. Schau, ich selber mache dich heute zu einer befestigten Stadt, zu einer Säule aus Eisen und zu einer Mauer aus Erz gegen das ganze Land: gegen die Könige von Juda und ihre Beamten, gegen die Priester und gegen die Leute des Landes. Sie werden gegen dich kämpfen, aber sie bezwingen dich nicht, denn ich bin bei dir und schütze dich. –
So redete Gott.

Die Tempelrede und ihre Folgen

Nach Joschija war sein Sohn Jojakim König von Juda. Im Anfang seiner Regierungszeit bekam Jeremia von Gott folgenden Auftrag:

So spricht Gott: Stell dich in den Vorhof des Tempels und rede zu den Leuten, die aus allen Städten von Juda gekommen sind, um im Tempel zu beten. Sag ihnen jedes Wort, das ich dir zu sagen befohlen habe. Laß kein Wort weg! Vielleicht hören sie darauf und kehren auf ihren bösen Wegen um. Dann würde ich mich anders besinnen wegen des Unglücks, das ich für ihre bösen Taten über sie bringen will.
Und sage zu ihnen: So hat Gott gesprochen: Wenn ihr nicht auf mich hört und nicht nach dem Gesetz lebt, das ich euch gegeben habe, wenn ihr nicht auf die Worte meiner Diener hört, der Propheten, die ich immer wieder zu euch schicke – ihr habt aber noch nie darauf gehört –, so mache ich es mit diesem Tempel wie mit Schilo, und den

Namen dieser Stadt mache ich zu einem Schrecken für alle Völker der Erde. –

Die Priester und die Propheten und alles Volk hörten, wie Jeremia im Tempel diese Rede hielt. Als er alles gesagt hatte, was er nach dem Befehl Gottes zu dem gesamten Volk sagen mußte, ergriffen ihn die Priester und die Propheten und riefen: «Du mußt sterben! Warum verkündest du im Namen Gottes: Mit diesem Tempel wird es gehen wie mit Schilo, und diese Stadt soll so verwüstet werden, daß niemand darin wohnt?»

Darauf rottete sich die ganze Menge im Tempel gegen Jeremia zusammen. Den königlichen Beamten kam zu Ohren, was vor sich ging. Sie eilten vom Palast zum Tempel hinauf und nahmen beim Eingang zum Neuen Tor Platz.

Nun sagten die Priester und die Propheten zu den Beamten und zum ganzen Volk: «Dieser Mann hat den Tod verdient, denn er hat Unglück für unsere Stadt verkündet. Ihr habt es ja mit eigenen Ohren gehört.»

Jetzt wandte sich Jeremia an die königlichen Beamten und an das gesamte Volk: «Gott hat mich geschickt, daß ich gegen diesen Tempel und gegen diese Stadt alle die Worte verkünde, die ihr gehört habt. Bessert euch darum in eurem Wesen und in euren Taten und hört auf die Stimme des Herrn, eures Gottes. Dann wird er sich wegen des Unglücks, mit dem er euch gedroht hat, anders besinnen. – Ich selber bin in eurer Gewalt. Tut mit mir, was euch gut und recht dünkt. Aber denkt daran: Wenn ihr mich tötet, so bringt ihr unschuldig vergossenes Blut über euch, über diese Stadt und ihre Bewohner. Denn das ist die Wahrheit: Gott hat mich zu euch geschickt, um alle diese Worte vor euren Ohren zu verkünden.»

Da sagten die Beamten und das ganze Volk zu den Priestern und Propheten: «Nein, dieser Mann hat den Tod nicht verdient, denn er hat im Namen des Herrn, unseres Gottes, zu uns geredet.»

Es waren nämlich auch einige Gemeindevorsteher aufgestanden und hatten zu der ganzen Versammlung gesagt: «Zu der Zeit, da Hiskija König war, trat Micha als Prophet auf und verkündete dem ganzen Volk von Juda: So hat der Herr, der mächtige Gott, gesprochen:

Der Zion wird zum Acker umgepflügt,
zu einem Trümmerhaufen wird Jerusalem
und der Tempelberg zu einem Waldhügel.

Haben da der König Hiskija und das Volk von Juda den Micha getötet? Haben sie nicht im Gegenteil die rechte Furcht vor Gott bekommen und versucht, ihn zu besänftigen, damit er sich wegen des Unglücks, mit dem er ihnen gedroht hatte, wieder anders besann? Und da sollten wir uns ein so großes Unrecht aufladen?»

Das Gleichnis vom Töpfer

Jeremia bekam von Gott den Befehl: Mach dich auf und geh in das Haus des Töpfers hinab. Dort will ich dir einen Auftrag geben. –

Ich ging zum Haus des Töpfers hinab. Dieser saß gerade an der Scheibe bei seiner Arbeit. Wenn ihm da ein Gefäß unter den Händen schlecht geraten war, wie das mit dem Ton bei der Töpferarbeit etwa geht, so machte er daraus wieder ein anderes Gefäß, wie es ihm einfiel und gut schien.
Da vernahm ich die Stimme Gottes: Volk Israel! Kann ich es mit euch nicht gleich machen wie dieser Töpfer? Seht, ihr seid in meiner Hand wie der Ton in der Hand des Töpfers: Einmal drohe ich einem Volk oder einem Königreich, daß ich es ausreiße, niederreiße und zerstöre. Wenn aber so ein Volk, dem ich gedroht habe, von seiner Bosheit abläßt, so besinne ich mich wieder anders wegen des Unglücks, mit dem ich ihm drohte. Ein andermal verspreche ich einem Volk oder einem Königreich, daß ich ihm Land gebe und es wachsen lasse. Wenn es aber dann tut, was mir nicht gefällt, und wenn es nicht auf mich hört, so besinne ich mich wegen des Guten, das ich ihm versprochen habe, wieder anders.
Rede jetzt zu den Männern von Juda und zu den Leuten von Jerusalem: So hat Gott gesprochen: Gebt acht, ich bereite euer Verderben vor; ich habe einen Plan gegen euch gefaßt. Kehrt um auf euren bösen Wegen, bessert euer Wesen und eure Taten! –
Die Leute sagten jedoch: «Das hat keinen Sinn. Wir wollen dort gehen, wo es uns paßt. Kommt, wir wollen Pläne gegen Jeremia schmieden. Unsere Priester haben ja die Kenntnis der Gesetze nicht verloren, ebensowenig die klugen Männer ihre Ratschläge und die Propheten ihre Gabe zu reden. Also wollen wir auf alles aufpassen, was er sagt, und ihn dann mit seinen eigenen Worten schlagen.»
Aber Jeremia betete zu Gott: «Herr, gib acht auf mich und höre auf meine Klage! Soll denn Gutes mit Bösem vergolten werden, daß sie

mir eine Grube graben und mir ans Leben wollen? Denk doch daran, wie ich vor dich getreten bin und bei dir zu ihren Gunsten geredet habe, um deinen Zorn von ihnen abzuwenden!»

Die Jochpredigt

Als Zidkija, der jüngste Sohn Joschijas, König von Juda war, vernahm ich, wie Gott zu mir redete: Mach dir Stricke und Jochstangen und lege sie dir auf den Nacken. Dann schick einen Boten zu den fremden Gesandten, die nach Jerusalem zu Zidkija gekommen sind, und gib ihnen den Auftrag, ihren Königen folgendes zu melden: So spricht der Herr, der mächtige Gott von Israel: Wenn ein Volk und Königreich den Nebukadnezzar, den König von Babylon, nicht als seinen Herrn anerkennt, und wenn es seinen Nacken nicht unter das Joch des Königs von Babylon beugt, dann strafe ich dieses Volk mit Krieg und Hunger und Pest, bis ich es in seine Gewalt gebracht habe. –
Auf die gleiche Weise redete ich zu Zidkija, dem König von Juda, und sagte ihm: «Bückt euren Nacken unter das Joch des Königs von Babylon. Seht ihn und sein Volk als eure Herren an, so bleibt ihr am Leben. Warum willst du samt deinem Volk durch Krieg und Hunger und Pest umkommen, wie Gott es jedem Volk angedroht hat, das den König von Babylon nicht als seinen Herrn ansieht? Hört nicht auf die Worte der Propheten, die zu euch sagen ‹Ihr braucht euch dem König von Babylon nicht zu unterwerfen› – denn was sie verkünden, ist gelogen. Gott spricht: Ich habe ihnen keinen Auftrag gegeben. Sie lügen, wenn sie in meinem Namen reden.»
Ebenso redete ich zu den Priestern und zum ganzen Volk: «So spricht Gott: Hört nicht auf die Worte eurer Propheten, die euch verkünden: Bestimmt werden die Tempelgeräte jetzt bald von Babylon zurückgebracht. – Was sie verkünden, ist gelogen. Denn von den Säulen, vom Ehernen Meer, von den Gestellen und dem Rest der Geräte, die noch in dieser Stadt geblieben sind, sagt Gott: Auch sie werden nach Babylon gebracht, und dort werden sie bleiben bis zu dem Tag, da ich wieder für sie sorge und sie hierher zurückbringe.»

Jeremia und der falsche Prophet

Es war im selben Jahr, im fünften Monat des vierten Jahres, da Zidkija als König von Juda regierte. Damals sagte der Prophet Hananja im Tempel vor den Priestern und dem ganzen Volk zu Jeremia: «So hat der Herr, der mächtige Gott von Israel, gesprochen: Ich zerbreche das Joch des Königs von Babylon. Im Laufe von zwei Jahren bringe ich alle Tempelgeräte, die der König Nebukadnezzar hier weggenommen und nach Babylon gebracht hat, wieder an diesen Ort zurück. Und auch Jojachin, den Sohn von Jojakim, den König von Juda, bringe ich an diesen Ort zurück, und dazu alle, die als Verbannte aus Juda nach Babylon gekommen sind. Ja, ich zerbreche das Joch des Königs von Babylon. – So spricht der Herr.»
Da antwortete der Prophet Jeremia dem Propheten Hananja, vor den Priestern und vor allen Leuten im Tempel, und sagte: «Gewiß, wenn Gott das nur täte! Wenn Gott doch nur wahrmachen wollte, was du angekündigt hast, und die Tempelgeräte und dazu alle Verbannten aus Babylon hierher zurückbringen wollte! Doch höre, was ich jetzt vor dir und dem ganzen Volk sage: Die Propheten, die es seit jeher gegeben hat, vor dir und vor mir, verkündeten Krieg und Unglück und Pest gegen mächtige Länder und gegen große Reiche. Wenn aber ein Prophet gute Zeiten verkündet, so erkennt man erst dann, daß ihn wirklich Gott gesandt hat, wenn das eintrifft, was er verkündet hat.»
Der Prophet Hananja nahm nun das Joch vom Nacken des Propheten Jeremia und zerbrach es. Dann sagte er vor dem ganzen Volk: «So hat Gott gesprochen: Ebenso nehme ich im Lauf von zwei Jahren das Joch des babylonischen Königs Nebukadnezzar vom Nacken aller Völker und zerbreche es.» – Darauf ging der Prophet Jeremia weg.
Nachdem nun Hananja ihm das Joch vom Nacken genommen und zerbrochen hatte, bekam Jeremia von Gott den Auftrag: Geh zu Hananja und sage zu ihm: «So hat Gott gesprochen: Ein Joch aus Holz hast du zerbrochen, dafür mache ich ein Joch aus Eisen. Denn so hat der Herr gesprochen, der mächtige Gott von Israel: Ein Joch aus Eisen lege ich allen diesen Völkern auf den Nacken, daß sie sich Nebukadnezzar, dem König von Babylon, unterwerfen müssen.»
Weiter sagte Jeremia zu Hananja: «Hör doch, Hananja, Gott hat dir keinen Auftrag gegeben. Und du hast dieses ganze Volk dazu verführt, daß es sich auf eine Lüge verläßt. Darum hat Gott gesprochen: Du wirst sehen, ich nehme dich weg von der Erde. Noch dieses Jahr

wirst du sterben, weil du Widerstand gegen Gott gepredigt hast.» – Und der Prophet Hananja starb im selben Jahr, im siebenten Monat.

Jeremia verkündet einen neuen Bund

So spricht Gott: Es kommt eine Zeit, da schließe ich mit dem Volk Israel einen neuen Bund. Er wird anders sein als jener Bund, den ich mit ihren Vorfahren schloß, als ich sie bei der Hand nahm und aus Ägypten herausführte. Sie haben meinen Bund nämlich gebrochen, obwohl ich doch ihr Herr war.
Nein, der Bund, den ich in jener Zeit mit dem Volk Israel schließe, wird so sein: Ich lege mein Gesetz in sie hinein und schreibe es ihnen ins Herz. Ich will ihr Gott sein, und sie sollen mein Volk sein. Dann brauchen sie einander nicht mehr gegenseitig zu belehren und zu mahnen: Habt Gott im Herzen! – Sondern alle, ob groß oder klein, werden mich im Herzen haben. Denn ich vergebe ihnen ihre Schuld und denke nicht mehr an das Unrecht, das sie getan haben.

Die Buchrolle wird verbrannt

Als Jojakim, der Sohn Joschijas, König von Juda war, im vierten Jahr seiner Regierungszeit, bekam Jeremia von Gott den Auftrag: Nimm eine Buchrolle und schreib alles auf, was ich zu dir über Israel und Juda und über alle Völker geredet habe, von dem Tag an, da ich zu dir zu reden begann, bis heute. Wenn die Leute von Juda hören, wieviel Unglück ich über sie bringen will, kehren sie vielleicht auf ihren bösen Wegen um, so daß ich ihnen ihre Schuld und ihr Unrecht vergeben kann. –
Jeremia rief nun Baruch zu sich, und dieser schrieb alle Worte, die Gott zu Jeremia gesagt hatte, nach seinen Angaben in eine Buchrolle. Dann befahl ihm Jeremia: «Ich kann nicht in den Tempel gehen, man hat es mir ja verboten. Geh darum du hin und lies aus der Buchrolle, die du nach meinen Angaben geschrieben hast, dem Volk im Tempel die Worte Gottes vor, und zwar an einem großen Bußtag. Auch den

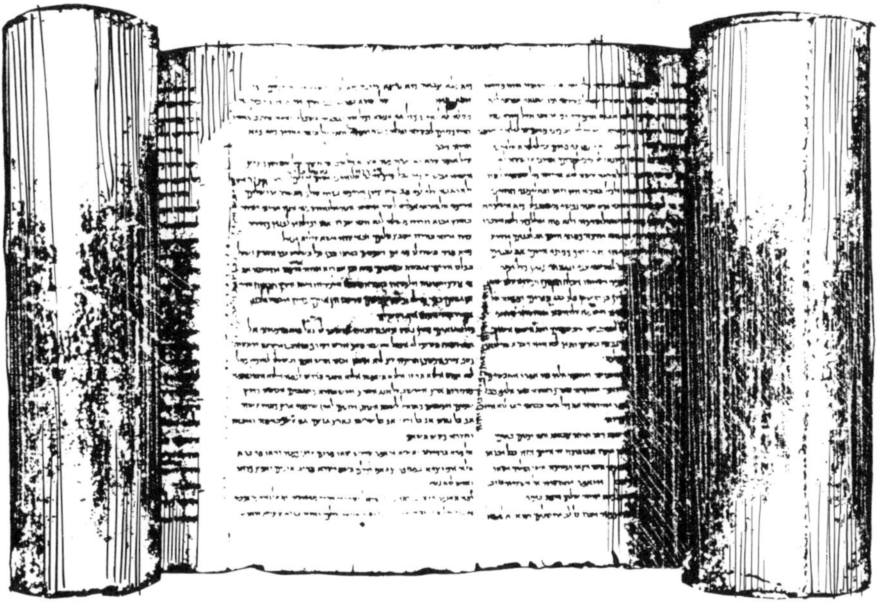

Schriftrolle

Leuten, die aus den Städten von ganz Juda kommen, mußt du sie vorlesen. Vielleicht rufen sie dann zu Gott, und ihre Bitten erreichen ihn; vielleicht kehren sie auf ihren bösen Wegen um. Der Zorn und der Groll, mit dem Gott dieses Volk bedroht, ist nämlich groß.»
Diesen Befehl des Propheten Jeremia, dem Volk im Tempel die Worte Gottes vorzulesen, führte Baruch genau so aus. Es war im fünften Jahr der Regierungszeit von Jojakim, im Winter. Man wollte im Tempel einen Bußtag abhalten und hatte alle Einwohner von Jerusalem samt allen Leuten, die aus den Städten von Juda gekommen waren, dazu aufgerufen. Da las Baruch im Tempel aus dem Buch die Worte des Jeremia dem ganzen Volk vor. Das war in der Halle des Gemarja, im oberen Vorhof neben dem Neuen Tor.
Micha, der Sohn des Gemarja, hörte alle Worte Gottes aus dem Buch mit an. Danach ging er zum Königspalast hinab in den Amtsraum des Staatsschreibers.
Dort waren gerade alle hohen Beamten bei einer Sitzung: der Staatsschreiber Elischama mit Delaja, Elnatan, Gemarja und allen andern. Micha teilte ihnen alles mit, was er gehört hatte, als Baruch dem Volk aus dem Buch vorlas. Die versammelten Beamten sandten darauf zwei Männer, Jehudi und Schelemja, zu Baruch mit der Auf-

forderung: «Komm und bring die Rolle mit, aus der du den Leuten vorgelesen hast.»
Baruch begab sich zu ihnen und nahm die Rolle mit. Sie sagten zu ihm: «Nimm Platz. Lies uns daraus vor!» und Baruch las ihnen vor. Als sie alle diese Worte vernahmen, waren sie bestürzt und sagten zueinander: «Diese ganze Sache müssen wir unbedingt dem König melden.» Sie fragten aber Baruch: «Sag uns, wie bist du dazugekommen, alle diese Worte aufzuschreiben?»
Baruch gab ihnen zur Antwort: «Jeremia hat mir alle diese Worte diktiert, und ich schrieb sie mit Tinte in die Buchrolle.»
Da sagten die hohen Beamten zu Baruch: «Geht und verbergt euch, du und Jeremia, daß niemand weiß, wo ihr seid.» Sie selber gingen, nachdem sie die Rolle im Amtsraum des Staatsschreibers verwahrt hatten, in den Palasthof zum König und teilten ihm die ganze Sache mit.
Der König schickte Jehudi, er solle die Rolle herbringen. Dieser holte sie im Amtsraum des Staatsschreibers und las sie vor, dem König und den hohen Beamten, die um ihn herumstanden. Damals wohnte der König im Winterhaus, weil es Dezember war, und vor ihm brannte das Feuer im Kohlenbecken. Wenn nun Jehudi drei oder vier Spalten gelesen hatte, schnitt sie der König jedesmal mit dem Federmesser ab und warf sie ins Feuer auf dem Kohlenbecken, bis die ganze Rolle vom Feuer verzehrt war.
Keiner von ihnen geriet in Schrecken, als sie alle diese Worte hörten, und sie zerrissen ihre Kleider nicht, weder der König noch alle seine Beamten. Sogar als Elnatan, Delaja und Gemarja ihn dringend baten, die Rolle doch nicht zu verbrennen, hörte er nicht auf sie. Im Gegenteil, er befahl dem Prinzen Jerachmeel und einigen Palastbeamten, den Schreiber Baruch und den Propheten Jeremia zu verhaften; aber Gott hielt sie verborgen.
Der König hatte also die Buchrolle mit den Worten, die Baruch nach den Angaben von Jeremia aufgeschrieben hatte, verbrannt. Darauf bekam Jeremia von Gott den Auftrag: Nimm eine andere Rolle und schreib alle Worte darauf, die vorher auf jener Rolle gestanden haben, die Jojakim, der König von Juda, verbrannt hat. Über Jojakim aber sollst du sagen: So hat Gott gesprochen: Du hast diese Rolle verbrannt und gefragt ‹Warum hast du darin geschrieben: Gewiß, der König von Babylon wird kommen, wird dieses Land verwüsten und Menschen und Vieh darin ausrotten?› – Über Jojakim, den König von Juda, hat Gott darum so gesprochen: Er wird keinen Nachkom-

men haben, der auf Davids Thron sitzt, und seine Leiche wird hinausgeworfen werden, bei Tag der Hitze ausgesetzt und nachts der Kälte. Ihn und seine Nachkommen und seine Dienerschaft strafe ich für ihre Schuld und bringe über die Einwohner von Jerusalem und über die Leute von Juda all das Unglück, das ich ihnen angedroht habe, ohne daß sie darauf hören wollten. –
Jeremia nahm also eine andere Rolle, gab sie dem Schreiber Baruch, und dieser schrieb nach den Angaben von Jeremia alle Worte des Buches hinein, das Jojakim, der König von Juda, verbrannt hatte. Diesen Worten wurden noch viele von ähnlicher Art hinzugefügt.

Die Klage des Propheten und Gottes Antwort

Herr, du bleibst gerecht, auch wenn ich mich bei dir beschwere. Wegen einer Sache will ich dich zur Rede stellen: Warum haben die gottlosen Menschen Glück im Leben? Warum leben alle ohne Sorgen, die treulos handeln? Du hast sie eingepflanzt, und sie haben Wurzel geschlagen; sie wachsen und bringen Früchte. Sie reden zwar von dir, doch von ihrem Herz bist du weit entfernt.
Aber du kennst mich, Herr, und durchschaust mich, und du weißt, daß mein Herz bei dir ist. Reiße sie aus der Herde wie Schafe zum Schlachten und bestimme sie für den Tag des Tötens. Wie lange soll das Land noch traurig sein und das Gewächs auf allen Feldern verdorren? Das Vieh und die Vögel sind verschwunden, weil die Bewohner so böse sind und sagen: Gott sieht ja nicht, wie wir leben!

Du bist bis jetzt nur langsam gegangen und bist schon müd geworden. Warum willst du dann ein Wettrennen mit Pferden machen? Du fühlst dich im friedlichen Land nicht sicher. Was willst du dann erst im Dickicht am Jordan?

Die Last des Prophetenberufs

Herr, du hast mich zum Narren gehalten, und ich habe mich zum Narren halten lassen. Du hast mich gepackt und bist mit Gewalt über mich gekommen.
Man spottet über mich die ganze Zeit; jeder lacht mich aus. Jedesmal, wenn ich anfange zu reden, muß ich schreien und rufen: Gewalt! Unterdrückung! – Dann ist mir das Wort Gottes für den ganzen Tag zu Schimpf und Spott geworden. Wenn ich mir aber sage: Ich will nicht mehr an ihn denken, ich will nicht mehr in seinem Namen reden – dann spüre ich, was ich in mir zurückbehalten wollte, in meinem Herz wie Feuer brennen. Ich bin müde, es auszuhalten. Ich kann es nicht.

Verflucht soll der Tag sein, an dem ich geboren wurde! Der Tag, an dem mich meine Mutter gebar, soll nicht gesegnet sein. Verflucht soll der Mann sein, der meinem Vater die gute Nachricht brachte «Ein Knabe ist dir geboren worden» und ihm damit Freude machte.
Warum bin ich überhaupt zur Welt gekommen? Um lauter Not und Elend zu sehen? Um mein Leben in Schimpf und Schande hinzubringen?

Der Prophet im Gefängnis

Nach Jojakim und seinem Sohn Jojachin regierte Zidkija, ein Sohn Joschijas. Nebukadnezzar, der König von Babylon, hatte ihn zum König über das Land Juda eingesetzt. Weder Zidkija noch seine Beamten noch das Volk des Landes hörten auf die Worte, die Gott durch den Propheten Jeremia zu ihnen redete.
Als das Heer der Babylonier wegen der Truppen des Pharao von Jerusalem abgezogen war, wollte Jeremia aus der Stadt hinaus und in das Gebiet von Benjamin gehen, um dort in seiner Familie eine Erbsache zu regeln. Er kam zum Benjamintor. Dort hielt ihn der Wachoffizier an und sagte: «Du willst zu den Babyloniern überlaufen!»
Jeremia gab zurück: «Das ist gelogen! Ich will nicht zu den Babyloniern überlaufen.»
Der Wachoffizier hörte aber nicht darauf, sondern nahm ihn fest und

führte ihn vor die Palastbeamten. Diese ließen ihre Wut an Jeremia aus, schlugen ihn und setzten ihn im Haus des Staatsschreibers Jonatan in Haft; dort hatte man nämlich ein Gefängnis eingerichtet. So kam Jeremia in die Gewölbe des Brunnenhauses, und dort mußte er lange Zeit bleiben.

Eines Tages ließ ihn der König Zidkija zu sich holen. In seinem Palast befragte ihn der König im geheimen und erkundigte sich: «Ist ein Wort von Gott da?»
«Ja!» antwortete Jeremia. «Du wirst in die Gewalt des Königs von Babylon kommen.» – Dann fuhr er weiter und fragte den König: «Was für ein Unrecht habe ich dir und deinen Beamten und diesem Volk getan, daß ihr mich ins Gefängnis geworfen habt? Und wo sind jetzt eure Propheten, die euch verkündet hatten: Der König von Babylon wird nicht über euch und über dies Land herfallen? – Aber hör doch, mein Herr und König, und nimm meine Bitte an! Schick mich nicht wieder in das Haus des Staatsschreibers Jonatan zurück, denn dort muß ich sterben.»
Der König gab Befehl, Jeremia in den Wachthof zu bringen und dort gefangen zu halten. Man gab ihm täglich einen Fladen Brot aus der Bäckergasse, bis es in der Stadt kein Brot mehr gab. So blieb Jeremia im Wachthof.

Die Minister vernahmen, daß Jeremia vor allem Volk gesagt hatte: «So hat Gott gesprochen: Wer in dieser Stadt bleibt, stirbt durch das Schwert, vor Hunger oder an der Pest. Wer sich aber den Babyloniern ergibt, der kommt heil davon und bleibt am Leben. Denn so hat Gott gesprochen: Diese Stadt wird sicher dem Heer des Königs von Babylon ausgeliefert; er wird sie erobern.»
Da sagten die Minister zum König: «Dieser Mann muß getötet werden. Den Kriegsleuten, die in dieser Stadt noch übrig sind, und dem ganzen Volk nimmt er ja allen Mut, wenn er vor ihnen solche Reden führt. Der Mann will nicht die Rettung unseres Volkes, sondern sein Unglück.»
Zidkija gab zur Antwort: «Gut, macht mit ihm, was ihr wollt. Gegen euch kommt der König ja nicht auf.»
Darauf ergriffen sie Jeremia und steckten ihn in eine Zisterne, die sich im Wachthof befand. An Stricken ließen sie ihn hinunter. Es war kein Wasser in der Zisterne, sondern Schlamm, und in diesem Schlamm sank er ein.

Ebed-Melech, ein äthiopischer Kammerdiener im Königspalast, hörte davon, daß man Jeremia in die Zisterne geworfen hatte. Der König war gerade am Benjamintor. Ebed-Melech verließ den Palast, ging zum König hinaus und sagte zu ihm: «Mein Herr und König, diese Männer sind mit dem Propheten Jeremia wirklich übel umgegangen. Sie haben ihn in die Zisterne geworfen, damit er dort unten stirbt.»
Da befahl der König dem Äthiopier: «Nimm dir von hier drei Leute mit und zieh Jeremia aus der Zisterne heraus, ehe er stirbt.»
Ebed-Melech nahm die Männer mit sich und ging zum Palast. In der Kleiderkammer des Vorratshauses holte er Stücke von ausgetragenen und zerrissenen Kleidern und ließ sie an Stricken zu Jeremia in die Zisterne hinab. Dann rief er ihm zu: «Leg dir die Kleiderfetzen und Lumpen in die Achselhöhlen, unter die Stricke!» – Jeremia machte das, und dann zogen sie ihn hoch und holten ihn aus der Zisterne heraus. Jeremia blieb weiter im Wachthof.

Einmal schickte der König Zidkija einen Boten und ließ Jeremia zu sich holen, an das dritte Tor des Tempels. Er sagte zu ihm: «Ich möchte dich um ein Prophetenwort fragen. Du darfst mir nichts verheimlichen.»
Jeremia antwortete dem Zidkija: «Wenn ich es dir sage, läßt du mich ja doch töten, und wenn ich dir einen Rat gebe, dann hörst du nicht auf mich.»
Da schwor ihm der König im geheimen: «Bei Gott, der uns erschaffen hat, ich töte dich nicht und gebe dich auch nicht in die Gewalt jener Männer, die dir ans Leben wollen.»
Jeremia sagte darauf zu Zidkija: «So hat der Herr, der mächtige Gott von Israel, gesprochen: Wenn du dich freiwillig den Heerführern des Königs von Babylon ergibst, dann bleibst du selber am Leben, und Jerusalem wird nicht verbrannt; du kannst samt deiner Familie weiterleben. Wenn du dich den Heerführern aber nicht ergibst, dann gerät diese Stadt in die Hand der Babylonier. Sie werden sie in Brand stecken, und du selber wirst ihrer Gewalt nicht entrinnen.»
Der König sagte zu Jeremia: «Ich fürchte die Judäer, die bereits zu den Babyloniern übergelaufen sind. Man könnte mich ihnen ausliefern, und dann treiben sie ihr Gespött mit mir.»
«Man wird dich nicht ausliefern», antwortete Jeremia. «Hör doch auf die Stimme Gottes in dem, was ich dir sage: Es wird dir gut gehen, und du wirst am Leben bleiben.»
Zidkija sagte dann zu ihm: «Niemand darf von diesem Gespräch er-

fahren, sonst mußt du sterben. Wenn die Minister hören, daß ich mit dir gesprochen habe, dann kommen sie zu dir und fordern dich auf: Berichte uns, was du zum König gesagt hast und was der König zu dir gesagt hat. Verschweig uns nichts, sonst bringen wir dich um. – Dann gibst du ihnen zur Antwort: Ich habe den König inständig gebeten, daß er mich nicht ins Haus des Jonatan zurückbringen läßt, weil ich dort sterben müßte.»
Die Minister kamen denn auch alle zu Jeremia und fragten ihn aus. Er antwortete ihnen genau so, wie ihn der König geheißen hatte. Darauf ließen sie ihn in Ruhe, denn niemand hatte das Gespräch gehört. Jeremia blieb im Wachthof bis zu dem Tag, an dem Jerusalem erobert wurde.

Jerusalem wird zerstört und Jeremia befreit

Im neunten Regierungsjahr des Königs Zidkija, im zehnten Monat, kam Nebukadnezzar, der König von Babylon, mit seinem ganzen Heer vor Jerusalem gezogen und belagerte es. Im elften Regierungsjahr von Zidkija, am neunten Tag des vierten Monats, wurde die Stadtmauer durchbrochen. Die Heerführer und Beamten des Königs von Babylon zogen ein und ließen sich im Mittleren Tor nieder.
Als Zidkija und alle seine Kriegsleute die Lage erkannten, flohen sie. Sie verließen die Stadt bei Nacht durch ein Tor auf der Südseite und schlugen den Weg nach dem Jordantal ein. Babylonische Truppen jagten ihnen aber nach und holten Zidkija im Steppengebiet von Jericho ein. Sie nahmen ihn fest, brachten ihn nach Nordsyrien zu Nebukadnezzar, und dieser hielt Gericht über ihn. Der König von Babylon ließ Zidkijas Söhne vor dessen Augen hinrichten, dazu auch alle vornehmen Judäer. Zidkija selbst ließ er blenden, mit Ketten fesseln und dann nach Babylon bringen.
Den Königspalast und den Tempel und die Häuser der Bevölkerung steckten die Babylonier in Brand und rissen die Stadtmauern von Jerusalem nieder. Den Rest des Volkes, der in der Stadt noch vorhanden war, dazu die Leute, die zu den Babyloniern übergelaufen waren, und den Rest der Handwerker führte der Oberst der Leibwache gefangen nach Babylon. Nur von den geringen Leuten, die keinen Besitz hatten, ließ der Oberst einen Teil in Juda zurück und übergab ihnen auch gleich Rebberge und Äcker.

Truppen zerstören nach der Plünderung eine eroberte Stadt

Jeremia hatte einen Auftrag von Gott erhalten, während er noch im Wachthof gefangen war: Geh zu dem Äthiopier Ebed-Melech und sage ihm: So hat der Herr, der Gott von Israel gesprochen: Jetzt lasse ich meine Worte über diese Stadt wahr werden, und zwar zum Unglück, nicht zur Rettung. An jenem Tag, wenn das vor deinen Augen eintrifft, werde ich dich retten. Du wirst nicht in die Hand jener Männer fallen, vor denen es dir graut, nein, ich werde dich bestimmt retten, so daß du nicht durch das Schwert umkommst. Du wirst mit dem Leben davonkommen, weil du Vertrauen zu mir hattest. –

Mit Ketten gefesselt, kam Jeremia dann nach Rama, mitten unter all den Gefangenen von Jerusalem und Juda, die nach Babylon verbannt werden sollten. Der Oberst der Leibwache ließ ihn holen und sagte zu ihm: «Dein Gott Jahwe hat dieses Unglück angedroht. Jetzt hat er gemacht, daß es so kommt, und daß wahr wird, was er verkündet hat; denn ihr habt euch gegen Jahwe verfehlt und habt nicht auf seine Stimme gehört. Darum mußte euch dieses Schicksal treffen.
Aber dir nehme ich jetzt die Fesseln von den Händen. Wenn du mit mir nach Babylon kommen magst, so komm, und ich will für dich sorgen. Magst du aber nicht mit mir nach Babylon kommen, so laß es bleiben. Schau, das ganze Land steht dir offen; du kannst gehen, wohin du willst, überallhin, wo es dir paßt. Wenn du lieber im Land bleiben willst, kannst du zu Gedalja zurückkehren; der König von Babylon hat ihn zum Statthalter über Juda eingesetzt. Bei ihm und den Leuten dort kannst du bleiben oder dorthin gehen, wo es dir paßt.»
Der Oberst gab Jeremia Reiseproviant und ein Geschenk mit und ließ ihn gehen. Jeremia begab sich dann nach Mizpa zu Gedalja und blieb mit ihm bei den Leuten, die im Land noch vorhanden waren.

Die Auswanderung nach Ägypten

Viele Judäer hatten sich in den umliegenden Ländern aufgehalten. Als sie hörten, daß der König von Babylon einen Rest Leute im Land Juda gelassen und Gedalja zu seinem Statthalter gemacht hatte, kehrten sie von überallher, wo sie zerstreut gelebt hatten, wieder ins Land

Verbannte unter Bewachung auf dem Weg nach Mesopotamien

zurück. Sie kamen nach Mizpa zu Gedalja, und es gab eine reiche Wein- und Obsternte.
Johanan und die andern Anführer, die erst nachträglich aus dem Krieg zurückgekehrt waren, kamen nach Mizpa und sagten zu Gedalja: «Weißt du, daß der Ammoniterkönig dem Ismael den Auftrag gegeben hat, dich umzubringen?» – Gedalja glaubte es ihnen aber nicht. Da machte ihm Johanan heimlich den Vorschlag: «Ich gehe und töte Ismael, ohne daß es jemand erfährt. Warum soll er dich umbringen? Alle Judäer, die sich dir angeschlossen haben, würden wieder zerstreut, und dann geht der Rest von Juda zugrunde.»
«Das darfst du nicht tun», gab ihm Gedalja zur Antwort. «Was du von Ismael sagst, ist nicht wahr.»
Im Herbst kam Ismael – er war aus der Verwandtschaft des Königs

Zidkija – mit zehn Leuten zu Gedalja nach Mizpa. Während sie dort zusammen beim Essen saßen, standen Ismael und seine zehn Leute auf und brachten Gedalja, den Statthalter des Königs von Babylon, mit dem Schwert um. Ismael tötete auch alle Judäer und die babylonischen Offiziere, die dabei waren. Dann führte er den ganzen Rest der Bevölkerung von Mizpa gefangen fort und zog ab, um über die Grenze zu den Ammonitern zu gelangen.
Johanan und die andern Anführer hörten davon, was für Unheil Ismael angerichtet hatte. Sie sammelten ihre Leute und zogen zum Kampf gegen Ismael aus. Am großen Teich von Gibeon holten sie ihn ein. Die ganze Schar, die Ismael gefangen weggeführt hatte, freute sich, als sie den Johanan und die andern Anführer erblickten. Sie machten kehrt und liefen allesamt zu Johanan über. Ismael und acht Mann mit ihm entkamen jedoch und gelangten zu den Ammonitern.
Nun sammelten Johanan und die andern Anführer den ganzen Rest der Bevölkerung, die Ismael weggeführt hatte, und zogen mit ihnen weiter. In der Nähe von Betlehem machten sie Rast. Nachher wollten sie nach Ägypten ziehen, aus Angst vor den Babyloniern, weil Ismael den Gedalja ermordet hatte, den doch der König von Babylon zum Statthalter von Juda gemacht hatte.
Alle Anführer und das ganze Volk, groß und klein, versammelten sich um den Propheten Jeremia und sagten: «Wir haben eine Bitte, hör uns doch an! Bete für uns, für diesen ganzen Rest, zu Gott, dem Herrn. Du siehst ja selber, wie von vielen nur wir wenige übriggeblieben sind. Gott soll uns doch wissen lassen, was für einen Weg wir nehmen sollen und was wir tun sollen.»
Jeremia antwortete ihnen: «Ich höre auf eure Bitte und will zu Gott, dem Herrn, beten. Dann gebe ich euch über alles Auskunft, was er antwortet, und verschweige euch kein Wort.»
Zehn Tage später vernahm Jeremia die Antwort Gottes. Darauf ließ er sie alle zu sich kommen, Johanan und die andern Anführer und das ganze Volk, groß und klein, und sagte zu ihnen: «Hört jetzt die Antwort Gottes, ihr Rest von Juda! So hat der Herr, der mächtige Gott Israels, gesprochen: Wenn ihr wirklich im Sinn habt, nach Ägypten auszuwandern, wenn ihr dorthin zieht und dort wohnen wollt, dann erreicht euch das Schwert, vor dem ihr euch fürchtet, auch dort. Der Hunger, vor dem ihr Angst habt, trifft euch auch dort in Ägypten, und ihr werdet dort sterben.»
Als Jeremia dem ganzen Volk die Antwort mitgeteilt hatte, die Gott

ihm für sie aufgetragen hatte, gaben ihm die Anführer und alle andern Männer frech und widerspenstig zur Antwort: «Das ist gelogen! Mit dem Bescheid ‹Zieht nicht nach Ägypten, um dort zu wohnen› hat dich nicht der Herr, unser Gott, geschickt. Nein, Baruch hetzt dich gegen uns auf. Er will uns den Babyloniern ausliefern, daß sie uns umbringen oder gefangen nach Babylon führen.»

So hörten die Anführer und das ganze Volk nicht auf den Befehl Gottes, im Land Juda zu bleiben. Sie sammelten den ganzen Rest der Bevölkerung. Das waren alle die Leute, die von überallher, wohin sie sich zerstreut hatten, nach Juda zurückgekehrt waren, und auch alle andern, die der Oberst der babylonischen Leibwache bei Gedalja gelassen hatte. Die nahmen sie mit, dazu den Propheten Jeremia und Baruch. So zogen sie nach Ägypten und gehorchten dem Befehl Gottes nicht.

Die Juden unter fremder Herrschaft

Die Gefangenschaft in Babylon

Wenn die Assyrer und die Babylonier ein Volk besiegt hatten, zwangen sie gewöhnlich einen Teil der Leute, das Land zu verlassen, und führten sie gefangen nach Mesopotamien. Verbannt wurde vor allem der König mit allen seinen Angehörigen, die Priester, die Beamten und die Offiziere, also alle vornehmen und reichen Leute, dazu aber auch die geschickten Handwerker.

Nach der Zerstörung von Jerusalem im Jahre 587 v. Chr. blieb dieses Schicksal auch den besiegten Judäern nicht erspart. Auf diese Weise sorgte der babylonische König Nebukadnezzar dafür, daß sich das Volk von Juda nie wieder gegen ihn erheben konnte. Die einfachen Leute, die er im Land zurückließ, waren ohne ihre Fürsten nicht fähig, sich zum Widerstand zu sammeln, und ohne die Handwerker konnten sie weder ihre Siedlungen befestigen noch Waffen herstellen. So hatten die Judäer nicht nur die Freiheit verloren, sie waren auch kein richtiges Volk mehr.

Ein paar Monate lang waren die Verbannten, von Soldaten begleitet, auf der Wanderschaft nach Babylon. Dort bekamen sie Gebiete angewiesen, wo sie sich niederlassen konnten. Als Arbeiter und Knechte mußten sie ihr Brot verdienen. Es war bitter für sie, daß sie heidnischen Herren ausgeliefert waren, aber es bedrückte sie noch mehr, daß sie von ihrer Heimat getrennt waren. Ihr Land war für sie ein Zeichen der Liebe Gottes gewesen, das Geschenk Gottes für ihre Vorfahren, die er vor langer Zeit aus Ägypten herausgeführt hatte. Der Tempel von Jerusalem war für sie der Ort gewesen, wo sie mit Gebeten und Lobgesängen, mit Fastenfeiern und Opfern ihrem Gott Jahwe auf die richtige Art dienen konnten. In der Fremde, ohne Tempel, kam es ihnen zunächst vor, als sei Gott für sie unerreichbar geworden.

Weil die Verbannten kluge und tüchtige Leute waren, gelang es ihnen mit der Zeit, ihre Stellung zu verbessern, zuerst mit eigenem Ackerbau und eigener Viehzucht, später sogar mit Gewerbe und Handel. Einzelne brachten es zu einem bedeutenden Vermögen. Sie hatten sich in ihr Schicksal gefügt, konnten sich den fremden Verhältnissen anpassen und es zu etwas bringen, aber im Herzen blieben sie Judäer und vergaßen weder ihre Heimat noch ihren Gott.

Ein Klagelied der Verbannten

An den Flüssen von Babylon
saßen wir und weinten,
wenn wir an den Zion dachten.
An den Pappeln dort
hängten wir unsere Leiern auf.
Doch unsere Wächter, unsere Quäler,
die wollten dort von uns,
wir sollten singen und fröhlich sein:
«Singt uns eines der Zion-Lieder!»
Wie könnten wir denn
ein Gotteslied singen
auf fremder Erde?
Wenn ich dich vergesse, Jerusalem,
soll mir die rechte Hand verdorren.
Die Zunge soll mir am Gaumen kleben,
wenn ich nicht an dich denke,
wenn mir Jerusalem nicht mehr gilt
als meine größte Freude!

Propheten in Babylon

Die Verbannten machten sich Gedanken über ihr Unglück. Warum hatte Gott seinen Tempel nicht geschützt? Warum hatte er zugelassen, daß die Nachkommen Davids ihren Königsthron verloren? Warum hatte er sein Volk nicht aus der Not gerettet? – Viele dachten nun, die furchtbaren Ereignisse des Jahres 587 könnten eine Strafe Gottes gewesen sein, und erst jetzt nahmen sie ernst, was Jesaja, Jeremia und andere Propheten ihnen schon lange vorher angekündigt hatten. Je mehr sie darüber

18 Jordan. Stellenweise reicht die Wüste bis nahe an den Flußlauf

nachdachten, desto deutlicher erkannten sie, daß sie auf Hilfe von Gott nur dann hoffen konnten, wenn sie ihr Unrecht ihm gegenüber eingestanden und sich besserten.
Aus den Worten ihrer Propheten gewannen sie neue Hoffnung und Kraft zum Durchhalten. Jeremia richtete einen Brief an die Verbannten. Aber auch unter ihnen selbst gab es Männer, die den Auftrag in sich spürten, von neuen Plänen Gottes zu sprechen. Zwei von ihnen taten das besonders eindringlich, der Priester Ezechiel und ein Unbekannter, dem man den Namen ‹Zweiter Jesaja› gegeben hat. Beide redeten davon, Gott werde die Verbannten in ihr Land zurückführen und mit Israel einen neuen Anfang machen. Jerusalem und der Tempel würden wieder aufgebaut. Aber die Hoffnung auf die neue Hilfe Gottes sollte nicht nur für die nächste Zeit gelten. Auch in den fernsten Zeiten – so sagten die Propheten geheimnisvoll voraus – werde der Tempelberg bestehen bleiben und nicht nur für Israel, sondern für alle Völker der Welt zum Mittelpunkt werden.

Jeremias Brief an die Verbannten

Das ist der Wortlaut des Briefes, den Jeremia von Jerusalem nach Babylon schickte, an die Priester und Propheten, an den Rest der Vorsteher und an das ganze Volk, das Nebukadnezzar aus Jerusalem weggeführt hatte:
So spricht der Herr, der Gott von Israel, zu allen Verbannten, die aus Jerusalem nach Babylon geführt worden sind: Baut euch Häuser und wohnt darin. Pflanzt Gärten an und eßt die Früchte davon. Nehmt euch Frauen, damit ihr Söhne und Töchter bekommt. Sucht Frauen für eure Söhne, und verheiratet eure Töchter mit Männern, damit sie Söhne und Töchter bekommen. Ihr sollt euch dort vermehren, nicht vermindern. Und arbeitet für das Wohl des Landes, in das ich euch geführt habe. Betet zu Gott für dieses Land, denn von seinem Wohl hängt auch euer Wohl ab.
Ja, so hat Gott gesprochen: Sind siebzig Jahre für Babylon vorbei, dann sorge ich wieder für euch und mache mein Versprechen wahr, daß ich euch hierher zurückbringe. Ich kenne ja meine Gedanken über euch: es sind Gedanken zur Rettung und nicht zum Verderben, denn ich will euch eine Zukunft und eine Hoffnung geben.
Wenn ihr zu mir ruft und zu mir betet, so will ich auf euch hören. Wenn ihr mich sucht, so findet ihr mich. Ja, wenn ihr mit eurem

ganzen Herz nach mir fragt, so lasse ich mich finden. Ich werde euer Schicksal wenden. Dann sammle ich euch aus allen Völkern und von allen Orten her, wohin ich euch verstoßen habe, und führe euch an den Ort zurück, aus dem ich euch in die Verbannung geschickt habe.

Babylon. Versuch einer Nachbildung

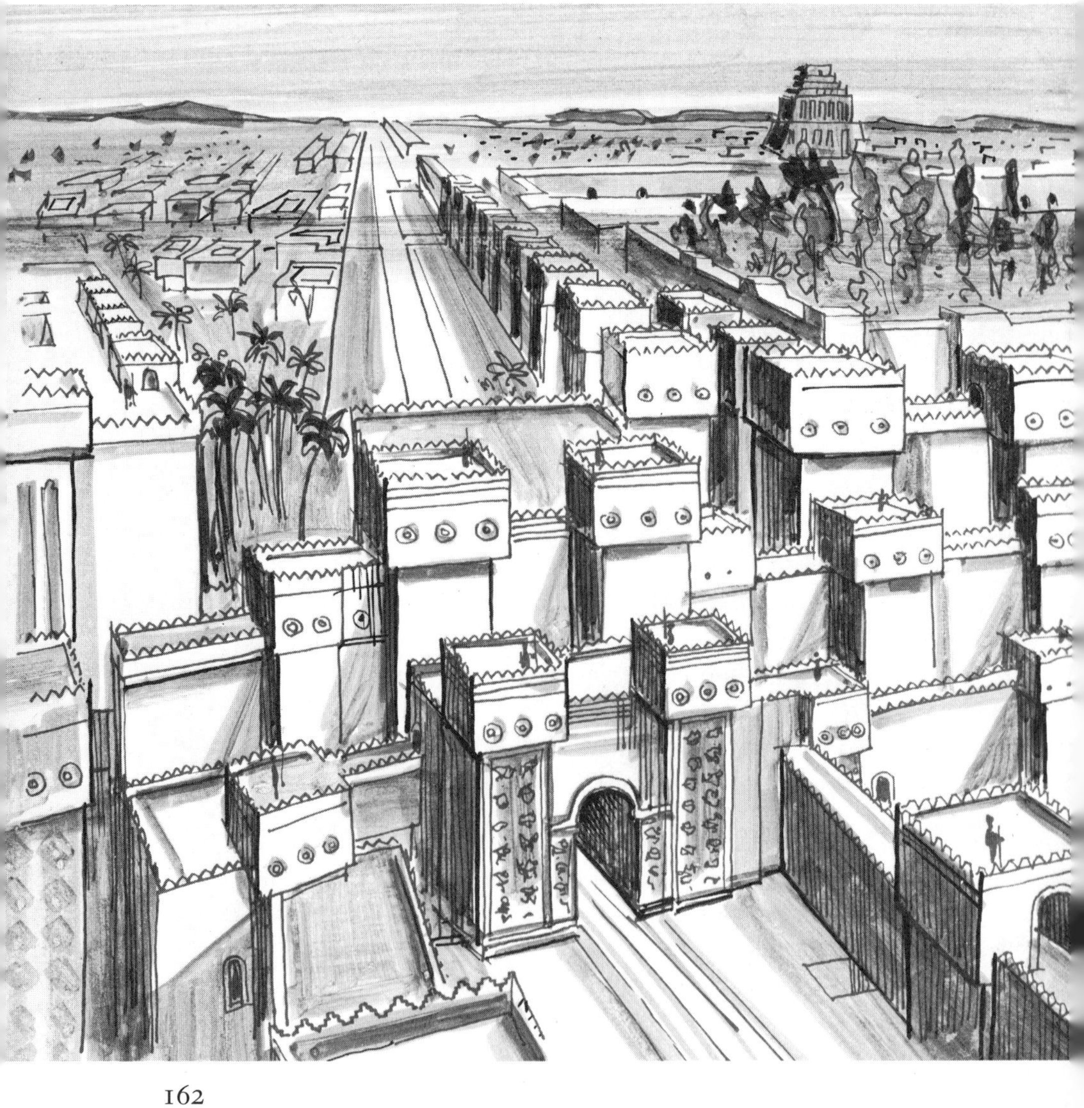

Worte des Zweiten Jesaja

Tröstet! Tröstet mein Volk!
spricht euer Gott.
Redet Jerusalem zu Herzen
und ruft ihm zu:
Seine Sklavenzeit ist um,
und seine Schuld ist abgetragen.
Denn aus meiner Hand empfing es
doppelte Strafe für sein Unrecht.
Horch, da ruft einer:
Bahnt für den Herrn
einen Weg durch die Wüste!
Macht für unsern Gott
eine Straße durch die Steppe!
Jedes Tal soll sich heben,
jeder Berg und Hügel soll sich senken.
Was höckerig ist, soll eben werden,
was hügelig ist, zum flachen Talgrund.
Dann zeigt sich Gott in seiner Herrlichkeit,
und alle Menschen können es sehen,
denn Gott hat es so verkündet.
Horch, da sagt einer: Rufe!
Da frage ich: Was soll ich rufen? –
Die Menschen sind wie Gras
und ihre ganze Pracht wie Blumen auf dem Feld.
Das Gras wird dürr, und die Blumen welken,
wenn der Hauch Gottes darüber bläst.
Das Gras wird dürr, und die Blumen welken,
doch was unser Gott spricht, gilt für alle Zeit.

Fort! Fort! Zieht aus und davon!
Rührt nichts Unreines an!
Zieht fort aus Babylon! Haltet euch rein,
ihr tragt ja die Tempelgefäße!
Doch zieht nicht in Angst und Hast aus,
geht nicht wie Flüchtlinge fort!
Gott geht ja vor euch her,
und Gott geht auch zuletzt in eurem Zug.

Wie lieblich sind auf den Bergen
die Tritte des Boten!
Er verkündet Frieden,
er bringt gute Nachricht,
er verkündet die Rettung
und spricht zu Zion:
Dein Gott ist König. –
Horch, deine Wächter!
Sie rufen laut
und jauchzen im Chor,
denn sie sehen es vor Augen,
wie Gott nach Zion heimkehrt.
Seid alle froh und jauchzt,
ihr Trümmer von Jerusalem!
Denn Gott tröstet sein Volk
und erlöst Jerusalem.
Gott streckt seinen heiligen Arm aus
vor den Augen aller Völker,
so daß die ganze Welt sieht,
wie unser Gott hilft.

Worte von Ezechiel

Ich vernahm, wie Gott zu mir redete: Menschensohn, sag ein Prophetenwort gegen die Hirten von Israel! Rede, und verkünde ihnen, was Gott gesprochen hat:
Wehe den Hirten von Israel, die auf der Weide für sich selber sorgen. Hirten sollten doch ihre Herde weiden. Ihr trinkt die Milch und macht euch Kleider aus der Wolle und schlachtet die fetten Tiere, aber für die Herde sorgt ihr nicht. Ihr habt die schwachen Tiere nicht gestärkt und die kranken nicht geheilt. Ihr habt sie nicht verbunden, wenn sie sich Glieder brachen. Die verlaufenen Tiere habt ihr nicht zurückgeholt, die verlorenen nicht gesucht und die kräftigen grob mit den Füßen getreten. So zerstreute sich meine Herde, weil kein Hirt da war, und wurde ein Fraß für alle wilden Tiere. Über alle Berge, über alle hohen Hügel und über das ganze Land hin zerstreute

sich meine Herde, und es war keiner da, der nach ihr fragte oder nach ihr suchte.–
So hat Gott gesprochen: Jetzt trete ich gegen die Hirten an. Ich will meine Herde aus ihrer Hand fordern und ihrem Hirtenamt ein Ende machen. Sie sollen meine Herde nicht länger hüten. Ja, ich selber will für meine Herde sorgen und mich um sie kümmern. Wie sich ein Hirt an einem Gewittertag um seine Herde kümmert, so will ich mich um meine Herde kümmern. Von allen Orten her, wohin die Tiere am Tag der Wolken und der Finsternis zerstreut worden sind, will ich sie retten. Aus Völkern und Ländern hole ich sie heraus und sammle sie. Ich bringe sie in ihr Land zurück, zur Weide auf die Berge von Israel, in die Bachtäler und an alle Wohnplätze im Land.
Auf einer guten Weide lasse ich sie weiden: Hoch auf den Bergen von Israel ist ihr Weideplatz. Dort auf dem guten Weideplatz werden sie sich lagern; saftige Weide sollen sie haben auf den Bergen von Israel. Ich selber werde für meine Tiere auf der Weide sorgen und sie in Ruhe lagern lassen. Die verlorenen werde ich suchen und die verlaufenen zurückholen. Ich werde sie verbinden, wenn sie sich Glieder brechen, werde die schwachen Tiere stärken und mit den kräftigen nicht grob umgehen. Ich will sie weiden, wie es recht ist. Dann werden sie erkennen, daß ich der Herr bin, ihr Gott, und daß sie, die Leute von Israel, mein Volk sind. Ihr seid meine Schafe, die Herde auf meiner Weide, und ich, der Herr, bin euer Gott. – So hat Gott gesprochen.

Rückkehr nach Jerusalem

Ein halbes Jahrhundert nach der Zerstörung von Jerusalem bekam auch Babylon einen fremden Herrn. Das ganze Reich wurde von den Persern unter ihrem König Kyros erobert. Kyros gestattete den verbannten Juden, in ihr Land zurückzukehren. Zudem bestimmte er im ersten Jahr seiner Regierung in einer Urkunde: «Über das Gotteshaus von Jerusalem: Das Haus soll wieder aufgebaut werden, an dem Ort, wo man Schlachtopfer und Brandopfer darbringt. Es soll 30 Ellen hoch werden, 60 Ellen lang und 20 Ellen breit. Drei Schichten sollen aus Quadersteinen bestehen und eine aus Holz, und die Kosten bezahlt die königliche Kasse. Auch soll man die Gold- und Silbergeräte des Gotteshauses zurückgeben, die Nebukadnezzar aus dem Tempel von Jerusalem nach Babylon verschleppt

hat. Man soll sie an ihren früheren Platz in den Tempel von Jerusalem zurückbringen und im Gotteshaus aufbewahren.»
Nach der Rückkehr der Verbannten begannen die Juden aber nicht gleich mit dem Tempelbau. Es fehlte ihnen der rechte Mut dazu. Außerdem gab es schlechte Ernten, und sie wurden von ihren Nachbarvölkern bedrängt. Erst nach 23 Jahren war das Gotteshaus fertiggestellt. Die Überfälle der Nachbarvölker wollten aber kein Ende nehmen, bis Nehemia, ein hoher persischer Beamter jüdischer Abstammung, vom persischen König Vollmacht bekam, rings um Jerusalem eine neue Stadtmauer zu errichten.

Nehemia baut die Mauer wieder auf

Ich kam nach Jerusalem. Drei Tage lang hielt ich mich dort auf, ohne daß ich jemandem etwas davon sagte, was mir mein Gott über Jerusalem ins Herz gelegt hatte. Bei Nacht brach ich dann auf, nur von ein paar Männern begleitet, und ich hatte als einziger ein Reittier. So ritt ich nachts zum Taltor hinaus gegen die Drachenquelle und zum Aschentor und untersuchte dabei die eingerissene Stadtmauer und die vom Feuer verzehrten Tore von Jerusalem. Dann ritt ich hinüber zum Quelltor und zum Königsteich. Weil dort nicht Platz war, daß das Tier mit mir durchkommen konnte, stieg ich allein den Schacht hinauf und untersuchte die Mauer. Dann kehrte ich um und kam wieder zum Taltor.
So kehrte ich zurück, ohne daß die Vorsteher wußten, wohin ich gegangen war und was ich getan hatte. Auch den Juden hatte ich nichts davon mitgeteilt, weder den Priestern noch den Vornehmen, weder den Torwächtern noch den andern, die mit den Bauten etwas zu tun hatten. Jetzt aber sagte ich zu ihnen: «Ihr seht selber, in was für einem Elend wir uns befinden, wie Jerusalem in Trümmern liegt und wie seine Tore verbrannt sind. Kommt, wir wollen die Stadtmauer wieder aufbauen, damit die Schande nicht mehr länger dauert.» – Ich teilte ihnen auch mit, wie gütig Gott mein Schicksal gelenkt hatte und was für Anweisungen mir der König gegeben hatte.
Da antworteten sie: «So wollen wir uns daran machen und bauen.» Und sie nahmen das gute Werk in die Hand. Wir bauten an der Mauer soweit, bis sie ringsum zur halben Höhe aufgeführt war, und die Leute waren mit Eifer bei der Arbeit.

Als die Statthalter der Nachbarvölker und ihre Leute hörten, den Mauern von Jerusalem sei eine Narbe gewachsen, die Lücken fingen sich an zu schließen, da ärgerten sie sich sehr. Alle miteinander verschworen sich und faßten den Plan, gegen Jerusalem zu ziehen und dort Verwirrung anzurichten. Wir aber beteten zu unserem Gott und stellten Wachen auf, Tag und Nacht, um die Stadt vor ihnen zu schützen. In Juda ging damals der Spruch um:

Die Menge Schutt, die ist so groß,
daß es die Kraft der Träger bricht,
und diese Mauer aufzubaun,
das schaffen wir alleine nicht.

Unsere Feinde dachten: Sie sollen nichts merken und nichts sehen, bis wir mitten unter ihnen sind und sie erschlagen und so dem Werk ein Ende machen. Wohl zehnmal kamen aber Juden, die in ihrer Nähe wohnten, und brachten uns Nachricht von den Absichten der Feinde.

Da stellte ich das Volk an den tiefer gelegenen Orten bei offenen Stellen hinter der Mauer auf. Mit Schwertern, Lanzen und Bogen ließ ich sie antreten, nach Familien geordnet. Ich hielt Umschau, ging dann zu den Vornehmen, den Vorstehern und den übrigen Leuten und sagte: «Ihr braucht euch nicht vor ihnen zu fürchten. Denkt an Gott, und wie groß und furchtbar er ist, und kämpft für eure Brüder, für eure Söhne und Töchter, für eure Frauen und Kinder.»

Unsere Feinde vernahmen, daß uns die Sache bekannt geworden war. Gott hatte ihren Plan zunichte gemacht, und wir kehrten alle an die Mauer zurück, jeder zu seiner Arbeit. Von jenem Tag an war nur die Hälfte meiner Mannschaft beim Bau beschäftigt. Die andere Hälfte hielt sich mit Lanzen, Schilden, Schwertern und Bogen bereit, und die Offiziere standen hinter dem ganzen Volk von Juda.

Beim Mauerbau arbeiteten die Leute so: Die Lastträger verrichteten ihre Arbeit mit der einen Hand, während die andere den Wurfspieß hielt; bei den Maurern dagegen hatte jeder sein Schwert umgegürtet und mauerte so. Der Trompeter stand bei mir, und ich erklärte den Vornehmen, den Vorstehern und den andern Leuten: «Der Bau ist groß und weit ausgedehnt, und wir sind auf der Mauer alle verstreut und weit voneinander. Wenn ihr den Klang der Trompete hört, so eilt dorthin, wo er herkommt, und sammelt euch dort um uns. Unser Gott wird für uns kämpfen.» So waren wir an der Arbeit, die eine Hälfte immer bewaffnet, vom ersten Morgenrot bis zum Erscheinen der Sterne.

Es war auch in dieser Zeit, daß ich dem Volk befahl: «Jeder soll mit seinen Leuten die Nacht in Jerusalem verbringen, daß uns die Nacht zur Wache und der Tag zur Arbeit dient.» – Weder ich noch meine Brüder, weder mein Gefolge noch meine Wachmannschaft, niemand von uns zog die Kleider aus, und jeder hatte seine Waffe griffbereit.

Palästina bis zur Zeit der Römer

Der Tempel und die Mauern von Jerusalem waren zwar wieder aufgebaut, aber die Juden blieben länger als zweihundert Jahre unter persischer Herrschaft. Es ging ihnen dabei nicht schlecht: Die Perserkönige achteten das jüdische Gesetz und den jüdischen Gottesdienst. Sie hatten Interesse daran, daß in Palästina Ruhe und Ordnung herrschten, weil die Verkehrswege nach Ägypten durch das Land führten.

Alexander der Große, ein griechischer König, eroberte dann in wenigen Jahren das ganze Perserreich und damit im Jahre 332 v. Chr. auch Palästina. Aus Alexanders Riesenreich machten seine Nachfolger dann vier Teile. Das Land der Juden kam zum ägyptischen Teil. Über hundert Jahre lang konnten sie wieder ein friedliches Leben führen.

Später erweiterte aber einer der Herrscher von Syrien sein Reich bis zur Sinai-Halbinsel, und damit begannen für die Juden schlimme Zeiten. Ihre neuen Herren führten Krieg nach allen Seiten, brauchten darum Geld und preßten es aus ihren Untertanen heraus. Als ein König den Tempelschatz von Jerusalem in Beschlag nahm, kam es zu Unruhen. Als Antwort darauf verbot der König die Gottesdienste für Jahwe und das jüdische Gesetz bei Todesstrafe. Er ließ dafür ein Bild des Himmelsgottes Zeus im Tempel aufstellen und gab Befehl, diesen Gott zu verehren. Als sich die Juden empörten und zu den Waffen griffen, schickte der König im Jahr 168 v. Chr. ein Heer gegen Jerusalem. Die Stadt wurde geplündert und verbrannt, der Tempel zerstört, die Mauern niedergerissen, Frauen und Kinder verschleppt und verkauft. Aber die Juden, anders als zur Zeit der Babylonier, gaben sich nicht geschlagen, sondern führten einen erbitterten Kleinkrieg. Sie errangen soviel Freiheit, daß sie den Tempel und die Stadt wieder aufbauen und sich selber regieren konnten. Der Herrscher über das Land war gleichzeitig oberster Priester.

Unterdessen war das neue Reich der Römer so stark geworden, daß es seine Macht auch in den Nahen Osten vorschob. Als es in Syrien und Palästina gleichzeitig zu Streitigkeiten um die Nachfolge in der Herrschaft kam, griffen die Römer ein und brachten diese Länder in ihre Gewalt. Noch zweimal wurde Jerusalem erobert und der Tempel zerstört. Im Jahre 37 v. Chr. wurde Herodes, ein nichtjüdischer Fürst aus dem südlichen Nachbarland, von den Römern zum König über Palästina eingesetzt.

Die heiligen Schriften und das Gesetz

Als bei Arbeiten am Tempel zur Zeit von König Joschija alte Aufzeichnungen mit Gesetzen entdeckt wurden, erwachte das Interesse an solchen Schriften. Man begann sorgfältig zu sammeln, was sich aus früherer Zeit von der Geschichte und den Gesetzen der Israeliten erhalten hatte. Diese Sammlung und Zusammenstellung wurde jahrzehntelang fortgesetzt, auch unter der babylonischen Herrschaft. Zur Zeit der Verbannung war es wichtig, daß sich die Juden, wenn sie schon ohne Tempel und Opfer auskommen mußten, an die Worte Gottes in den Schriften halten konnten.

Dazu entstanden in den nächsten Jahrhunderten neue Schriften: Geschichtswerke, belehrende Erzählungen, Gedichte und Sammlungen von Prophetensprüchen. All das wurde sorgsam geordnet und gehütet. Die Schriften wurden für die Juden so kostbar und so heilig wie seinerzeit die Bundeslade. Als keine Propheten mehr auftraten, wurden jene Leute immer wichtiger, die sich in den Schriften auskannten und sie dem Volk erklären konnten. Man nannte sie Schriftgelehrte.

Die Juden kamen immer mehr zur Überzeugung, daß sie Gott nur dann richtig dienten, wenn sie sich streng an seine Gesetze hielten, auch wenn sie im Ausland unter Menschen mit anderem Glauben lebten. Dazu gehörte vor allem, daß sie den siebenten Wochentag, den Sabbat, als heilig betrachteten. An diesem Tag ließen sie auch im fremden Land die Arbeit ruhen und versammelten sich zu Gottesdiensten. Auch im Alltag befolgten sie viele Vorschriften. Sie aßen nur, was nach dem Gesetz für rein galt. Wenn sie sich verunreinigt hatten, etwa dadurch, daß sie mit Andersgläubigen verkehrten, mußten sie sich waschen. – Besonders wichtig war ihnen der Brauch der Beschneidung. Jedem Knaben wurde am achten Tag nach der Geburt vorn an seinem Geschlechtsglied ein Stück Haut abgeschnitten. Das galt als Zeichen dafür, daß der junge Mensch in den Bund der Juden mit Gott eintrat. Nur wer beschnitten war, zählte zum jüdischen Volk.

Der neue Gottesdienst

Zur Zeit der Verbannung in Babylon suchten und fanden die Juden eine neue Art, ihrem Gott Jahwe gemeinsam zu dienen. Am Sabbat und an Feiertagen versammelten sie sich, um miteinander Stücke aus ihrer alten Geschichte, aus den Gesetzes- und Prophetenbüchern zu lesen und zu erklären. Diese regelmäßigen Zusammenkünfte behielten sie später bei. Viele Juden kehrten nicht zurück, sondern blieben in Babylon, in andern Städten des Zweistromlandes und in Ägypten. Während der langen Zeit der Perserherrschaft zogen zudem viele in andere Gegenden des Reichs, nach Persien oder nach Kleinasien. Dort bildeten sie jeweils besondere Gemeinden und fingen an, für ihre Zusammenkünfte besondere Häuser zu bauen. Weil man damals überall Griechisch sprach, bezeichnete man diese Häuser mit dem griechischen Namen Synagoge, das heißt Versammlungsort.

Die Juden in der Fremde nahmen bald einmal die Landessprache an, Griechisch oder Aramäisch oder Persisch, aber in der Synagoge wurde nur auf Hebräisch vorgelesen und gesungen. Darum mußte jedes Kind neben der Sprache seiner Umwelt auch Hebräisch lernen. Diese ausländischen Juden behielten, so gut sie konnten, Verbindung mit der Heimat und kamen auch zu hohen Festen nach Jerusalem, so oft es ihnen möglich war.

Psalmen

Zitherspieler

Psalm ist ein griechisches Wort und bedeutet Lied oder Gesang. Das Buch der Psalmen ist eine Sammlung von 150 Liedern. Ihr Inhalt ist Lob oder Klage, Vertrauen, Bitte oder Dank. Sie reden zu Gott und davon, wie Gott und die Menschen zueinander stehen.
Die Psalmen sind wohl auf der Wanderung zu Tempelfesten, bei Gottesdiensten im Tempel und in den Synagogen gesungen worden. Wahrscheinlich war der Gesang oft von Musikinstrumenten begleitet, aber wir kennen die Melodien nicht mehr. Nicht alle Psalmen sind zur gleichen Zeit entstanden. Zwischen den ältesten, die vielleicht aus der Zeit des Königs David stammen, und den jüngsten liegen sieben oder acht Jahrhunderte.

Wer darf in den Tempel treten?

Gott, wer darf Gast sein in deinem Zelt?
Wer darf auf deinem heiligen Berg wohnen? –
Jeder, der ohne Tadel lebt, der recht handelt
und der aufrichtig sagt, was er denkt,
der nicht mit seiner Zunge Lügen verbreitet,

seinem Mitmenschen kein Leid antut
und seinen Nachbarn nicht in Schande bringt.
Er verachtet, was böse ist,
doch ehrt er die Menschen, die Gott achten.
Er leiht sein Geld nicht gegen hohe Zinsen aus,
und läßt sich nicht bestechen zum Schaden der Armen.
Wer so handelt, wird nie und nimmer wanken.

Beim Einzug in den Tempel

Jubelt dem Herrn zu, ihr Länder alle!
Dient dem Herrn mit Freuden,
tretet mit Jubel vor ihn hin!
Denkt daran und bekennt: Jahwe ist Gott,
er hat uns erschaffen, ihm gehören wir
als sein Volk, als die Herde, die er weidet.
Tretet ein durch seine Tore und dankt ihm,
kommt in seine Vorhöfe und lobt ihn.
Dankt ihm und rühmt seinen Namen!
Denn der Herr ist gut, seine Güte dauert ewig
und seine Treue von einem Menschenalter zum andern.

Freude an der Schöpfung

Lobe den Herrn, meine Seele!
Herr, mein Gott, wie bist du groß!
Du bist in Hoheit und Pracht gekleidet,
bist von Licht umgeben wie von einem Mantel.
Du hast den Himmel wie ein Zeltdach ausgespannt
und hoch darüber deinen Sitz errichtet.
Du machst die Wolken zu deinem Wagen
und fährst auf den Flügeln des Windes daher.
Du machst die Winde zu deinen Boten,
machst Feuer und Glut zu deinen Dienern.

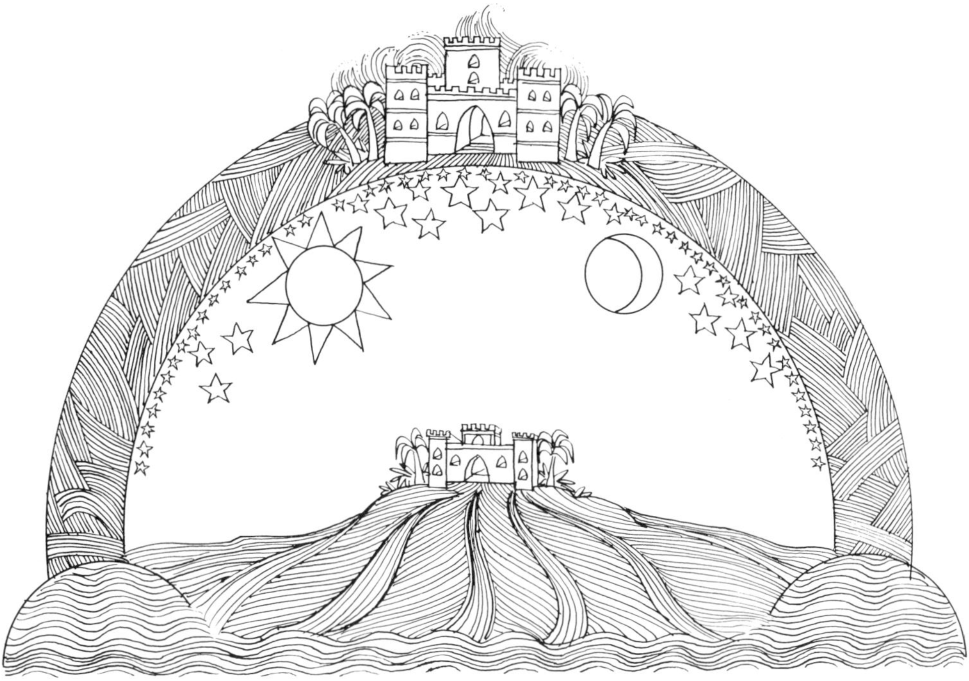

Das Weltbild der alten Völker im Orient

Du hast die Erde auf fcstc Sockel gestellt,
so daß sie nie mehr schwanken wird.
Das Urmeer hatte sie bedeckt wie ein Kleid,
das Wasser stand höher als die Berge.
Doch du erhobst die Stimme, und da floh es,
verscheucht vom Schall deines Donners.
Es stieg die Berge hinauf und floß die Täler hinab,
je an den Ort, den du ihm zugewiesen hast.
Eine Grenze zogst du, die es nicht überschreiten darf;
es darf die Erde nie wieder bedecken.
Du schickst die Quellen als Bäche zu Tal.
Da fließen sie zwischen den Hügeln
und bieten allen Tieren auf dem Feld zu trinken:
die Wildesel löschen ihren Durst,
und an den Ufern wohnen die Vögel
und lassen aus dem Laub ihr Lied erklingen.
Von deinem Wohnsitz aus bewässerst du die Berge;

du wirkst, und davon wird die Erde satt.
Du läßt das Gras sprießen für das Vieh
und läßt die Saat keimen für den Menschen,
daß die Erde ihm das Brot gibt,
und den Wein, der den Menschen fröhlich macht,
daß sein Gesicht von Öl glänzen kann
und daß das Brot ihm das Herz stärkt.
Die Bäume des Herrn trinken sich satt,
die Zedern, die er pflanzte auf dem Libanon.
Die Vögel bauen dort ihr Nest,
und auf den Zypressen haust der Storch.
Dem Steinbock gehören die hohen Berge,
und in den Felsen hat der Klippdachs seine Zuflucht.
Du hast den Mond geschaffen, zur Einteilung der Zeit.
Die Sonne weiß, wann sie untergeht.
Du bringst die Finsternis, da wird es Nacht,
da streifen die Waldtiere alle umher.
Die jungen Löwen brüllen nach Beute
und fordern von Gott ihre Nahrung.
Geht dann die Sonne auf, so kehren sie heim
und lagern sich in ihren Höhlen.
Da geht der Mensch zu seinem Tagwerk aus,
an seine Arbeit bis zum Abend.
Wie zahlreich sind deine Werke, Herr!
Alle hast du mit Weisheit gemacht;
die Erde ist voll von deinen Geschöpfen.
Da ist das große Meer, weit und breit,
und darin ein Gewimmel ohne Zahl,
die Tiere, groß und klein.
Die Schiffe ziehen dort dahin
und der Leviatan, den du gemacht hast,
um mit ihm zu spielen.
Alles, was lebt, wartet auf dich,
daß du Nahrung gibst zur rechten Zeit.
Du gibst ihnen, und sie sammeln;
du tust deine Hand auf, und sie haben Gutes genug.
Wenn du dein Gesicht verbirgst, werden sie matt,
und wenn du ihren Atem fortnimmst, sterben sie
und werden wieder zu Staub.
Schickst du deinen Atem aus, so werden sie erschaffen,

so gibst du der Erde wieder ein neues Gesicht.
Die Macht und Pracht des Herrn soll ewig dauern;
er freut sich über seine Werke.
Er blickt die Erde an, da zittert sie;
er rührt die Berge an, da rauchen sie.
Mein Leben lang will ich für meinen Herrn singen;
ich will für meinen Gott spielen, solange ich bin,
daß ihm mein Loblied gefällt.
Ja, in Gott ist meine Freude.
Verschwinden sollen die Sünder von der Erde!
Gottlose soll es nicht mehr geben!
Lobe den Herrn, meine Seele!

Die Himmel rühmen Gott

Die Himmel erzählen Gottes Macht und Pracht.
Das Himmelsgewölbe verkündet, was seine Hände erschaffen können.
Ein Tag teilt es dem andern freudig mit,
und eine Nacht gibt es der anderen zu wissen.
Ohne Worte, ohne Sprache,
mit einer unhörbaren Stimme.
In alle Länder geht ihr Schall hinaus,
und ihre Rede dringt bis ans Ende der Welt.
Dort hat er ein Zelt für die Sonne errichtet.
Sie ist wie ein Bräutigam, der aus der Kammer kommt,
und wie ein Held freut sie sich, ihre Bahn zu laufen.
Vom einen Rand des Himmels geht sie aus
und läuft rundum bis an den andern Rand,
und nichts kann sich vor ihrer Glut verbergen.

Lob des Himmels und der Erde

Lobt Gott vom Himmel her,
lobt ihn in den Höhen!
Lobt ihn, alle seine Boten,
lobt ihn, all sein Heer!

Lobt ihn, Sonne und Mond,
lobt ihn, alle leuchtenden Sterne!
Lobt ihn, ihr Himmel über den Himmeln,
lobt ihn, ihr Wasser über dem Himmelsgewölbe!
Sie sollen den Namen Gottes loben,
denn er befahl, und sie standen da.
Er stellte sie hin auf immer und ewig,
gab ihnen eine Ordnung, die sie nicht übertreten. –
Lobt den Herrn von der Erde her,
ihr Drachen und alle ihr Meere!
Feuer, Hagel, Schnee und Nebel,
Sturmwind, der sein Wort ausführt,
alle Berge, alle Hügel,
alle Obstbäume, alle Zedern,
alle wilden und zahmen Tiere,
Kriechtiere und Vögel. –
Könige der Erde und alle Völker,
alle Fürsten und Richter der Erde,
junge Männer und Frauen,
alte Leute zusammen mit den Kindern:
Sie sollen den Namen Gottes loben,
denn sein Name steht über allem,
seine Hoheit ragt über Himmel und Erde hinaus.

Sehnsucht nach Gott

Wie ein Hirsch
am trockenen Bach
nach Wasser schreit,
so schreie ich
nach dir, o Gott.
Ich habe Durst nach Gott,
der innersten Kraft meines Lebens.
Wann kann ich wieder hingehen
und vor Gott treten?
Tränen sind mein Brot geworden
bei Tag und Nacht,

seit sie mich den ganzen Tag fragen:
Wo ist er, dein Gott?
Daran denke ich
und erinnere mich gern,
wie ich fröhlich mit den andern
zum Hause Gottes zog,
unter Jubel und Dankgesängen
mitten in der festlichen Menge.
Warum, mein Lebenswille, bist du so müd geworden,
und warum stöhnst du in mir?
Hoffe auf Gott! Ja, ich werde ihm noch einmal danken,
denn er ist meine Hilfe und mein Gott.
Ich sage zu Gott: Du bist mein Fels,
warum hast du mich vergessen?
Und warum gehe ich bedrückt herum,
vom Feind geplagt?
Wenn es mir an den Knochen frißt,
so spotten meine Feinde über mich.
Sie fragen mich den ganzen Tag:
Wo ist er, dein Gott?–
Warum, mein Lebenswille, bist du so müd geworden,
und warum stöhnst du in mir?
Hoffe auf Gott! Ja, ich werde ihm noch einmal danken,
denn er ist meine Hilfe und mein Gott.

Aus tiefer Not

Aus der Tiefe rufe ich zu dir, o Herr.
Herr, höre meine Stimme!
Wende deine Ohren doch hin
zu meinem lauten Flehen!
Wenn du an alles Unrecht denkst,
o Herr, wer wird dann noch bestehen?
Doch bei dir ist Vergebung,
damit man dir mit Ehrfurcht dient.
Ich hoffe auf den Herrn.
Ich hoffe auf ein Wort von ihm.
Mehr als die Wächter auf das Morgenrot

soll Israel hoffen auf den Herrn.
Denn beim Herrn ist Erbarmen,
und Rettung findet sich bei ihm.
Ja, er wird Israel erlösen
aus seiner ganzen Schuld.

Der Herr als Hirt

Der Herr ist mein Hirt, da mangelt mir nichts.
Auf saftigen Weiden läßt er mich lagern.
Zum klaren Wasser führt er mich.
Er gibt mir neue Lebenskraft.
Er führt mich auf den rechten Wegen.
So zeigt sich die Kraft seines Namens.
Und wandere ich auch im finstern Tal,
so fürchte ich nichts Böses,
denn du bist bei mir.
Dein Stock und deine Keule,
die machen mir Mut.
Du deckst vor mir den Tisch,
und meine Feinde schauen zu.
Du salbst mir den Kopf mit Öl.
Mein Becher ist voll.
Güte und Treue folgen mir nach
alle Tage meines Lebens,
und meine Wohnung ist im Haus des Herrn
mein Leben lang.

Gott kennt die Menschen

Herr, du hast mich erforscht und kennst mich.
Du weißt, ob ich sitze oder aufstehe,
und was ich vorhabe, merkst du von weitem.
Ob ich herumgehe oder ruhe, liegt an dir;
du bist mit allen meinen Wegen vertraut.
Ja, es ist kein Wort auf meiner Zunge,

das du nicht schon kennst, o Herr.
Von vorn und hinten hältst du mich umschlossen,
du hast deine Hand auf mich gelegt.
Das ist zu wunderbar, als daß ich es begreifen könnte,
es ist zu hoch, ich kann es nicht erfassen.
Wohin könnte ich vor deinem Geist entlaufen?
Wohin fliehen vor deinen Augen?
Steige ich in den Himmel hinauf, so bist du dort,
mache ich mir ein Lager in der Unterwelt, so bist du da.
Greife ich zu den Flügeln des Morgenrots,
lasse ich mich nieder außen am Rand des Meers,
so führt mich deine Hand auch dort
und hält mich fest.
Sage ich: Lauter Finsternis soll mich bedecken,
und um mich her soll Nacht sein statt Licht!
so ist auch Finsternis für dich nicht finster
und die Nacht so hell wie der Tag.
Ja, du hast mein Inneres gemacht,
hast mich gewoben im Leib meiner Mutter.
Ich danke dir, daß ich so wunderbar geschaffen bin,
ja, deine Werke sind voll Wunder.
Du hast mein Wesen erkannt, durch und durch,
und mein Gebein blieb nicht verborgen vor dir,
als ich im Geheimen geschaffen wurde
in den Tiefen der Erde.
Noch hatte ich nicht Gestalt, da sahen mich deine Augen.
In deinem Buch war jeder Tag verzeichnet,
alle meine Tage wurden geformt,
als noch keiner von ihnen vorhanden war.
Doch wie schwer sind deine Gedanken für mich, o Gott!
Wie gewaltig ist ihre Zahl!
Wollte ich sie zählen, so sind es mehr als der Sand.
Und käme ich auch an ein Ende, so bin ich immer noch bei dir.
Erforsche mich, o Gott, und erkenne mein Herz.
Prüfe mich und erkenne meine Gedanken
und sieh, ob ich auf einem bösen Weg bin,
dann leite mich auf einem Weg, der weiterführt.

Aus der Urzeit

Zu den Schriften, die erst nach der Gefangenschaft in Babylon gesammelt und geordnet wurden, gehören auch die Geschichten aus der Urzeit. Sie stammen von verschiedenen Erzählern und aus verschiedenen Zeiten.

Die erste Schöpfungsgeschichte «Das Werk der sieben Tage» erzählt, daß Gott die ganze Welt in einer bestimmten Ordnung geschaffen hat. Diese Geschichte entstand, als die Juden in der Gefangenschaft in Babylon waren; sie wollte den heimatlosen und verzweifelten Menschen zeigen, daß ihr Gott über allem steht.

Die zweite Schöpfungsgeschichte «Der Mensch im Garten Eden» und die übrigen Urzeitgeschichten erzählen, daß Gott die Menschen geschaffen hat und daß er ihr Freund sein will, auch wenn sie immer wieder von dem abweichen, was Gott sagt und was er will. Diese Erzählungen wurden einige hundert Jahre vor der ersten Schöpfungsgeschichte aufgeschrieben, zur Zeit der Könige David und Salomo.

Erzählungen dieser Art gab es bei allen Völkern, weil sich die Menschen immer und überall auf der Erde gefragt haben:

Wie ist die Welt entstanden? – Woher kommen die Lebewesen? Und die Menschen? – Warum leben wir nicht in einer Welt, wo alles gut und schön ist? – Woher kommt das Böse auf der Welt? – Warum verstehen sich die Menschen nicht?

Und viele dieser Erzählungen haben das gemeinsam, daß man sich ganz am Anfang eine Welt vorstellte, wo alles noch schön und gut war.

Die Urzeitgeschichten der Bibel sollten zeigen, daß die Menschen und die ganze Welt unter der Herrschaft Gottes stehen.

Das Werk der sieben Tage

Am Anfang hat Gott den Himmel und die Erde geschaffen. Die Erde war wüst und leer. Dunkelheit lag über dem Urmeer, und furchtbare Stürme gingen über die Fluten hin.

Da sprach Gott: Es soll Licht entstehen, und da entstand Licht. Und Gott sah, daß das Licht gut war.
Dann trennte Gott Licht und Dunkelheit. Das Licht nannte Gott Tag, das Dunkle nannte er Nacht. So wurde es Abend, und so wurde es Morgen: erster Tag.
Dann sprach Gott: Mitten in den Wassern soll ein festes Gewölbe entstehen, als Trennwand zwischen den Wassern. So geschah es. Gott machte das feste Gewölbe und trennte damit das Wasser unter dem Gewölbe von dem Wasser über dem Gewölbe. Und Gott nannte das Gewölbe Himmel. So wurde es Abend, und so wurde es Morgen: zweiter Tag.
Dann sprach Gott: Das Wasser unter dem Himmel soll zusammenfließen, damit das Trockene zum Vorschein kommt. So geschah es. Und Gott nannte das Trockene Erde, und das Wasser nannte er Meer. Und Gott sah, daß es gut war.
Dann sprach Gott: Die Erde soll Pflanzen hervorbringen: Kräuter, die Samen tragen, und Fruchtbäume aller Art, die Früchte mit Samen tragen. Und so geschah es. Die Erde brachte Pflanzen hervor: Kräuter aller Art, die Samen tragen, und Bäume aller Art, die Früchte mit Samen tragen. Und Gott sah, daß es gut war. So wurde es Abend, und so wurde es Morgen: dritter Tag.
Dann sprach Gott: Am Himmelsgewölbe sollen Lichter entstehen, um Tag und Nacht zu unterscheiden; sie sollen auch als Zeichen dienen und zur Bestimmung von Festzeiten, Tagen und Jahren. Und die Lichter sollen am Himmelsgewölbe sein, damit es auf der Erde hell sei. Und so geschah es. Gott machte die beiden großen Lichter: das größere, um über den Tag zu herrschen, das kleinere, um über die Nacht zu herrschen, dazu die Sterne. Und Gott setzte sie an das Himmelsgewölbe, damit sie über der Erde leuchten, damit sie über den Tag und die Nacht herrschen, und um Licht und Dunkel zu unterscheiden. Und Gott sah, daß es gut war. So wurde es Abend, und so wurde es Morgen: vierter Tag.
Dann sprach Gott: Die Gewässer sollen von Lebewesen wimmeln, und über der Erde, unter dem Himmelsgewölbe, sollen Vögel fliegen. So geschah es. Und Gott machte die großen Seeungeheuer, alle Arten von Lebewesen, von denen das Wasser wimmelt, und die Vögel aller Art. Und Gott sah, daß es gut war. Und Gott segnete sie mit den Worten: Seid fruchtbar und vermehrt euch, füllt das Wasser im Meer, und die Vögel sollen sich auf der Erde vermehren. So wurde es Abend, und so wurde es Morgen: fünfter Tag.

Dann sprach Gott: Die Erde soll Lebewesen hervorbringen, alle Arten von Vieh und Kleingetier und Wild. Und so geschah es. Gott machte alle Arten von Wildtieren, alles Vieh und alles Kleingetier. Und Gott sah, daß es gut war.
Dann sprach Gott: Wir wollen Menschen machen, als Abbild von uns und ähnlich wie wir. Sie sollen herrschen über die Fische im Meer, über die Vögel am Himmel, über das Vieh und alles Wild und über das Kleingetier, von dem es auf der Erde wimmelt. So hat Gott die Menschen als sein Abbild geschaffen, als Abbild Gottes, als Mann und Frau hat er sie geschaffen. Und Gott segnete sie mit den Worten: Seid fruchtbar, vermehrt euch, füllt die Erde und macht sie euch dienstbar. Herrscht über die Fische im Meer, über die Vögel am Himmel und über alle Tiere auf der Erde.
Und Gott sagte: Ich gebe euch die Kräuter, die Samen tragen, auf der ganzen Erde, und alle Bäume, die Früchte mit Samen tragen. Das soll eure Nahrung sein. Allen Tieren aber auf der Erde und den Vögeln am Himmel und dem Kleingetier, allem was da lebt, gebe ich alle Gräser und Kräuter zur Nahrung. So geschah es. Und Gott sah auf alles, was er gemacht hatte, und es war sehr gut. So wurde es Abend, und so wurde es Morgen: sechster Tag.
So wurden der Himmel und die Erde in ihrer ganzen Vielfalt vollendet. Gott brachte am siebenten Tag sein ganzes Werk zu Ende. Er ruhte am siebenten Tag, nach allem, was er gemacht hatte. Und Gott segnete den siebenten Tag und machte ihn zu einem heiligen Tag, denn an diesem Tag ruhte er, nach dem ganzen Werk, das er geschaffen hatte.
Das ist die Entstehung des Himmels und der Erde, so wurden sie geschaffen.

Der Mensch im Garten Eden

Es war, als Gott, der Herr, die Erde und den Himmel machte. Noch war kein Busch auf der Erde, noch wuchs kein Kraut auf dem Feld, denn der Herr hatte noch nicht auf die Erde regnen lassen, und es waren keine Menschen da, um den Boden zu bebauen. Wasser stieg aus dem Grund der Erde herauf und machte den Erdboden feucht.

Da formte der Herr Adam, den Menschen, aus Staub vom Erdboden (adamā) und blies ihm den Atem des Lebens in die Nase. So wurde der Mensch zu einem lebenden Wesen.
Dann legte der Herr in Eden, im Osten, einen Garten an. Dort hinein setzte er den Menschen, den er geformt hatte. Und der Herr ließ aus dem Erdboden Bäume aller Art wachsen; sie waren schön anzusehen, und es war gut davon zu essen, und mitten im Garten den Baum des Lebens und den Baum des Wissens, was gut und böse ist.
Von Eden geht ein Strom aus, um den Garten zu bewässern. Von dort aus teilt er sich und bildet vier Flüsse. Der erste heißt Pischon und fließt um das ganze Land Hawila herum, wo es Gold gibt. Das Gold in jenem Land ist vorzüglich, auch gibt es dort wohlriechendes Harz und Edelsteine. Der zweite Fluß heißt Gihon und fließt um das ganze Land Kusch herum. Der dritte Fluß heißt Tigris, das ist der, der östlich von Assur fließt. Der vierte Fluß ist der Eufrat.
Der Herr nahm den Menschen und setzte ihn in den Garten Eden, den sollte er bebauen und besorgen. Und der Herr gebot dem Menschen: Von allen Bäumen im Garten darfst du essen, doch vom Baum des Wissens, was gut und böse ist, darfst du nicht essen. An dem Tag, da du von ihm ißt, mußt du sterben.
Der Herr sagte: Es ist nicht gut, daß der Mensch allein ist. Ich will ihm eine Hilfe machen, die zu ihm paßt.
Und der Herr formte aus Erde die Landtiere aller Art und alle Arten von Vögeln am Himmel und brachte sie zu dem Menschen, um zu sehen, wie er sie nennen würde. Ganz so, wie der Mensch sie nennen würde, sollten sie heißen. Und der Mensch gab allem Vieh, allen Vögeln am Himmel und allen Wildtieren ihren Namen; aber für sich fand er keine Hilfe, die zu ihm paßte.
Da ließ der Herr einen tiefen Schlaf auf den Menschen fallen, und als er eingeschlafen war, nahm er ihm eine der Rippen weg und schloß die Stelle mit Fleisch zu. Und der Herr baute mit der Rippe, die er vom Menschen genommen hatte, eine Frau und brachte sie zu dem Menschen.
Da sagte der Mensch: Die ist nun endlich Bein von meinem Bein und Fleisch von meinem Fleisch. Sie soll «ischschā» (Frau) heißen, weil sie vom «isch» (Mann) genommen ist.
Darum verläßt ein Mann seinen Vater und seine Mutter und hängt an seiner Frau, und die beiden werden eins.
Beide waren nackt, der Mensch und seine Frau, und sie schämten sich nicht.

Die Vertreibung aus dem Garten Eden

Die Schlange war klüger als alle Tiere, die der Herr gemacht hatte. Sie sagte zu der Frau: Hat Gott wirklich gesagt, ihr dürft von keinem Baum im Garten essen?
Die Frau antwortete der Schlange: Wir dürfen von den Früchten der Bäume im Garten essen. Nur von den Früchten des Baumes mitten im Garten hat Gott gesagt: Eßt nicht von ihm, und rührt ihn auch nicht an, sonst müßt ihr sterben.
Da sagte die Schlange zu der Frau: Nein, sterben müßt ihr nicht. Gott weiß sehr gut, daß euch die Augen aufgehen, sobald ihr davon eßt, und daß ihr dann wie Gott seid und wißt, was gut und böse ist.
Da sah die Frau, daß von dem Baum gut essen war, daß er schön anzusehen war und daß er dazu verlockte, klug zu werden. Sie nahm von seinen Früchten und aß, gab auch ihrem Mann neben ihr, und er aß.
Da gingen ihnen beiden die Augen auf, und sie merkten, daß sie nackt waren. Sie flochten sich Feigenblätter zusammen und machten sich einen Schurz. Als sie nun hörten, wie der Herr im Abendwind durch den Garten gegangen kam, da versteckte sich der Mensch mit seiner Frau vor ihm zwischen den Bäumen des Gartens.
Doch der Herr rief den Menschen und fragte: Wo bist du?
Dieser sagte: Ich hörte dich durch den Garten kommen. Da bekam ich Angst, weil ich nackt bin, und ich versteckte mich.
Da fragte er: Wer hat dir gesagt, daß du nackt bist? Hast du denn von dem Baum gegessen, von dem zu essen ich dir verboten habe?
Der Mensch sagte: Die Frau, die du mir zur Gefährtin gegeben hast, hat mir von dem Baum gegeben, da habe ich gegessen.
Der Herr sagte zu der Frau: Was hast du da getan?
Die Frau gab zur Antwort: Die Schlange hat mich zum Essen verführt.
Da sagte der Herr zu der Schlange: Weil du das getan hast, bist du verflucht unter allem Vieh und allen Tieren. Auf dem Bauch mußt du kriechen und dein Leben lang Staub fressen. Feindschaft setze ich zwischen dir und der Frau, zwischen deinen Nachkommen und ihren Nachkommen. Sie zertreten dir den Kopf, und du schnappst nach ihrer Ferse.
Zu der Frau sagte er: Ich mache dir die Schwangerschaft zu einer Last; mit Schmerzen sollst du Kinder gebären. Nach deinem Mann sollst du verlangen, aber er soll dein Herr sein.

Und zu dem Menschen sagte er: Du hast auf die Stimme deiner Frau gehört und von dem Baum gegessen, obwohl ich dir verboten hatte, davon zu essen. Darum ist deinetwegen der Acker verflucht; mühselig sollst du dich von ihm ernähren, so lange du lebst. Er soll dir Dornen und Disteln tragen, und was auf dem Feld wächst, sollst du essen. Mit Schweiß im Gesicht sollst du dich ernähren, bis du zum Erdboden zurückkehrst, von dem du genommen bist. Denn du bist Staub, und Staub sollst du wieder werden.
Da gab der Mensch seiner Frau den Namen Eva (Leben), denn sie wurde die Mutter aller Lebenden. Und der Herr machte für den Menschen und seine Frau Kleider aus Fell und zog sie ihnen an.
Dann sagte der Herr: Nun ist also der Mensch wie unsereiner geworden, da er weiß, was gut und schlecht ist. Aber nun soll er nicht noch seine Hand ausstrecken und vom Baum des Lebens nehmen und essen und dann für immer leben.
So schickte der Herr den Menschen aus dem Garten Eden fort; den Erdboden sollte er bebauen, von dem er genommen war. Er vertrieb den Menschen, und östlich vom Garten Eden stellte er die Keruben hin und das zuckende Feuerschwert, damit sie den Weg zum Baum des Lebens bewachten.

Der Brudermord

Der Mensch vereinigte sich mit seiner Frau Eva. Sie wurde schwanger und gebar den Kain. Da sagte sie: Jetzt habe ich durch Gott einen Sohn! – Und später bekam sie noch einen Sohn, seinen Bruder Abel. Abel wurde ein Hirt, und Kain wurde ein Bauer.
Nach einiger Zeit geschah es, daß Kain vom Ertrag des Ackers Gott ein Opfer brachte. Auch Abel brachte ein Opfer, nämlich von den Erstgeburten seiner Herde und von ihren fetten Stücken.
Gott achtete auf Abel und sein Opfer. Auf Kain und sein Opfer achtete er nicht. Da wurde Kain sehr zornig, und er senkte den Kopf.
Da sagte Gott zu Kain: Warum bist du zornig geworden, und warum hast du den Kopf gesenkt? Nicht wahr: Hast du Gutes im Sinn, so kannst du den Kopf aufrecht halten. Doch wenn du Schlechtes im Sinn hast, so lauert die böse Tat vor der Tür und hat es auf dich abgesehen. Du sollst aber darüber Herr werden.

Kain sagte zu seinem Bruder Abel: Wir wollen aufs Feld gehen. – Als sie auf dem Feld waren, ging Kain auf seinen Bruder Abel los und schlug ihn tot.
Gott fragte Kain: Wo ist dein Bruder Abel?
Er sagte: Ich weiß nicht. Muß ich denn meinen Bruder hüten?
Gott sagte: Was hast du getan? Das Blut deines Bruders schreit von der Ackererde zu mir her. Darum bist du verflucht, fort von der Ackererde, die sich aufgetan hat und aus deiner Hand das Blut des Bruders aufgenommen hat. Wenn du den Acker bebaust, soll er dir von jetzt an keine Frucht mehr bringen. Von jetzt an sollst du auf der Erde weder Ruhe noch Rast haben.
Da sagte Kain zu Gott: Meine Strafe ist zu schwer, ich kann sie nicht tragen. Jetzt hast du mich ja vom Acker vertrieben, vor deinem Blick muß ich mich verbergen, und auf der Erde soll ich weder Ruhe noch Rast haben. Jeder, der mir begegnet, kann mich totschlagen.
Aber Gott sagte zu ihm: Nein. Wenn einer den Kain totschlägt, dann wird es siebenfach gerächt. Und Gott machte dem Kain ein Zeichen, damit ihn nicht jeder totschlug, der ihm begegnete.
So ging Kain Gott aus den Augen und wohnte im Land Nod, östlich von Eden.

Die große Flut

Gott sah, daß die Menschen auf der Erde sehr schlecht waren, und daß jeder Wunsch und Gedanke in ihren Herzen immer nur schlecht war. Da reute es Gott, daß er die Menschen auf der Erde gemacht hatte, und er war sehr betrübt.
Gott sagte: Ich will die Menschen, die ich geschaffen habe, vom Erdboden ausrotten, und mit den Menschen auch das Vieh, das Kleingetier und die Vögel am Himmel, denn es reut mich, daß ich sie gemacht habe. Nur an Noach hatte Gott Gefallen gefunden.
Er sagte zu Noach: Bau dir aus Holz eine Arche, mache darin Abteile und dichte sie innen und außen mit Pech ab. Und mache die Arche wie folgt: 300 Ellen lang, 50 Ellen breit und 30 Ellen hoch. Setze ein Dach auf die Arche, bring auf der Seite eine Tür an und mache darin ein unteres, ein zweites und ein drittes Stockwerk.
Und Gott sagte zu Noach: Geh in die Arche, du und deine ganze

Familie, denn unter allen Menschen bist du allein mir recht. Nimm von allen reinen Tieren je sieben mit, Männchen und Weibchen, und von den unreinen zwei, Männchen und Weibchen, auch von den Vögeln am Himmel je sieben, Männchen und Weibchen, damit auf der ganzen Erde Nachwuchs erhalten bleibt. Denn nach sieben Tagen will ich auf die Erde regnen lassen, vierzig Tage und vierzig Nächte lang, und will alles von der Erde ausrotten, was besteht und was ich gemacht habe.

Da tat Noach alles, wie es ihm Gott befohlen hatte. Mit seinen Söhnen, seiner Frau und seinen Schwiegertöchtern ging er in die Arche, bevor die große Flut kam. Reine und unreine Tiere, Vögel und Kleingetier gingen paarweise zu Noach in die Arche, Männchen und Weibchen, wie Gott es Noach befohlen hatte. Dann schloß Gott hinter ihm zu.

Und sieben Tage darauf kam die große Flut über die Erde. Vierzig Tage und vierzig Nächte lang fiel der Regen auf die Erde. Das Wasser stieg und hob die Arche, daß sie hoch über der Erde schwamm. Alles, was Lebensatem in sich hatte und auf dem Festland lebte, kam um. So rottete er alles aus, was auf der Erde bestand, vom Menschen bis zum Vieh, dem Kleingetier und den Vögeln am Himmel, alle wurden von der Erde ausgerottet. Übrig blieb nur Noach und was mit ihm in der Arche war. Dann wurde dem Regen ein Ende gemacht, und mit der Zeit ging das Wasser auf der Erde zurück.

Nach vierzig Tagen öffnete Noach das Fenster der Arche, das er gemacht hatte. Er schickte die Taube hinaus, um zu sehen, ob das Wasser auf der Erde sich verlaufen habe. Aber die Taube fand keinen Halt für ihren Fuß, weil die Erde noch ganz von Wasser bedeckt war; so kehrte sie zu ihm in die Arche zurück. Er streckte seine Hand aus, nahm sie und holte sie zu sich in die Arche.

Dann wartete er wieder sieben Tage und schickte die Taube noch einmal aus der Arche. Gegen Abend kehrte die Taube zu ihm zurück, da hatte sie ein frisches Olivenblatt im Schnabel. Daran merkte Noach, daß sich das Wasser auf der Erde verlaufen hatte. Er wartete nochmals sieben Tage und schickte dann die Taube wieder aus. Diesmal kehrte sie nicht mehr zu ihm zurück.

Nun nahm Noach das Dach von der Arche weg und schaute sich um. Und in der Tat war der Erdboden trocken.

Da baute Noach einen Altar für Gott. Er nahm von allen reinen Tieren und allen reinen Vögeln und brachte auf dem Altar Brandopfer dar.

Gott roch den Geruch mit Wohlgefallen und sagte bei sich: Ich will in Zukunft die Erde wegen der Menschen nicht mehr verfluchen, obwohl der Sinn der Menschen von Jugend an auf das Schlechte aus ist. Ich will in Zukunft nicht noch einmal alles Lebendige vernichten, wie ich es getan habe. Solange die Erde steht, sollen nicht aufhören

Saat und Ernte,
Kälte und Hitze,
Sommer und Winter,
Tag und Nacht.

Der Turm von Babel

Es gab eine Zeit, da hatte man auf der ganzen Welt die gleiche Sprache und die gleichen Wörter.
Als die Menschen nun aus dem Osten gezogen kamen, da fanden sie im Land Schinar eine Ebene und ließen sich dort nieder.
Sie sagten zueinander: Nun wollen wir Ziegel formen und im Feuer brennen. – Die Ziegel brauchten sie nämlich als Bausteine, und als Mörtel brauchten sie Asphalt.
Darauf sagten sie: Nun wollen wir eine Stadt bauen und einen Turm mit der Spitze bis zum Himmel. So machen wir uns berühmt und zerstreuen uns nicht über die ganze Erde.
Da stieg Gott herab und wollte sich die Stadt und den Turm ansehen, den die Menschen bauten. Und Gott sagte: In der Tat, ein einziges Volk sind sie und haben alle eine einzige Sprache, und das ist erst der Anfang von dem, was sie vorhaben. In Zukunft wird ihnen nichts unmöglich sein, was sie vorhaben. Nun wollen wir hinabsteigen und dort ihre Sprache verwirren, daß keiner mehr versteht, was der andere sagt.
Und Gott zerstreute sie von dort aus über die ganze Erde hin, und sie mussten aufhören mit dem Bau der Stadt.

Aus dem Neuen Testament

Geburt und Kindheit

Aus dem Evangelium von Lukas

Der Engel kommt zu Maria

Gott schickte den Engel Gabriel nach Galiläa, zu einem Mädchen in der Stadt Nazaret. Sie hieß Maria und war mit Josef verlobt, einem Mann aus dem Geschlecht des Königs David. Der Engel kam zu ihr und grüßte sie: «Maria, Gott ist mit dir und hat dich ausgewählt.»
Sie war verwirrt von diesen Worten und fragte sich, was der Gruß zu bedeuten habe.
Der Engel sagte zu ihr: «Du brauchst dich nicht zu fürchten, Maria, denn Gott hat dir seine Gnade geschenkt. Du wirst schwanger werden und einen Sohn bekommen; den sollst du Jesus nennen. Er wird hochgeachtet sein. Sohn des Höchsten wird er heißen, und Gott, der Herr, wird ihm Davids Königsmacht geben. Für alle Zeit wird er König über die Nachkommen von Jakob sein, und seine Herrschaft wird nie zu Ende gehen.»
Maria fragte den Engel: «Wie kann das sein? Ich habe ja noch keinen Mann.»
Der Engel gab ihr zur Antwort: «Es wird heiliger Geist auf dich kommen, und Kraft des Höchsten wie ein Schatten über dich. Darum wird das Heilige, das von dir geboren wird, Sohn Gottes heißen. – Schau, auch Elisabet, deine Verwandte, erwartet einen Sohn und ist jetzt schon im sechsten Monat; dabei ist sie alt, und man sagte, sie könne keine Kinder haben. Kein Wort, das von Gott kommt, ist ohne Kraft.»
Maria sagte: «Ja, ich will Gott dienen. Es soll mir so gehen, wie du gesagt hast.»
Darauf verließ sie der Engel.

Marias Loblied

Ich rühme den Herrn.
Ich freue mich über Gott, meinen Retter.
Denn so niedrig seine Dienerin ist, er hat an sie gedacht,
und darum werden mich von jetzt an alle Menschen glücklich nennen.
Er hat viel für mich getan, er, der Mächtige,
und heilig ist sein Name.
Denen, die vor ihm Ehrfurcht haben,
zeigt er seine Güte für alle Zeit.
Er hat die Macht in seinem Arm bewiesen;
er hat sie geschlagen, die hochmütig sind in ihren Gedanken.
Er stieß die Mächtigen von ihren Sitzen
und hat die Niedrigen erhöht.
Den Hungrigen gab er Gutes in Fülle
und ließ die Reichen leer ausgehen.
Um sein Volk Israel hat er sich gekümmert,
in Gedanken an seine Güte,
wie er es unsern Vorfahren versprochen hat,
dem Abraham und seinem ganzen Geschlecht.

Jesus wird geboren

Damals kam von Kaiser Augustus ein Befehl, in seinem ganzen Reich eine Volkszählung durchzuführen. Zu der Zeit, da diese erste Volkszählung veranstaltet wurde, war Quirinius römischer Statthalter in Syrien. Alle Leute gingen, um sich eintragen zu lassen, jeder in seinen Heimatort.

Weil Josef aus dem Geschlecht Davids war, reiste er von Nazaret in Galiläa nach Betlehem in Judäa, der Stadt, aus welcher David stammte. Seine Verlobte Maria, die ihr Kind erwartete, nahm er mit. Als sie dort waren, um sich eintragen zu lassen, kam für Maria gerade die Zeit der Geburt. Sie brachte ihren ersten Sohn zur Welt, wickelte ihn in Windeln und legte ihn in eine Futterkrippe, weil sie in der Unterkunft nicht Platz gefunden hatten.

Es waren Hirten in der Gegend; die blieben nachts auf dem Feld und bewachten ihre Herden. Ein Engel des Herrn kam zu ihnen. Die

Macht Gottes umgab sie mit hellen Strahlen, und sie gerieten in große Furcht.
Der Engel sagte zu ihnen: «Ihr braucht euch nicht zu fürchten. Ich bringe euch gute Nachricht, eine große Freude für alle Menschen. In der Stadt Davids ist heute euer Retter geboren worden: Christus, der Herr. Ich will euch sagen, woran ihr ihn erkennt. Ihr werdet ein kleines Kind finden, das in Windeln gewickelt ist und in einer Futterkrippe liegt.»
Auf einmal erschien bei diesem Engel ein ganzes Heer von Engeln. Sie lobten Gott und riefen: «Ehre für Gott im Himmel! Und auf der Erde Friede für die Menschen, die Gott liebt.»
Als die Engel sie verlassen hatten und in den Himmel zurückgekehrt waren, beschlossen die Hirten: «Wir wollen nach Betlehem gehen und sehen, was da geschehen ist. Wir wollen sehen, was Gott uns verkündet hat.»
Sie gingen gleich hin und fanden Maria und Josef und das Kind, das in der Futterkrippe lag. Als sie es gesehen hatten, berichteten sie, was ihnen über das Kind gesagt worden war. Alle, die das hörten, staunten über den Bericht der Hirten. Maria behielt alles im Gedächtnis, was da gesagt wurde, und still für sich dachte sie immer wieder darüber nach.
Die Hirten kehrten wieder zurück und lobten Gott für alles, was sie gehört und gesehen hatten. Alles war so, wie es ihnen verkündet worden war.

Der zwölfjährige Jesus im Tempel

Als Jesus zwölf Jahre alt war, zogen seine Eltern, wie jedes Jahr zur Pas-chazeit, nach Jerusalem hinauf. So war es damals Brauch. Nach der Festwoche machten sie sich auf den Heimweg, aber der Knabe blieb in Jerusalem zurück, ohne daß sie es wußten. Sie nahmen an, er sei irgendwo bei der Reisegesellschaft, gingen einen Tag lang und fragten dann bei den Verwandten und Bekannten nach, aber vergeblich. So kehrten sie nach Jerusalem zurück und suchten ihn.
Erst nach drei Tagen fanden sie ihn, und zwar im Tempel. Da saß er mitten unter den Gesetzeslehrern, hörte ihnen zu und stellte ihnen Fragen. Alle, die ihn hörten, staunten über seinen Verstand und seine Antworten.

Die Eltern sahen das mit Schrecken, und die Mutter sagte zu ihm: «Kind, was hast du uns da getan? Der Vater und ich haben dich voll Angst gesucht.»
Jesus antwortete: «Warum habt ihr mich denn gesucht? Habt ihr nicht daran gedacht, daß ich im Haus meines Vaters sein muß?» Sie verstanden aber nicht, was er damit meinte.
Dann kam er mit ihnen, wieder nach Nazaret, und blieb ihnen gehorsam. Die Mutter behielt alles, was da geschah, im Gedächtnis. Jesus wurde reifer, wuchs heran, und Gott und die Menschen hatten immer mehr Gefallen an ihm.

Aus dem Evangelium von Mattäus

Die Sternkundigen aus dem Osten

Jesus war in Betlehem geboren worden, als Herodes König von Judäa war. Damals kamen Sternkundige aus dem Osten nach Jerusalem und fragten: «Wo ist der König der Juden, der neulich geboren wurde? Wir haben im Osten seinen Stern gesehen und sind gekommen, um uns vor ihm niederzuwerfen.»
Der König Herodes hörte davon und war bestürzt, und mit ihm ganz Jerusalem. Er ließ die Oberpriester und die Schriftgelehrten aus dem ganzen Volk zu sich kommen und erkundigte sich, wo der Christus geboren werden sollte.
Sie sagten ihm: «In Judäa, in Betlehem. Denn bei den Propheten heißt es: Du Betlehem in Juda, du bist nicht die geringste unter Judas Fürstenstädten; denn aus dir wird der Fürst stammen, der als Hirte mein Volk Israel führen soll.»
Nun ließ Herodes heimlich die Sternkundigen kommen und wollte genau wissen, zu welcher Zeit der Stern erschienen sei. Dann schickte er sie nach Betlehem und sagte: «Geht dorthin, forscht nach diesem Kind. Meldet mir, wenn ihr es gefunden habt; dann komme ich ebenfalls, um mich vor ihm niederzuwerfen.»
Nach dem Besuch beim König machten sich die Sternkundigen wieder auf den Weg. Der Stern, den sie im Osten gesehen hatten,

zog vor ihnen her und stand dann über dem Ort still, wo das kleine Kind sich befand.
Groß war ihre Freude, als sie den Stern sahen. Sie gingen in das Haus, trafen dort das Kind mit seiner Mutter Maria und warfen sich vor ihm nieder. Dann öffneten sie ihre Schatzkisten und gaben ihm Geschenke: Gold und Weihrauch und Myrrhe.
Im Traum erhielten sie Bescheid, sie sollten nicht zu Herodes zurückkehren; darum reisten sie auf einem andern Weg in ihr Land zurück.

Flucht nach Ägypten und Rückkehr

Als die Sternkundigen fortgezogen waren, erschien ein Engel Gottes dem Josef im Traum und sagte: «Steh auf, nimm das kleine Kind und seine Mutter mit und flieh nach Ägypten. Komm nicht zurück, bis ich es dir sage; denn Herodes sucht nach dem Kind und will es töten.»
Noch in der Nacht stand Josef auf, nahm das Kind und seine Mutter mit und machte sich auf die Reise nach Ägypten. Er blieb dort, bis Herodes gestorben war. So sollte wahr werden, was es bei einem Propheten vom Herrn heißt: Aus Ägypten habe ich meinen Sohn gerufen.
Als Herodes merkte, daß ihn die Sternkundigen im Stich gelassen hatten, wurde er zornig. Er sandte Leute aus und gab Befehl, in Betlehem und in der ganzen Umgebung alle kleinen Buben bis zu zwei Jahren zu töten; das entsprach der Zeit, die er von den Sternkundigen erfahren hatte. So wurde wahr, was der Prophet Jeremia gesagt hatte: Geschrei hört man in Rama, viel Weinen und Jammern. Rahel weint um ihre Kinder und läßt sich nicht trösten, denn sie sind nicht mehr da. –
Nach dem Tod des Herodes erschien ein Engel Gottes dem Josef in Ägypten im Traum und sagte: «Steh auf, nimm das kleine Kind und seine Mutter mit und zieh nach Israel zurück. Die, welche das Kind töten wollten, sind gestorben.»
Da stand Josef auf, nahm das Kind und seine Mutter mit und ging wieder nach Israel. Er vernahm aber, daß statt Herodes dessen Sohn Archelaus in Judäa regiere. Da bekam er Angst und wollte nicht hingehen. Auf einen Bescheid Gottes, den er im Traum erhielt, zog er

aber weiter nach Galiläa. Er kam in die Stadt Nazaret und ließ sich dort nieder. Damit sollte wahr werden, was es bei den Propheten heißt: Nazarener wird man ihn nennen.

Palästina zur Zeit von Jesus

In der Erzählung über die Geburt von Jesus steht, daß der römische Kaiser Augustus alle Leute in seinem Reich zählen ließ, also auch in Palästina. Der mächtige Mann, der von Rom aus über viele Länder regierte, hieß eigentlich Caesar Octavianus. Er bekam aber den Beinamen Augustus, das heißt: der Erhabene. Auf ihn folgte Kaiser Tiberius, von dem in der Erzählung über Johannes den Täufer die Rede ist.

Der Kaiser von Rom konnte nicht überall in seinem großen Reich selber regieren. Deshalb setzte er in jedem Land einen König oder Statthalter als seinen Stellvertreter ein. So bestimmte er Herodes zum König über Judäa, Samaria, Galiläa und das Ostjordanland. Herodes durfte selbständig regieren. Der Kaiser verlangte von ihm nur, daß er ihm treu ergeben war. Die Juden hatten viele Gründe, König Herodes abzulehnen, war er doch ein Freund der Römer, die den Juden verhaßt waren. Außerdem hielt er nicht streng am jüdischen Glauben fest, sondern ließ Tempel und Bilder fremder Götter errichten. Dazu war Herodes ein grausamer und gewalttätiger Herrscher. Er lebte ständig in Angst, jemand könnte ihm sein Königtum

Kaiser Augustus

streitig machen. Deshalb ließ er seine Gegner, sogar Angehörige seiner Familie, einfach umbringen.

Herodes wollte mächtig und berühmt werden. Für sich selbst errichtete er in Jerusalem einen Palast und im Land draußen Burgen. In der Stadt Samaria baute er dem Kaiser Augustus einen Tempel. Eine ganz neue Hafenstadt entstand am Meer, und Herodes nannte sie zu Ehren des Kaisers Cäsarea. Hier gab es alles, was zu einer römischen Stadt gehörte: ein Theater,

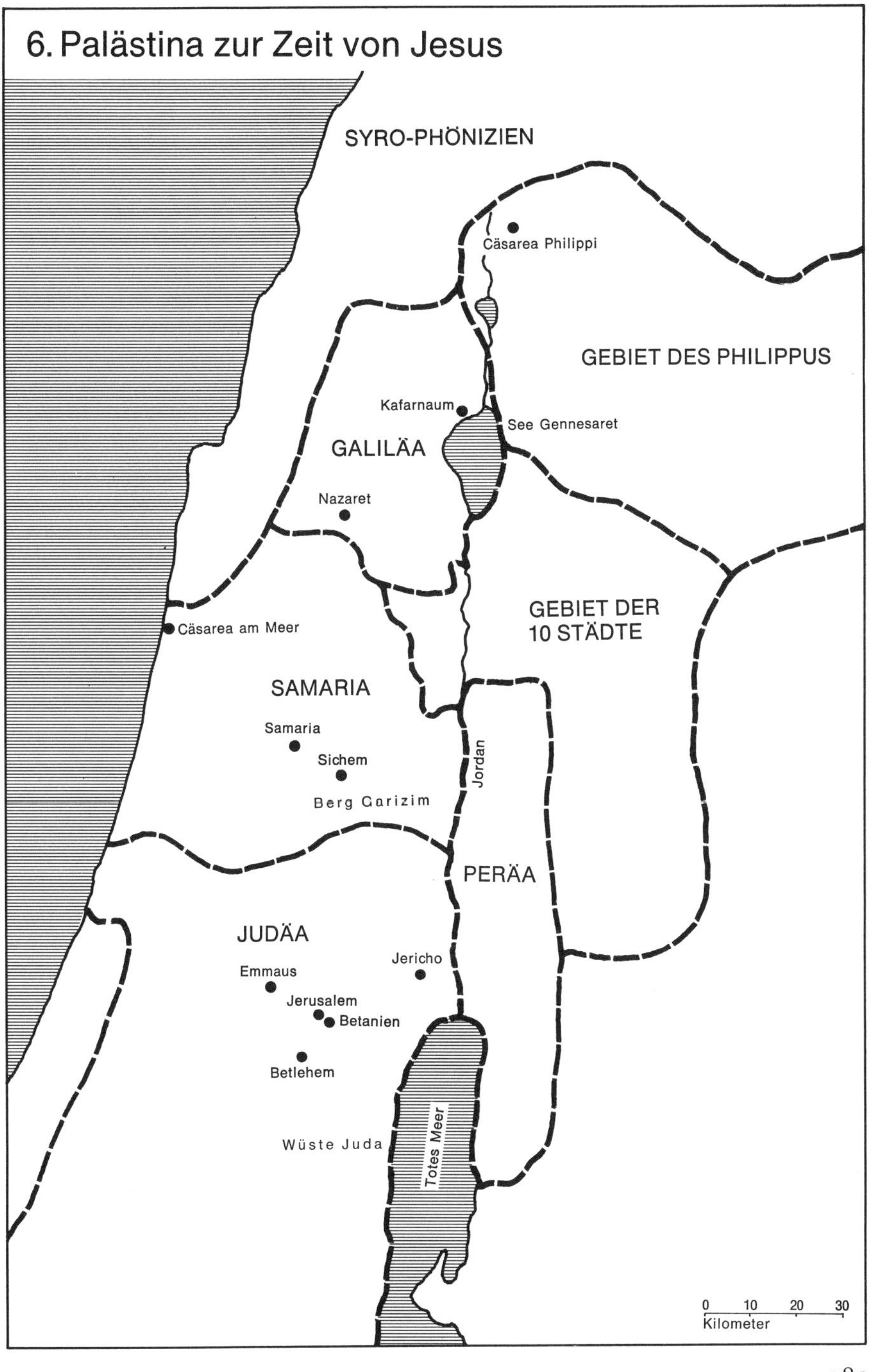
6. Palästina zur Zeit von Jesus
SYRO-PHÖNIZIEN
Cäsarea Philippi
GEBIET DES PHILIPPUS
Kafarnaum
See Gennesaret
GALILÄA
Nazaret
Cäsarea am Meer
GEBIET DER
10 STÄDTE
SAMARIA
Samaria
Sichem
Berg Garizim
Jordan
PERÄA
JUDÄA
Jericho
Emmaus
Jerusalem
Betanien
Betlehem
Wüste Juda
Totes Meer
0 10 20 30
Kilometer

ein Amphitheater und eine Pferderennbahn. Mit prächtigen Kampfspielen wurde die neue Stadt eingeweiht. Auch den Tempel von Jerusalem ließ Herodes wieder aufbauen, vergrößern und prächtig ausgestalten. Wegen dieser glanzvollen Bautätigkeit erhielt er den Beinamen ‹der Große›. Um seine Baupläne verwirklichen zu können, verlangte er vom jüdischen Volk hohe Steuern und Zölle.

Wenige Jahre nach der Geburt von Jesus starb er. Seine Söhne, unter die Augustus das Land verteilte, waren aber nicht mehr Könige, sondern nur noch Fürsten und Statthalter des römischen Kaisers. Archelaus, der Fürst von Judäa und Samaria, regierte so schlecht, daß der Kaiser ihn schon bald wieder absetzte und in die Verbannung schickte. Diese Gebiete wurden von nun an durch Statthalter aus Rom verwaltet. Einer von ihnen war Pontius Pilatus, der Jesus zum Tod verurteilte. Ein anderer Herodessohn, Herodes Antipas, herrschte mehr als 40 Jahre lang über Galiläa und Peräa. Er war es, der Johannes den Täufer hinrichten ließ. Schließlich fiel auch er beim Kaiser in Ungnade und wurde abgesetzt und verbannt. Philippus, der dritte Sohn des Herodes, regierte über das Ostjordanland. Für kurze Zeit gab es später, zur Zeit von Paulus, noch einmal einen König über Palästina; er hieß Agrippa und war ein Enkel von Herodes dem Großen. Nach seinem plötzlichen Tod wurde das ganze Land als Provinz Judäa bezeichnet und einem einzigen Statthalter aus Rom unterstellt.

Jesus tritt öffentlich auf

Johannes der Täufer

Es war im 15. Regierungsjahr des Kaisers Tiberius. Damals war Pontius Pilatus römischer Statthalter in Judäa. In Galiläa regierte Herodes, im Ostjordangebiet sein Bruder Philippus. Oberpriester waren Hannas und Kajafas.
Da hörte Johannes, der Sohn des Zacharias, in der Wüste den Ruf Gottes. Er ging ins Jordanland und predigte, die Leute sollten sich taufen lassen und ihr Unrecht bereuen, damit es ihnen vergeben werde. Es heißt ja im Buch, wo die Reden des Propheten Jesaja aufgeschrieben sind: In der Wüste ruft einer: Macht Gott dem Herrn einen Weg, macht seine Straßen gerade. Jedes Tal muß ausgefüllt, jeder Berg und Hügel abgetragen werden. Die krummen Wege sollen gerade werden und die holprigen eben. Alles, was lebt, soll sehen, wie Gott die Rettung bringt. –
Die Leute zogen scharenweise zu Johannes hinaus, um sich taufen zu lassen. Doch er hielt ihnen vor: «Ihr Giftschlangen! Wer hat euch gelehrt, ihr würdet davonkommen, wenn einmal Gottes Zorn über die Welt kommt? Zeigt also durch Taten, daß es euch mit der Reue ernst ist. Sagt nicht ‹Wir sind ja Nachkommen Abrahams›. Denn ich sage euch, Gott kann diese Steine da zu Nachkommen Abrahams machen. Die Axt liegt schon an den Wurzeln der Bäume. Jeder Baum, der nichts Rechtes trägt, wird umgehauen und ins Feuer geworfen.»
Die Leute fragten Johannes: «Was sollen wir denn tun?»
Er gab zur Antwort: «Wer zwei Kleider hat, soll mit dem teilen, der keins hat. Und wer genug zu essen hat, soll es ebenso machen.»
Es kamen auch Zolleinnehmer und wollten sich taufen lassen. Die fragten ihn: «Und wir, Meister? Was sollen wir tun?»
Er sagte ihnen: «Verlangt nicht mehr, als ihr dürft.»
Aber auch Soldaten kamen und fragten: «Und wir? Was sollen wir tun?»

Zu diesen sagte er: «Plagt die Leute nicht und plündert sie nicht aus, seid zufrieden mit eurem Sold.»
Die Menschen warteten aber damals auf den Christus. Nun überlegten sie bei sich, ob vielleicht Johannes dieser Christus sei. Er sagte jedoch zu allen: «Ich taufe euch nur mit Wasser. Es kommt aber einer, der ist stärker als ich. Ich bin nicht gut genug, ihm die Sandalenriemen zu lösen. Der tauft euch dann mit heiligem Geist und mit Feuer. Er hat die Wurfschaufel in der Hand, um die Körner von der Spreu zu trennen und den Weizen in seine Scheune zu bringen. Die Spreu aber wird er in ein Feuer werfen, das nicht erlischt.»
So hielt Johannes noch viele andere Mahnreden und brachte den Leuten gute Botschaft.

Schriftgelehrte, Pharisäer, Sadduzäer

Schriftgelehrte gab es erst seit der babylonischen Verbannung, als der von Salomo erbaute Tempel zerstört und die Bundeslade verloren war. Was den Juden blieb, waren die Bücher, in denen ihre alte Geschichte, ihre Gesetze und die Reden ihrer Propheten aufgezeichnet waren. Weil keine Propheten mehr auftraten und dem Volk den Willen Gottes verkündeten, war es umso wichtiger, daß genau untersucht und erklärt wurde, was in den heiligen Schriften stand. Das war die Aufgabe der Gesetzeskundigen, der Schriftgelehrten, die man ehrfürchtig mit Rabbi (Lehrer/Meister) anredete. Sie lehrten vor allem in den Synagogen, also in den Häusern, in denen sich die Juden zum Beten und Bibellernen (besonders am Sabbat) versammelten. Die besten unter ihnen waren so berühmt, daß von weither Schüler und Studenten zu ihnen kamen, um bei ihnen zu lernen. Oft waren die Schriftgelehrten auch Richter, weil sie sich ja in den Gesetzen am besten auskannten. Sie wollten dem Volk zeigen, was Gott von jedem Menschen verlange. Bei ihrer Bibelerklärung stellten sie viele zusätzliche Gebote und Verbote auf. Die meisten Schriftgelehrten gehörten der Gruppe der Pharisäer oder Sadduzäer an.
Die *Pharisäer* bildeten eine religiöse und anfangs auch politische Bewegung. Es gab sie überall in den jüdischen Gemeinden, auch im Ausland. Die meisten von ihnen waren Handwerker oder Bauern, nicht Priester.
Die Pharisäer waren besorgt über die Gleichgültigkeit vieler Mitmenschen den Geboten Gottes gegenüber. Sie fürchteten, es könnte wieder ein Strafgericht Gottes über das Volk Israel hereinbrechen wie die Zerstörung Jerusalems (587 v. Chr.). Darum bemühten sie sich mit Ernst, den Willen Gottes zu erfüllen. Unter großen Opfern gaben sie neben den gewöhnlichen Steuern und Zöllen für die Römer zusätzlich einen Teil

ihres Einkommens den Armen und in den Tempelschatz. Sie befolgten die Gebote der Bibel gewissenhaft. Sie glaubten an die Auferstehung der Toten; diese Lehre war für sie besonders wichtig.
Die meisten Juden achteten die Pharisäer, weil sie gottesfürchtig, fromm und gegen sich selbst streng waren. Damit waren aber die Pharisäer selbst nicht zufrieden: sie wollten gerne, daß alle Juden würden wie sie. Wenn sich alle ganz an Gottes Gebote hielten, dann würde der Messias bald kommen. Darum wollten sie ihren Glauben öffentlich zeigen und damit den andern ein Beispiel geben.
Jesus kannte viele Pharisäer, er sprach oft mit ihnen über den Willen Gottes, und nicht selten war er mit ihnen in wesentlichen religiösen Fragen einig. Doch bei zwei Gelegenheiten mußte er sich gegen sie wenden: Wenn sie den Willen Gottes auslegten, selber aber nicht nach dieser Lehre handelten, und wenn sie sich vom übrigen Volk absonderten (Pharisäer heißt: die Getrennten). Einige Pharisäer stimmten mit Jesus überein, andere jedoch verstanden ihn nicht, und mit diesen geriet er in Konflikt.
Die *Sadduzäer* waren die Partei besonders der reichen und vornehmen Priesterfamilien. Obschon sie nicht zahlreich waren, hielten sie die einflußreichsten Stellen am Hof in Jerusalem und in der Leitung des Tempels in ihrer Hand, z.B. war der Hohepriester ein Sadduzäer. Sie glaubten nur, was in den fünf Mose-Büchern stand und wachten scharf darüber, wie diese Bücher ausgelegt wurden. Neue Erklärungen duldeten sie nicht und lehnten darum den Glauben an ein ewiges Leben ab, weil davon in den fünf Mose-Büchern nichts geschrieben steht. Viele von ihnen waren Mitglieder des höchsten Gerichtes von Jerusalem und galten als strenge Richter. Die Sadduzäer versprachen sich viel von der römisch-griechischen Kultur und suchten mit den Römern gut auszukommen. Sie standen also in Glaubensfragen und in der politischen Haltung im Gegensatz zu den Pharisäern.

Jesus läßt sich taufen

Jesus kam aus Galiläa an den Jordan zu Johannes, um sich von ihm taufen zu lassen. Johannes wehrte ab. «Du kommst zu mir?» fragte er. «Dabei habe ich nötig, daß du mich taufst.»
Jesus antwortete: «Laß es zu. Es gehört sich, daß wir alles so tun, wie Gott es will.» Da gab Johannes nach.
Als Jesus getauft worden war und wieder aus dem Wasser stieg, ging der Himmel auf. Er sah den Geist Gottes herabfahren, wie eine Taube, und auf sich kommen. Und vom Himmel her redete eine Stimme: Das ist mein Sohn, den ich lieb habe und an dem ich mich freue.

Jesus weist den Teufel ab

Jesus kehrte vom Jordan zurück, mit dem Geist Gottes erfüllt. Der Geist trieb ihn in der Wüste umher, vierzig Tage lang, und er wurde vom Teufel auf die Probe gestellt. In dieser Zeit aß er nichts, und am Ende hatte er Hunger.
Der Teufel sagte zu ihm: «Wenn du der Sohn Gottes bist, so befiehl doch diesem Stein, daß er Brot wird.»
Jesus antwortete: «In der Schrift heißt es: Der Mensch braucht nicht nur Brot zum Leben.»
Dann hob ihn der Teufel hoch empor. Er zeigte ihm in einem einzigen Augenblick alle Länder der Welt und sagte: «Ich will dir die Macht und Herrschaft über all dies geben; sie ist in meinen Händen, und ich gebe sie, wem ich will. Wenn du mich anbetest, gehört das alles dir.»
Jesus gab zur Antwort: «In der Schrift heißt es: Den Herrn, deinen Gott, sollst du anbeten und nur ihn verehren.»
Darauf führte ihn der Teufel nach Jerusalem, zuoberst auf das Tempeldach, und sagte zu ihm: «Wenn du der Sohn Gottes bist, dann stürz dich hier hinunter. Es heißt ja in der Schrift: Er wird seinen Engeln befehlen, daß sie dich schützen – und: Sie werden dich auf den Händen tragen, damit du den Fuß nicht an einen Stein stößt.»
Jesus gab ihm zur Antwort: «Es heißt auch: Du darfst den Herrn, deinen Gott, nicht auf die Probe stellen.»
Als der Teufel mit allen Versuchen nichts erreicht hatte, ließ er Jesus in Ruhe und wartete auf eine andere Gelegenheit.

Jesus predigt in Nazaret

Jesus kehrte nach Galiläa zurück, von der Kraft Gottes erfüllt. Er redete in den Synagogen, und jedermann rühmte ihn; im ganzen Land herum sprach man von ihm.
Als er nach Nazaret kam, wo er aufgewachsen war, ging er wie gewöhnlich am Sabbat in die Synagoge. Er stand auf, um vorzulesen, und man gab ihm die Schriftrolle mit den Reden des Propheten Jesaja. Er rollte sie auf und stieß auf die Stelle, wo es heißt: Der Geist Gottes ist in mir, denn er hat mich ausgewählt. Er hat mich geschickt, um den Armen die gute Botschaft zu bringen, um den Gefangenen

Ortschaft in Palästina

zu melden, sie würden frei, und den Blinden, sie würden wieder sehen, um den Unterdrückten die Freiheit wiederzugeben, und um zu melden, die Zeit Gottes sei gekommen. –
Er rollte das Buch zusammen, gab es dem Diener zurück und setzte sich. Alle Leute in der Synagoge blickten gespannt auf ihn.
Da begann er zu sprechen: «Dieses Wort der Schrift ist wahr geworden, gerade heute und vor euch.»
Alle anerkannten staunend, wie geistvoll er redete, sagten aber: «Das ist doch der Sohn Josefs.»
Jesus sagte zu ihnen: «Jetzt kommt ihr mir sicher mit dem Sprichwort: Arzt, kurier dich selber! – und sagt: Wir haben gehört, was in Kafarnaum passiert ist; tu das alles auch in deiner Vaterstadt. – Ich will euch eins sagen», fuhr er fort, «keinen Propheten achtet man in seiner Vaterstadt. Und ich sage euch, zu Zeiten des Elija hatte es einmal dreieinhalb Jahre lang nicht geregnet, und eine schwere Hungersnot kam über das Land. Damals gab es viele Witwen in Israel, aber zu keiner von ihnen wurde Elija geschickt, sondern zu einer Witwe nach Sarepta im Gebiet von Sidon. Und zu Zeiten des Propheten Elischa gab es in Israel viele Aussätzige, aber keiner von ihnen wurde geheilt, nur Naaman, und das war ein Syrer.»
Die Leute in der Synagoge wurden zornig, als sie das hörten. Sie sprangen auf und trieben Jesus zur Stadt hinaus, bis zum Abhang des Berges, auf dem Nazaret gebaut war, und wollten ihn dort hinunterstürzen. Aber er ging mitten durch sie hindurch und zog weiter.

Jesus sammelt Menschen um sich

Die ersten Anhänger

Jesus stand einmal am See Gennesaret. Da drängten sich die Leute um ihn und wollten von Gott erzählen hören.
Er sah zwei Boote am Ufer liegen. Die Fischer waren ausgestiegen und wuschen ihre Netze. Da stieg er in eines der Boote, das Simon gehörte, und bat ihn, etwas vom Ufer wegzufahren. Er setzte sich und sprach vom Boot aus zu den vielen Leuten.
Als er fertig geredet hatte, sagte er zu Simon: «Fahr ganz auf den See hinaus, und laßt dort die Netze zum Fang hinab.»
Simon gab zurück: «Herr, wir haben die ganze Nacht trotz aller Mühe nichts gefangen. Doch weil du es sagst, will ich die Netze hinablassen.»
Sie taten es und fingen eine solche Menge Fische, daß die Netze rissen. Nun winkten sie den Fischern im andern Boot, sie sollten kommen und ihnen helfen. Da füllten sie beide Boote, daß sie ganz tief im Wasser lagen.
Als Simon Petrus das sah, kniete er vor Jesus nieder und sagte: «Geh von mir weg, Herr. Ich bin ein Mensch, der vor Gott schuldig ist.»
Er und seine ganze Mannschaft waren von Staunen und Schrecken gepackt, weil sie einen solchen Fang gemacht hatten, ebenso seine Partner Jakobus und Johannes, die Söhne des Zebedäus. Aber Jesus sagte zu Simon: «Du brauchst dich nicht zu fürchten. Von jetzt an wirst du Menschen fangen.»
Sie brachten die Boote an Land, ließen alles liegen und schlossen sich Jesus an.

Jesus ruft Levi

Jesus zog durch das Land. Unterwegs sah er einen Zolleinnehmer – er hieß Levi – am Stadtzoll sitzen und sagte zu ihm: «Komm mit mir.» Der ließ alles liegen, stand auf und ging mit ihm.
In seinem Haus gab Levi für ihn ein großes Festessen; da saßen viele andere Zolleinnehmer und Bekannte mit bei Tisch. Darüber beklagten sich die Pharisäer und ihre Schriftgelehrten bei seinen Begleitern und fragten: «Warum eßt und trinkt ihr mit solchen Zolleinnehmern und Leuten, die das Gesetz nicht halten?»
Jesus gab ihnen zur Antwort: «Nicht die Gesunden brauchen einen Arzt, sondern die Kranken. Ich bin nicht gekommen, um die zu rufen, die das Gesetz halten, sondern die andern, damit sie sich bessern.»

Die Zolleinnehmer

In Palästina regierten die Römer. Sie sorgten für gute Straßen, für Frieden im Land und dafür, daß nicht Räuber die Karawanen überfielen. Das kostete Geld. Die Reisenden mußten zahlen: an vielen Brücken und Stadttoren, in Häfen, aber auch unterwegs mußte Zoll bezahlt werden. Die Römer zogen den Zoll nicht selber ein. Sie verkauften das Recht, Zoll zu erheben, an Juden, die man Zolleinnehmer nannte. Diese wurden von den anderen Juden verachtet; sie arbeiteten ja mit den fremden Unterdrückern zusammen.
Die Zolleinnehmer wollten möglichst viel verdienen; darum verlangten sie mehr Geld, als sie eigentlich durften. Dagegen konnte man sich fast nicht wehren. So redete man von ihnen wie von Dieben und Räubern. Weil sie wie die Diebe oder Räuber das Gebot ‹Du sollst nicht stehlen› übertraten, galten sie wie Aussätzige als unrein. Im Tempel durften sie keine Opfer bringen. Gott habe sie verworfen, sagten die Pharisäer. Jesus dachte anders; das zeigen die Geschichten von Levi und von Zachäus.
Ähnlich verachtet wie die Zöllner waren übrigens auch die Kleinviehhirten, weil sie ihre Herden häufig weiden ließen, wo sie nicht durften, und die Jungtiere oft für sich behielten.

Zachäus

Jesus war nach Jericho gekommen und zog durch die Stadt. Dort lebte ein hoher Zollbeamter namens Zachäus, ein reicher Mann. Der wollte sehen, was dieser Jesus für ein Mensch sei. Klein wie er war, kam er aber wegen der vielen Leute nicht dazu. Da lief er voraus und kletterte am Weg, wo Jesus vorbeikommen sollte, auf einen Feigenbaum, um ihn dann zu sehen.
Als Jesus dorthin kam, blickte er hinauf und sagte: «Zachäus, steig schnell herab, heute muß ich bei dir bleiben und dein Gast sein.» Voll Freude stieg Zachäus sogleich herab und führte Jesus zu seinem Haus. Die Leute, die das sahen, regten sich auf, weil er bei einem Mann übernachten wollte, der gegen das Gesetz sich bereicherte.
Aber Zachäus sagte zu Jesus: «Herr, jetzt will ich die Hälfte meines Vermögens den Armen geben. Und die Leute, die ich erpreßt habe, erhalten viermal soviel zurück.»
Da sagte Jesus zu ihm: «Auch du bist ja ein Nachkomme von Abraham. Und so sind du und deine Familie heute gerettet worden. Der Menschensohn sucht und rettet nämlich, was verloren gegangen ist. Dazu ist er gekommen.»

Die Wahl der zwölf Apostel

In dieser Zeit ging Jesus einmal fort ins Bergland, weil er beten wollte. Die ganze Nacht betete er zu Gott. Als es Tag wurde, rief er seine Begleiter herbei und wählte von ihnen zwölf aus, die er dann Apostel nannte.
Es waren Simon, den er auch Petrus hieß, und dessen Bruder Andreas; Jakobus und Johannes; Philippus und Bartolomäus; Mattäus und Thomas; Jakobus, der Sohn des Alfäus, und Simon der Freiheitskämpfer; Judas, der Sohn des Jakobus, und Judas Iskariot, der zum Verräter wurde.

Maria und Marta

Als Jesus mit seinen Anhängern umherwanderte, kam er in ein Dorf. Eine Frau namens Marta nahm ihn in ihr Haus auf.
Ihre Schwester Maria setzte sich zu seinen Füßen und hörte ihm zu. Marta dagegen machte sich viel Arbeit mit der Bedienung. Nach einiger Zeit kam sie und sagte: «Herr, stört es dich nicht, daß mich die Schwester allein bedienen läßt? Sag ihr doch, sie soll mir helfen.»
Doch der Herr gab ihr zur Antwort: «Marta, Marta, du sorgst und kümmerst dich um viel. Dabei kommt es nur auf wenig an. Maria hat den guten Teil gewählt, den kann man ihr nicht nehmen.»

Die Frage eines reichen Mannes

Ein hochgestellter Mann fragte Jesus: «Was muß ich tun, du guter Lehrer, um das ewige Leben zu gewinnen?»
Aber Jesus sagte zu ihm: «Warum nennst du mich gut? Nur einer ist gut: Gott. Du kennst die Gebote: Du sollst nicht ehebrechen, du sollst nicht töten, du sollst nicht stehlen, du sollst nichts Falsches aussagen, du sollst deinen Vater und deine Mutter ehren.»
Der Mann sagte: «Das habe ich von klein auf alles befolgt.»
Als Jesus das hörte, sagte er zu ihm: «Eines fehlt dir noch. Verkaufe alles, was du hast, und verteile das Geld an arme Leute. Dann hast du ein Vermögen im Himmel. Komm mit mir.»
Der Mann hörte das und wurde ganz betrübt, denn er war schwer reich. Wie Jesus ihn so sah, sagte er: «Leute mit Besitz haben doch Mühe, in das Reich Gottes zu kommen. Eher geht ein Kamel durch ein Nadelöhr hindurch, als daß ein Reicher in den Himmel kommt.»
Leute, die davon hörten, fragten: «Wer kann dann gerettet werden?»
Jesus sagte: «Was unmöglich ist bei Menschen, ist möglich bei Gott.»
Darauf sagte Petrus: «Du weißt, wir haben unsern Besitz verlassen und sind dir nachgegangen.»
Jesus erwiderte: «Ich will euch sagen, wie es ist. Wenn einer für das Reich Gottes sein Haus oder seine Frau aufgibt, oder die Brüder oder Eltern oder Kinder, dann bekommt er schon in dieser Zeit viel mehr dafür, und in der Zukunft das ewige Leben.»

Die Zwölf sollen predigen

Jesus rief die Zwölf zusammen und gab ihnen die Macht und die Kraft, böse Geister auszutreiben und Krankheiten zu heilen. Er schickte sie aus, sie sollten die Ankunft des Gottesreichs bekanntmachen und Kranke heilen.
«Nehmt nichts mit auf den Weg», sagte er zu ihnen, «keinen Stock und keine Reisetasche, kein Brot und kein Geld, nicht einmal ein zweites Unterkleid. Wenn ihr in einem Haus Unterkunft gefunden habt, so bleibt darin, bis ihr weiterzieht. Nehmen sie euch in einer Ortschaft nicht auf, so geht weiter und schüttelt den Staub von euren Füßen; das ist dann ihre Schuld.»
Da machten sie sich auf die Wanderschaft, zogen von Dorf zu Dorf, predigten die gute Botschaft überall und heilten kranke Menschen.

Petrus sagt, was er von Jesus hält

Wir haben hier eine Geschichte in zwei Fassungen vor uns, von Mattäus und von Markus. Mattäus hat die Erzählung von Markus um einige Worte erweitert, die Jesus nach einer Überlieferung zu Petrus gesagt hat. Diese Worte sind sehr wichtig geworden, denn die katholischen und evangelischen Christen sind nicht einig, ob sie auch für den Papst gelten.

Mattäus: Jesus war mit seinen Begleitern in der Gegend von Cäsarea Philippi, im obern Jordantal. Da fragte er sie: «Was sagen die Leute, wer ich sei?»
Sie antworteten: «Einige sagen Johannes der Täufer, einige Elija, andere Jeremia oder sonst ein Prophet.» Jesus fragte: «Aber ihr, für wen haltet ihr mich?»
Da gab Simon Petrus zur Antwort: «Christus bist du, der er-

Markus: Jesus und seine Begleiter wanderten zu den Dörfern bei Cäsarea Philippi, im obern Jordantal. Auf dem Weg fragte er seine Begleiter: «Was sagen die Leute, wer ich sei?»
Sie gaben zur Antwort: «Die einen sagen Johannes der Täufer, andere Elija, wieder andere einer der Propheten.» Jesus fragte weiter: «Aber ihr, für wen haltet ihr mich?»

wartete Retter, der Sohn des lebendigen Gottes.»
Jesus erwiderte: «Simon, Sohn des Jona, du Glücklicher, das hast du nicht mit deinem Menschenverstand begriffen, sondern mein Vater im Himmel hat es dir eingegeben. Auch ich will dir etwas sagen: Dein Name ist Petrus, das heißt Fels. Auf diesem Felsen will ich meine Gemeinde aufbauen, und das Totenreich wird nie so stark sein wie sie. Ich will dir die Schlüssel zum Himmel geben. Was du auf der Erde bindest, bleibt auch im Himmel gebunden, und was du auf der Erde lösest, bleibt auch im Himmel gelöst.»
Dann befahl er seinen Begleitern, sie dürften niemandem sagen, daß er der Christus sei.
Damals begann Jesus ihnen zu erklären, er müsse nach Jerusalem gehen. Er müsse von den Ältesten und den Oberpriestern und Schriftgelehrten viel leiden. Er müsse getötet und am dritten Tag wieder zum Leben erweckt werden.
Petrus nahm ihn beiseite, machte ihm Vorwürfe und sagte: «Das soll Gott verhüten, Herr, so etwas darf dir nicht zustoßen.»
Jesus wandte sich ab und sagte zu Petrus: «Geh weg, aus meinen Augen, du Teufel. Du hinderst mich nur auf meinem Weg. Du denkst nämlich nicht wie Gott, sondern wie ein Mensch.»

Da gab Petrus Antwort und sagte: «Christus bist du, der erwartete Retter.»
Jesus befahl ihnen, sie dürften das niemandem sagen.
Und er begann sie zu lehren, der Menschensohn müsse viel leiden. Er müsse von den Ältesten und den Oberpriestern und Schriftgelehrten verurteilt werden. Er müsse getötet werden und nach drei Tagen auferstehen. Ganz offen sagte Jesus das heraus.
Petrus nahm ihn beiseite und machte ihm Vorwürfe.
Jesus wandte sich um, wieder seinen Begleitern zu, und sagte vorwurfsvoll zu Petrus: «Geh weg, aus meinen Augen, du Teufel. Du denkst nämlich nicht wie Gott, sondern wie ein Mensch.»

Jesus nachgehen

Zu seinen Begleitern sagte Jesus: «Wenn einer mit mir gehen will, muß er sich selber für nichts halten. Er muß sein Kreuz auf sich nehmen und mir nachgehen. Denn wer sein Leben retten will, der verliert es. Aber wer für meine Sache sein Leben verliert, der findet es.

Was nützt es einem Menschen, wenn er die ganze Welt gewinnt, aber dafür sein Leben verspielt? Und was kann einer noch einsetzen, wenn er sein Leben verspielt hat? Einmal kommt der Menschensohn im Glanz des Vaters, von seinen Engeln begleitet. Dann bekommt jeder, was er mit seinen Taten verdient hat. Und ich sage euch: Ein paar von denen, die hier stehen, die erleben es noch, daß sie den Menschensohn als Herrscher sehen.»

«Nehmt euch in acht. Es wird Leute geben, die euch vor Gericht bringen und euch in ihren Synagogen auspeitschen. Bei den römischen Statthaltern und Fürsten wird man euch verklagen, weil ihr meine Anhänger seid; aber dann könnt ihr vor ihnen und den Leuten dort die Botschaft verkünden. Wenn sie euch vor Gericht bringen, dann macht euch nicht Sorgen, was ihr sagen sollt. Dann redet gar nicht ihr, sondern der Geist eures Vaters redet in euch.»

Jesus hilft Menschen

Die Kranken in Palästina vor 2000 Jahren

Die Menschen wurden damals nicht so alt wie heute. Aus den biblischen Berichten läßt sich etwa feststellen, welche Arten von Krankheiten besonders verbreitet waren. Wir lesen von Fiebern, Geschwüren, Aussatz, Wassersucht oder von verschiedenen Geisteskrankheiten. Oft werden Invalide erwähnt: Blinde, Stumme, Taubstumme oder Gelähmte.

Der Aussatz (die Lepra) war zu jener Zeit überall verbreitet. Vor allem in südlichen Ländern kommt die Krankheit heute noch vor. Bei ihrer häufigsten Form bilden sich auf der Haut knotige Geschwüre. Sie zerfallen dann, und Haut und Fleisch können an diesen Stellen nicht wieder nachwachsen. Das setzt sich fort, und der Zerfall kann dazu führen, daß Hände und Füße verkrüppeln, ja verloren gehen, und das Gesicht entstellt wird. Aussätzige sind oft erschreckend anzusehen, und Lepra kann ansteckend sein; darum werden die Kranken seit jeher von andern Menschen ferngehalten, eben aus-gesetzt. Heute ist Lepra durch eine lange Behandlung mit Medikamenten zu heilen.

Auch in Palästina lebten zu jener Zeit die Aussätzigen getrennt von der Wohngemeinschaft. Sie mußten die Gesunden durch Rufe oder mit Klappern warnen, daß sie ihnen nicht zu nahe kamen. Die biblischen Beschreibungen der Krankheit stim-

Figur eines bösen Geistes

men nicht überall mit dem überein, was wir heute von der Lepra wissen. Das Wort Aussatz bezeichnet in der Bibel wahrscheinlich auch andere Hautkrankheiten. Im jüdischen Gesetz gab es Vorschriften für den Fall, daß ein Aussätziger von selber gesund wurde, was bei der uns bekannten Lepra nicht vorkommt. Er mußte sich dann im Tempel von Jerusalem einer genauen Prüfung unterziehen. Wenn seine Heilung festgestellt war, durfte er in seine Familie zurückkehren.

Invalide waren darum so häufig, weil man von Säuglings- und Kinderpflege recht wenig verstand. Blindheit oder Taubheit oder Lähmungen waren oft die Folge von Unsauberkeit, ungeschickter Behandlung und ungenügenden Heilmitteln. Wenn für einen Invaliden nicht seine Familie sorgte, mußte er betteln, um sich am Leben zu erhalten.

Heilung von Krankheiten suchte man mit einfachen Mitteln zu erreichen: Öl, Balsam oder Speichel zum Einreiben, Wein, Galle oder Wurzelsäfte. Es gab wohl Ärzte, die wirksame Heilkräuter kannten oder einfache Operationen vornahmen. Ihre Rechnungen konnten aber so hoch sein, daß ein Patient dafür mit der Zeit sein ganzes Vermögen aufbrauchte. Mancher Kranke suchte lieber einen frommen Gesetzeslehrer auf, der für den Erfolg seiner Gebete berühmt war. Solche Leute gab es da und dort, und wenn einer, für den sie beteten, gesund wurde, erzählte man es weit herum. Überhaupt galten Gebete um Vergebung der Sünden und Opfer im Tempel als ebenso wichtig wie ärztliche Hilfe. Die Leute glaubten, Krankheiten seien Strafen Gottes, und man fragte sich, mit welcher Sünde ein Kranker oder Invalider sein Leiden verdient habe.

Geisteskranke hatten ein besonders trauriges Schicksal. Man war der Ansicht, daß böse Geister in ihnen hausten. Diese Meinung ist begreiflich. Ein Epileptiker beispielsweise bekommt Krämpfe, liegt dann mehrere Stunden tief bewußtlos und erinnert sich nachher nicht an das, was geschehen ist. Das war den Leuten so rätselhaft, daß sie es nur als Quälerei durch einen bösen Geist erklären konnten. Einen bösen Geist glaubten sie auch sprechen zu hören, wenn ein Geisteskranker verwirrt redete. Waren solche Kranke bösartig, so wurden sie aus dem Dorf vertrieben und lebten dann im Freien oder in Höhlen. Manchmal versuchte man, solch einen bösen Geist zu vertreiben. Mit Gebeten und Beschwörungen wurde er aufgefordert, den Kranken zu verlassen.

Jesus vertreibt einen bösen Geist

Jesus und seine Anhänger gingen nach Kafarnaum. Am Sabbat redete er in der Synagoge und verkündete seine Lehre. Die Leute staunten über seine Art zu sprechen, denn er redete wie einer, der seine Worte von Gott her hat, und nicht wie die Schriftgelehrten.
Jetzt war da in der Synagoge ein Mann, der hatte einen bösen Geist. Dieser erhob ein Geschrei: «Jesus von Nazaret, was willst du bei uns? Du bist gekommen, um uns zu vernichten. Wir kennen dich schon: Du bist der Heilige, der von Gott kommt.»
Da fuhr ihn Jesus drohend an: «Schweig, kein Wort mehr. Verlaß diesen Mann!»
Der böse Geist riß den Mann hin und her, schrie laut und fuhr heraus. Alle erschraken. Sie redeten miteinander davon und sagten: «Was ist das nur? Eine neue Lehre, voll Macht, und wenn er den bösen Geistern befiehlt, gehorchen sie ihm.» Und das Gerede von ihm ging schnell im ganzen Land Galiläa herum.

Jesus heilt einen Lahmen

Ein paar Tage später ging Jesus wieder nach Kafarnaum. Es wurde bekannt, in welchem Haus er war, und es kamen soviele Leute zusammen, daß der Platz nicht mehr reichte, nicht einmal draußen vor der Tür. Er verkündete ihnen seine Botschaft.
Da trugen vier Leute einen Gelähmten herbei. Vor lauter Menschen konnten sie ihn nicht zu Jesus bringen. Darum rissen sie dort, wo er war, das Dach auf, machten ein Loch und ließen die Matte mit dem Gelähmten hinunter.
Als Jesus ihren Glauben sah, sagte er zu dem Lahmen: «Kind, deine Sünden sind dir vergeben.»
Es saßen aber ein paar Schriftgelehrte dort und überlegten im stillen: Warum redet er so? Er beleidigt Gott! Wer kann denn Sünden vergeben? Nur Gott kann das.
Jesus merkte aber gleich, daß sie solche Gedanken hatten, und sagte zu ihnen: «Was überlegt ihr da im stillen? Was ist leichter: dem Gelähmten sagen ‹Deine Sünden sind vergeben› oder ‹Steh auf, nimm deine Matte und geh›? Aber ihr sollt merken, daß der Menschensohn

die Macht hat, auf der Erde die Sünden zu vergeben.» Er wandte sich zu dem Gelähmten: «Ich sage dir, steh auf, nimm deine Matte und geh heim.»
Und dieser stand auf, hob sogleich seine Matte auf und ging hinaus. Alle sahen das und waren ganz aufgeregt. Sie lobten Gott und sagten: «So etwas haben wir noch nie erlebt.»

Brot und Fisch für Fünftausend

Am See Gennesaret sagte Jesus einmal zu den Aposteln: «Kommt mit, nur ihr allein, in eine abgelegene Gegend, und ruht euch etwas aus.» Es kamen und gingen nämlich soviele Leute, daß sie nicht einmal Zeit hatten zu essen.
In einem Boot fuhren sie, ganz für sich, nach einem abgelegenen Ort. Aber man sah sie fortfahren. Viele merkten es, Leute von überallher, gingen zu Fuß dorthin und kamen noch vor ihnen an.
Als Jesus ausstieg, sah er die vielen Menschen, und sie taten ihm leid; denn sie waren wie Schafe, die keinen Hirten haben. So fing er an, sie vieles zu lehren.
Als es schon spät geworden war, kamen seine Begleiter zu ihm und sagten: «Das ist eine abgelegene Gegend, und es ist schon spät. Laß sie gehen, dann können sie sich auf den Höfen und in den Dörfern der Umgebung etwas zu essen kaufen.»
Jesus antwortete: «Gebt doch ihr ihnen zu essen.»
Sie sagten: «Wir ihnen zu essen geben? Brot für sie kaufen, das kostet zweihundert Denare!»
Er aber fragte: «Wieviele Brote habt ihr? Geht und schaut nach.»
Als sie nachgesehen hatten, meldeten sie: «Fünf, und zwei Fische.»
Jesus befahl ihnen, alle Leute sollten sich gruppenweise im Gras lagern. Da setzten sie sich hin und machten Gruppen, immer hundert oder fünfzig.
Jesus nahm die fünf Brote und die zwei Fische, blickte zum Himmel auf und sagte das Dankgebet. Dann brach er die Brote in Stücke und gab sie seinen Schülern zum Verteilen, auch die zwei Fische verteilte er an alle, und alle hatten genug zu essen.
Sie lasen noch Brocken zusammen, zwölf Körbe voll, auch Fisch war noch übrig. Es waren fünftausend Mann, die da Brot gegessen hatten.

Die Heilung eines epileptischen Knaben

Jesus kam mit Petrus, Jakobus und Johannes zu seinen andern Schülern. Da sahen sie eine Menge Leute um diese herum und Schriftgelehrte, die mit ihnen diskutierten. Die Leute wurden aufgeregt, als sie ihn sahen, kamen herbei und begrüßten ihn.
Er fragte: «Was verhandelt ihr da mit ihnen?»
Einer von den Leuten sagte: «Meister, ich habe meinen Sohn zu dir gebracht. Er hat einen bösen Geist. Der ist stumm, aber wenn er ihn plagt, zerrt er ihn herum. Dann kommt Schaum aus seinem Mund, er knirscht mit den Zähnen und wird ganz steif. Jetzt habe ich deinen Schülern gesagt, sie sollten ihn austreiben, aber sie bringen es nicht fertig.»
Da sagte Jesus zu ihnen: «Seid ihr eine Gesellschaft! Ihr habt keinen Glauben. Wie lange muß ich euch noch um mich haben und euch ertragen? Bringt ihn zu mir!»
Sie brachten den Knaben. Als der Geist Jesus sah, zerrte er den Knaben gleich herum. Der fiel zu Boden, wälzte sich und hatte Schaum vor dem Mund.
Jesus fragte den Vater: «Wie lange hat er das schon?»
Dieser antwortete: «Von klein auf. Er hat ihn manchmal auch ins Feuer und ins Wasser getrieben, um ihn umzubringen. Aber wenn du etwas machen kannst, so hab Erbarmen mit uns, hilf uns.»
Da sagte Jesus zu ihm. «‹Wenn du etwas machen kannst›? Wenn einer glaubt, kann er alles.»
Gleich rief der Vater des Knaben: «Ich glaube, hilf meinem Unglauben ab!»
Nun begannen die Leute zusammenzulaufen. Als Jesus das sah, fuhr er den bösen Geist drohend an: «Du stummer und tauber Geist, ich befehle dir: verlaß diesen Knaben und komm nicht wieder in ihn hinein!»
Der Geist schrie zuerst und zerrte den Knaben heftig hin und her, dann fuhr er heraus. Der Knabe lag wie tot da, so daß die meisten meinten, er sei gestorben. Aber Jesus nahm ihn bei der Hand, zog ihn hoch, und da stand er.
Nachher, als sie in einem Haus allein waren, fragten ihn seine Schüler: «Warum konnten wir ihn nicht austreiben?»
Jesus antwortete: «Diese Art wird nur mit Beten ausgetrieben.»

Jesus heilt zehn Aussätzige

Es war, als Jesus nach Jerusalem wanderte, im Grenzgebiet zwischen Galiläa und Samaria. Da begegneten ihm bei einem Dorfeingang zehn aussätzige Männer. Sie blieben in einiger Entfernung stehen und fingen laut zu rufen an: «Jesus, Meister, hab Erbarmen mit uns!»
Als er sie sah, sagte er zu ihnen: «Geht, und zeigt euch den Priestern», und unterwegs wurden sie gesund.
Einer von ihnen kehrte um, als er sah, daß er geheilt war. Laut lobte er Gott, warf sich vor Jesus nieder und dankte ihm. Es war ein Mann aus Samaria.
Da fragte Jesus: «Es sind doch zehn gesund geworden. Wo sind die andern neun? Ist also von allen nur dieser Fremde zurückgekehrt, um Gott zu danken?» Und er sagte zu ihm: «Steh auf und geh. Dein Glaube hat dich gerettet.»

Jesus heilt den Knecht eines römischen Hauptmanns

Als Jesus einmal nach Kafarnaum kam, redete ihn ein römischer Hauptmann an und sagte: «Herr, bei mir zu Hause ist der Knecht krank. Er ist gelähmt und hat furchtbare Schmerzen.»
Jesus sagte: «Und ich soll kommen und ihn heilen?»
Der Hauptmann erwiderte: «Herr, ich bin es nicht wert, daß du in mein Haus kommst. Du brauchst nur ein Wort zu sagen, dann wird mein Knecht gesund. Ich bin nämlich auch ein Mann, der mit Befehlen zu tun hat; ich habe Soldaten unter mir. Sage ich zu einem ‹Geh!› so geht er, zu einem andern ‹Komm!› so kommt er, und zu meinem Diener ‹Tu das!› so tut er es.»
Jesus staunte, als er das hörte, und sagte zu den Leuten, die mit ihm gekommen waren: «Eins ist sicher, einen solchen Glauben habe ich in Israel bei niemandem gefunden. Und ich sage euch: es werden viele von Osten und von Westen kommen und sich im Himmel mit Abraham, Isaak und Jakob zusammen zu Tisch setzen. Aber die andern, denen der Himmel gehört hätte, werden zu äußerst in die Dunkelheit hinaus gestoßen; dort können sie dann heulen und mit den Zähnen klappern.»

Zu dem Hauptmann sagte Jesus dann: «Geh nur. Es wird so kommen, wie du geglaubt hast.» Und der Knecht wurde zur gleichen Zeit gesund.

Der Sturm auf dem See

Jesus stieg in ein Schiff und seine Schüler mit ihm. Auf dem See kam ein heftiger Sturm auf, so daß die Wellen über das Schiff schlugen. Aber Jesus schlief. Da gingen sie zu ihm, weckten ihn und sagten: «Herr, hilf, wir gehen unter.»
Er sagte zu ihnen: «Warum habt ihr keinen Mut? Euch fehlt es am Glauben.»
Er stand auf und drohte dem Wind und den Wellen; da wurde der See ganz ruhig. Die Leute waren sehr betroffen. Sie sagten: «Was ist das für ein Mann, daß ihm sogar der Wind und die Wellen gehorchen?»

Jesus heilt einen Kranken am Teich Betesda

Jesus ging nach Jerusalem zu einem Fest der Juden. In der Stadt liegt beim Schaftor ein Teich, der auf hebräisch Betesda heißt. In den fünf Hallen dort lagen viele kranke Leute, Blinde und Lahme und Schwindsüchtige. Sie warteten darauf, daß das Wasser in Bewegung geriet.
Es konnte nämlich geschehen, daß ein Engel zum Teich herabgestiegen kam und das Wasser bewegte. Wer darauf als erster in den Teich stieg, der wurde gesund, ganz gleich, was für eine Krankheit er hatte.
Dort war ein Mann, der seit 38 Jahren an seiner Krankheit litt. Jesus sah ihn und erfuhr, wie lange er schon so dalag. Er fragte ihn: «Willst du gesund werden?»
Der Kranke antwortete: «Herr, ich habe keinen Menschen, der mich ins Wasser bringt, wenn es in Bewegung gerät. Wenn ich hingehe, ist immer schon einer vor mir hinabgestiegen.»
Jesus sagte zu ihm: «Steh auf, nimm deine Matte und geh umher.»
Der Mann wurde sogleich gesund, nahm seine Matte und ging umher.
Das war an einem Sabbat. Nun sagten die Juden zu dem Geheilten:

«Es ist Sabbat, da darfst du keine Matte herumtragen.»
Er erwiderte ihnen: «Mich hat einer gesund gemacht und sagte zu mir: Nimm deine Matte und geh umher.»
Sie fragten: «Wer ist der Mann, der dir befohlen hat: Nimm sie auf und geh umher?»
Der Geheilte wußte aber nicht, wer es gewesen war, denn Jesus war weggegangen, und es hatte eine Menge Leute dort. Später traf ihn Jesus im Tempel wieder und sagte zu ihm: «Schau, jetzt bist du gesund. Leb aber jetzt nach dem Willen Gottes, sonst geht es dir ärger als vorher.»
Der Mann ging und berichtete den Juden, es sei Jesus, der ihn geheilt habe. Nun fingen die Juden an, Jesus zu verfolgen, weil er das an einem Sabbat getan hatte. Aber er sagte zu ihnen: «Mein Vater hat schon immer gewirkt, und ich wirke ebenfalls.» Nun dachten die Juden umso mehr daran, ihn umzubringen, denn er hatte nicht nur das Sabbatgesetz gebrochen, sondern dazu noch gesagt, Gott sei sein Vater; so hatte er sich selber mit Gott gleichgestellt.

Jesus heilt einen Blindgeborenen

Am Weg sah Jesus einen Mann, der von Geburt an blind war. Seine Begleiter fragten ihn: «Meister, wer ist vor Gott schuldig geworden, daß er blind geboren wurde? Er selber oder seine Eltern?»
Jesus antwortete: «Es ist nicht seine Schuld, auch nicht die seiner Eltern, sondern an ihm soll sich zeigen, wie Gott wirkt. Was Gott, der mich geschickt hat, wirken will, das müssen wir tun, solange es Tag ist. Einmal kommt die Nacht, da niemand mehr etwas tun kann. Solange ich auf der Welt bin, bin ich das Licht für die Welt.»
Nachdem er das gesagt hatte, spuckte er auf den Boden und machte einen Brei aus Staub und Speichel. Den strich er dem Blinden auf die Augen und befahl ihm: «Geh zum Teich Schiloach und wasch das dort weg.»
Der Blinde ging hin und wusch sich. Als er zurückkam, konnte er sehen. Der Tag, an dem Jesus ihn mit dem Brei sehend gemacht hatte, war aber ein Sabbat.
Man brachte diesen Mann, der blind gewesen war, zu den Pharisäern. Sie fragten ihn, wie es gekommen sei, daß er sehe. Er berichtete

ihnen: «Jesus strich mir einen Brei auf die Augen, und dann wusch ich mich, und jetzt kann ich sehen.»
Ein paar Pharisäer sagten: «Dann kommt dieser Mensch nicht von Gott, denn er hält das Sabbatgesetz nicht.» Andere sagten: «Wenn er ein Sünder ist, wie brächte er dann so etwas fertig?» So waren die Meinungen geteilt.
Nun fragten sie den Mann wieder: «Was hältst du von dem, der dich sehend gemacht hat?»
«Das ist ein Prophet», erwiderte er.
Die Juden wollten nicht glauben, daß er blind gewesen war und jetzt sehen konnte. Sie ließen seine Eltern holen und fragten sie: «Ist das euer Sohn? Und könnt ihr bestätigen, daß er blind geboren worden ist? Wie kommt es, daß er jetzt sehen kann?»
Die Eltern antworteten: «Daß er unser Sohn ist und daß er blind zur Welt kam, das wissen wir. Aber wir wissen nicht, warum er jetzt sehen kann. Wir wissen auch nicht, wer es getan hat. Fragt doch ihn selbst. Er ist alt genug, daß er Auskunft geben kann.»
Die Pharisäer ließen den Blindgeborenen zum zweitenmal holen und sagten zu ihm: «Gott mußt du loben! Denn dieser Jesus ist ein Sünder, das wissen wir.»
Der Mann entgegnete: «Ob er ein Sünder ist, weiß ich nicht. Eines weiß ich: Ich war blind, und jetzt kann ich sehen.»
Nun fragten sie wieder: «Was hat er mit dir gemacht? Wie hat er dir die Augen aufgetan?»
Er gab zurück: «Das hab ich euch schon berichtet, aber ihr habt ja nicht zugehört. Warum wollt ihr es noch einmal hören? Wollt ihr vielleicht auch seine Anhänger werden?»
Da beschimpften sie ihn und warfen ihm vor: «Du, du bist ein Anhänger dieses Menschen. Wir dagegen sind Anhänger von Mose. Wir wissen, daß Gott mit Mose gesprochen hat. Von Jesus wissen wir nicht einmal, woher er kommt.»
Der Mann erwiderte: «Wirklich sonderbar, daß ihr nicht wißt, woher er kommt. Dabei hat er gemacht, daß ich sehen kann. Man weiß doch, daß Gott nicht auf Sünder hört. Gott hört auf die, welche ihn achten und das tun, was er will. Noch nie hat man gehört, daß jemand einen Blindgeborenen zum Sehen gebracht hat. Wenn dieser Mann nicht von Gott käme, würde er nichts fertigbringen.»
Die Pharisäer gaben zur Antwort: «Du bist ja schon ganz in Schuld vor Gott geboren worden, und du willst uns belehren?» Und sie jagten ihn fort.

Jesus hörte, daß sie den Mann fortgejagt hatten. Als er ihn antraf, fragte er ihn: «Glaubst du an den Menschensohn?»
Der Mann fragte zurück: «Herr, wer ist es? Ich möchte an ihn glauben.»
Jesus antwortete: «Du hast ihn schon selber gesehen, er spricht gerade mit dir.»
Da sagte der Mann: «Herr, ich glaube», und warf sich vor ihm auf den Boden.

Jesus und seine Gegner

Ähren abreißen am Sabbat

An einem Sabbat wanderte Jesus durch die Kornfelder, und unterwegs fingen seine Begleiter an, Ähren abzureißen.
Die Pharisäer hielten ihm vor: «Schau, was sie da tun! Das darf man am Sabbat doch nicht!»
Jesus erwiderte ihnen: «Habt ihr nie gelesen, was David tat, als er in Not war und er und seine Begleiter Hunger hatten? Es war zu der Zeit, da Abjatar Oberpriester war. Da ging David in den Tempel und aß von den Opferbroten, die doch niemand essen darf als die Priester, und auch seinen Begleitern gab er davon.»
Und Jesus sagte: «Der Sabbat ist für den Menschen da, nicht der Mensch für den Sabbat.»

Jesus heilt am Sabbat einen Menschen

In einer Synagoge, die Jesus besuchte, war ein Mann mit einer lahmen Hand. Die Pharisäer paßten auf, ob Jesus ihn am Sabbat heilen würde, damit sie ihn dann verklagen konnten.
Da sagte Jesus zu dem Mann mit der lahmen Hand: «Komm, stell dich hier in die Mitte!» – Die andern fragte er: «Darf man am Sabbat Gutes tun oder Böses? Ein Leben retten oder töten?»
Die andern schwiegen. Jesus blickte rings um sich, voll Zorn und schwer betrübt, weil sie so starrköpfig waren. Dann befahl er dem Mann: «Streck deine Hand aus!» Der tat es, und die Hand wurde gesund.
Da gingen die Pharisäer hinaus. Sie berieten sich mit den Anhängern des Fürsten Herodes über Jesus und beschlossen, ihn umzubringen.

Rein und Unrein

Bei Jesus versammelten sich Pharisäer und mehrere Schriftgelehrte, die von Jerusalem gekommen waren. Sie sahen, wie einige seiner Begleiter mit unreinen, das heißt mit ungewaschenen Händen aßen. Die Pharisäer, überhaupt alle Juden, essen nämlich nicht, ohne zuvor mit einer Handvoll Wasser sich die Hände zu waschen. Das ist bei ihnen eine Vorschrift von ihren Vorfahren her. Wenn sie vom Markt kommen, essen sie nicht, ohne sich gereinigt zu haben, und es gibt noch viele andere Vorschriften, die sie befolgen, beispielsweise wie man Becher oder Krüge oder Kupfergeschirr ausspülen soll.
Die Pharisäer und die Schriftgelehrten fragten Jesus: «Warum halten sich deine Begleiter nicht an die Vorschriften, die doch seit jeher gelten, sondern essen mit unreinen Händen?»
Er antwortete ihnen: «In den Reden des Propheten Jesaja steht etwas, das ausgezeichnet auf so Scheinheilige paßt, wie ihr es seid: Diese Leute beten mich nur mit den Lippen an, aber ihr Herz ist weit weg von mir. Ihre Gebete nützen nichts, wenn sie sich an Lehren halten, die nur von Menschen herkommen. – Ihr laßt das Gebot Gottes fahren und haltet dafür an Vorschriften fest, die von Menschen sind.»
Weiter hielt er ihnen vor: «Wunderbar, wie ihr das Gebot Gottes beiseite schiebt und dafür euren Vorschriften folgt. Mose hat doch gesagt ‹Ehre deinen Vater und deine Mutter› und ‹Wer seine Eltern verflucht, soll sterben›. Aber bei euch ist es anders. Wenn einer zu Vater oder Mutter sagt ‹Was du von mir zugut hättest, das gebe ich in den Tempelschatz›, dann braucht er nach eurer Meinung für seine Eltern nichts mehr zu tun. So macht ihr durch eure Vorschriften das Wort Gottes ungültig, und dergleichen tut ihr noch viel.»
Später rief Jesus die Leute zusammen und sagte: «Hört mir alle zu. Merkt euch: Nichts, was von außen in den Menschen hineinkommt, kann ihn unrein machen, sondern was aus ihm herauskommt, das macht ihn unrein.»
Als er von den Leuten weg und wieder ins Haus gegangen war, fragten ihn seine Begleiter, wie er das meine.
Er sagte zu ihnen: «Begreift auch ihr so wenig? Versteht ihr das nicht? Alles, was von außen in den Menschen hineinkommt, kann ihn nicht unrein machen, weil es nicht in sein Herz geht, sondern in den Bauch, und von dort in den Abort.» So erklärte er, es gebe kein unreines Essen.
«Das macht den Menschen unrein», fuhr er weiter, «was aus ihm her-

auskommt. Von innen heraus nämlich, aus dem Herz des Menschen kommen die bösen Gedanken, kommen Zuchtlosigkeit, Diebstahl und Mord, kommen Ehebruch, Habgier, Bosheit, List, Schwelgerei, Neid, zuchtloses Leben, gottloses Reden, Hochmut und Unvernunft. Diese ganze Schlechtigkeit kommt von innen heraus und macht den Menschen unrein.»

Denar des Kaisers Tiberius

Die Steuer für den Kaiser

Man hatte ein paar Pharisäer und Anhänger des Herodes zu Jesus geschickt, um ihm eine Falle zu stellen.
Sie kamen und sagten: «Meister, wir wissen, du hast es immer mit der Wahrheit. Du nimmst auf niemanden Rücksicht und schaust nicht darauf, was einer gilt, sondern du lehrst geradeheraus, wo der Weg zu Gott ist. Sag uns jetzt, darf man dem Kaiser Steuern bezahlen? Sollen wir zahlen oder nicht?»
Jesus merkte, wie verlogen sie waren, und sagte: «Warum wollt ihr mich auf die Probe stellen? Gebt mir einen Denar, ich will ihn mir einmal ansehen.»
Sie gaben ihm einen.
Er sagte: «Da ist ein Bild und ein Name darum herum. Wer ist das?»
«Der Kaiser», antworteten sie.
Jesus sagte zu ihnen: «Gebt dem Kaiser, was dem Kaiser gehört, und gebt Gott, was Gott gehört.»
Da staunten sie über ihn.

Jesus säubert den Tempel

Jesus und seine Schüler kamen nach Jerusalem und gingen in den Tempel. Dort fing er an, die Händler und die Käufer zu vertreiben. Er warf den Geldwechslern die Tische um und den Taubenhändlern die Stühle; auch duldete er nicht, daß man im Tempel etwas herumtrug.

Den Leuten erklärte er: «Es heißt in der Schrift: Von meinem Haus soll man sagen, es sei ein Haus zum Beten für alle Völker. – Aber ihr habt eine Räuberhöhle daraus gemacht.»

Die Oberpriester und die Schriftgelehrten hörten davon und überlegten, wie sie Jesus umbringen könnten. Sie hatten nämlich Angst vor ihm, weil seine Reden allen Leuten soviel Eindruck machten.

Jesus und die Ehebrecherin

Eines Morgens ging Jesus in den Tempel. Alle Leute drängten sich um ihn. Er setzte sich und lehrte sie. Da brachten Schriftgelehrte und Pharisäer eine Frau, die man dabei überrascht hatte, wie sie ihren Mann mit einem andern betrog.

Sie schleppten sie mitten unter die Leute und sagten zu ihm: «Meister, man hat diese Frau beim Ehebruch überrascht und ergriffen. Mose hat im Gesetz befohlen, solche Frauen zu steinigen. Was sagst du dazu?»

Damit wollten sie ihn auf die Probe stellen und nachher verklagen. Aber Jesus bückte sich und schrieb mit dem Finger auf den Boden.

Als sie nicht aufhörten, ihn zu fragen, richtete er sich auf und sagte: «Wer von euch noch nie ein Unrecht getan hat, der soll den ersten Stein auf sie werfen.» Dann bückte er sich wieder und schrieb auf den Boden.

Als sie das hörten, gingen sie einer nach dem andern weg, die Ältesten zuerst, bis Jesus mit der Frau, die immer noch dastand, allein zurückblieb.

Er richtete sich auf und fragte sie: «Wo sind die andern? Hat dich niemand verurteilt?»

«Niemand, Herr», antwortete sie.

Jesus sagte: «Auch ich verurteile dich nicht. Geh, aber tu von jetzt an kein Unrecht mehr.»

Beispiele und Gleichnisse

Die große Ernte

Jesus zog durch alle Städte und Dörfer und predigte in den Synagogen. Er verkündete die Botschaft von der Ankunft des Gottesreichs und heilte Kranke und Krüppel aller Art.
Als er die vielen Leute sah, taten sie ihm leid. Sie waren übel dran und matt wie Schafe, die keinen Hirten haben. Da sagte er zu seinen Anhängern: «Die Ernte ist groß, aber es hat nur wenig Arbeiter. Bittet den, dem die Ernte gehört, daß er mehr Arbeiter in seine Ernte schickt.»

Jesus und seine Familie

Die Mutter von Jesus und seine Brüder waren gekommen, standen vor dem Haus und ließen ihn rufen. Drinnen saßen eine Menge Leute bei Jesus, und sie sagten zu ihm: «Deine Mutter, deine Brüder und deine Schwestern sind draußen und fragen nach dir.»
Er gab zurück: «Wer ist das, meine Mutter und meine Brüder?»
Dann blickte er um sich, auf die Leute, die um ihn herumsaßen, und sagte: «Hier ist meine Familie. Wer das tut, was Gott will, der ist für mich Bruder und Schwester und Mutter.»

Vom Licht auf dem Leuchter

Jesus sagte zu seinen Schülern: «Wenn man ein Licht bekommt, stellt man es dann unter einen Kübel oder unter das Bett? Nein, man stellt es auf den Leuchter.»

Von den Spatzen

«Zwei Spatzen kann man für ein paar Rappen kaufen. Und doch fällt kein Spatz auf den Boden, wenn euer Vater nicht will. Aber auch bei euch ist es so: Jedes Haar auf eurem Kopf ist gezählt. Also macht euch keine Sorgen; ihr seid viel mehr wert als Spatzen.»

Vom Stoff und vom Wein

«Niemand setzt ein Stück Stoff, das noch eingeht, auf ein altes Kleid, sonst reißt der Flicken wieder aus dem Kleid, und der Riß wird noch größer.
Man tut auch nicht jungen Wein in alte Schläuche, sonst platzen sie; der Wein läuft aus, und die Schläuche gehen kaputt. Im Gegenteil, jungen Wein tut man in neue Schläuche, dann bleibt einem beides.»

Auf das Dienen kommt es an

Jesus sagte zu den Zwölfen: «Ihr wißt doch, alle, die sich als Herrscher über die Völker fühlen, machen mit ihren Leuten, was sie wollen, und die Mächtigen lassen die Leute spüren, daß sie Macht haben.
Bei euch ist es aber nicht so. Wer bei euch etwas gelten will, der soll der Diener der andern sein, und wer bei euch der Erste sein will, der soll der geringste Knecht von allen sein. Auch der Menschensohn ist nicht gekommen, um bedient zu werden, sondern um zu dienen, und auch dazu, daß er für die Befreiung vieler Menschen sein Leben hergibt.»

Der richtige Reichtum

«Verkauft, was ihr habt, und gebt das Geld armen Leuten. Macht euch Geldbeutel, die nicht rissig werden; legt euch im Himmel ein Vermögen an, das nicht abnimmt. Dort kommt kein Dieb hin, dort frißt keine Motte daran. Denn ihr habt ja euer Herz doch dort, wo ihr euren Reichtum habt.»

Feuer auf die Erde

«Ich bin gekommen, um Feuer auf die Erde zu werfen. Und was will ich? Daß es schon brennen würde.»

Juden und Samariter

Palästina bestand zur Zeit, als Jesus lebte, aus drei Teilen: Judäa, Samaria und Galiläa. Die Bewohner von Samaria, die Samariter, waren ebenfalls Juden, Nachkommen des Stammes Josef und der Bewohner des ehemaligen Nordreichs. Aber die beiden Brudervölker hatten sich im Lauf der Jahrhunderte verfeindet und haßten sich bis aufs Blut. Die Juden glaubten, daß Gott den Tempel in Jerusalem als einzigen Ort zum Opfern bestimmt habe. Die Samariter waren überzeugt, daß auf dem Berg Garizim bei Sichem die richtige Opferstätte sei. Dort hatten nämlich schon Jakob und Josua geopfert. Die Juden verachteten die Samariter. Nach ihrer Meinung standen sie Gott so fern wie die Heiden. Es war einem Juden verboten, das Trinkgefäß eines Samariters zu benützen, oder Fleisch von einem Tier zu essen, das ein Samariter geschlachtet hatte. Die Samariter aber hielten sich selber für das wahre Volk Gottes, das die alten Bräuche besser bewahrt habe als die Juden in Jerusalem. Darum bestand auch ihre Bibel nur aus den fünf Büchern Mose. Während des Pas-chafestes im Jahre 9 n. Chr. verunreinigten einige Samariter den Tempel von Jerusalem, indem sie nachts im heiligen Bezirk Knochen von Menschen ausstreuten.

Der gute Mann aus Samaria

Einer, der sich im Gesetz auskannte, kam zu Jesus. Er wollte ihm eine Falle stellen und fragte: «Du bist ja ein Lehrer, was muß ich tun, um das ewige Leben zu gewinnen?»
Jesus fragte zurück: «Was steht im Gesetz? Wie heißt es dort?»
Der andere antwortete: «Mit dem ganzen Herzen, mit der ganzen Seele, mit deiner ganzen Kraft und deinem ganzen Denken sollst du den Herrn, deinen Gott, lieben. – Und: Liebe deinen Mitmenschen wie dich selbst.»
Jesus sagte: «Du hast die richtige Antwort gegeben. Tu das, dann lebst du.»
Der andere wollte sich nicht geschlagen geben und fragte: «Und wer ist mein Mitmensch?»
Da fing Jesus zu erzählen an: «Ein Mann ging von Jerusalem nach Jericho hinab und wurde von Räubern überfallen. Sie nahmen ihm alles, schlugen ihn zusammen und ließen ihn halbtot liegen. Zufällig kam ein Priester des Weges, sah den Mann und ging weiter. Ebenso machte es ein Levit, als er dort vorbeikam und ihn sah. Ein Mann aus Samaria dagegen, der unterwegs war, sah ihn und hatte Mitleid. Er ging zu ihm hin, pflegte die Wunden mit Öl und Wein und verband sie. Dann setzte er ihn auf sein Reittier, brachte ihn ins nächste Gasthaus und sorgte für ihn. Am andern Tag gab er dem Wirt zwei Denare und sagte: ‹Sorg für den Mann, und wenn du mehr für ihn brauchst, bezahle ich es dir, wenn ich wieder vorbeikomme.› –
Was dünkt dich? Welcher von diesen dreien hat an dem Überfallenen wie ein Mitmensch gehandelt?»
Der andere antwortete: «Der, der mit ihm Erbarmen hatte und für ihn sorgte.»
Da sagte Jesus: «Also geh, und mach es ebenso.»

Der reiche Bauer

Jesus erzählte den Leuten einmal das folgende Beispiel: «Ein reicher Bauer hatte eine große Ernte. Da überlegte er: Was tu ich jetzt? Ich hab ja keinen Platz, um die Früchte unterzubringen. – Ich mache es

so, sagte er dann, ich breche meine Scheunen ab und baue größere. Dort kann ich das Korn und alles andere einlagern und mir dann sagen ‹Mensch, jetzt bist du auf Jahre hinaus gut versorgt. Du brauchst nichts mehr zu tun; iß und trink und laß es dir wohl sein.›
Aber Gott sagte zu ihm: Du Dummkopf, noch diese Nacht mußt du sterben. Wem gehört dann, was du eingelagert hast? –
So geht es jedem, der Reichtümer für sich anhäuft, aber nicht bei Gott reich ist.»

Vom verlorenen Schaf und vom verlorenen Geld

Viele Zolleinnehmer und andere Leute, die sich nicht an das Gesetz hielten, suchten Jesus auf und wollten ihm zuhören. Die Pharisäer und ihre Schriftgelehrten regten sich darüber auf und sagten: «Er gibt sich mit Leuten ab, die sich nicht an das Gesetz halten, und ißt sogar mit ihnen zusammen.»
Da erzählte ihnen Jesus folgendes Gleichnis: «Nehmen wir an, einer von euch hat hundert Schafe, und eines davon verläuft sich. Läßt er dann nicht die andern neunundneunzig draußen in der Steppe und geht dem verlorenen nach, bis er es findet? Wenn er es gefunden hat, nimmt er es voll Freude auf seine Schultern und trägt es nach Hause. Dann ruft er seine Freunde und Nachbarn zusammen und sagt zu ihnen ‹Freut euch mit mir, ich habe das Schaf wiedergefunden, das sich verlaufen hat.›
Und ich sage euch, ebenso ist es im Himmel. Da ist über einen einzigen schlechten Menschen, der sich ändert, größere Freude als über neunundneunzig Fromme und Gute, die sich nicht zu ändern brauchen.
Oder nehmen wir an, eine Frau hat zehn Drachmen und verliert eine davon. Zündet sie da nicht ein Licht an und fegt das Haus und sucht in allen Ecken, bis sie die Drachme findet? Dann ruft sie ihre Freundinnen und Nachbarinnen zusammen und sagt ‹Freut euch mit mir, ich habe die verlorene Drachme gefunden.›
Ich sage euch, ebenso freuen sich die Engel Gottes über einen einzigen schlechten Menschen, der sich ändert.»

Der verlorene Sohn

Jesus erzählte: «Ein Mann hatte zwei Söhne. Der jüngere verlangte vom Vater seinen Anteil an der Erbschaft, und der Vater teilte seinen Besitz unter sie auf.

Nach ein paar Tagen machte der jüngere Sohn alles zu Geld und zog in die Fremde. Dort lebte er liederlich und brachte sein Vermögen durch. Als er alles verschwendet hatte, kam eine schwere Hungersnot über jenes Land, und er fing an, Mangel zu leiden. Da ging er zu einem reichen Bürger und bat und bettelte so lange, bis dieser ihn zum Schweinehüten auf sein Landgut schickte. Er hätte seinen Bauch nun gern mit Schweinefutter gefüllt, aber niemand gab ihm davon. Da fing er an nachzudenken und sagte sich: Die vielen Tagelöhner meines Vaters haben mehr als genug zu essen, und ich sterbe hier vor Hunger. Ich gehe hier fort, zum Vater zurück, und sage ihm ‹Vater, ich habe unrecht getan, gegen Gott und gegen dich. Ich verdiene es überhaupt nicht, dein Sohn zu sein. Behandle mich wie irgend einen deiner Tagelöhner›.

So brach er auf und ging. Sein Vater erblickte ihn schon von weitem. Der Sohn dauerte ihn; er lief ihm entgegen, umarmte ihn und küßte ihn. Der Sohn aber sagte: ‹Vater, ich habe unrecht getan, gegen Gott und gegen dich. Ich verdiene es überhaupt nicht, dein Sohn zu sein.›

Doch der Vater befahl seinen Sklaven: ‹Schnell, holt ihm das beste Kleid und zieht es ihm an. Gebt ihm einen Ring an die Hand und Sandalen an die Füße. Bringt das Mastkalb und schlachtet es, wir machen ein Festessen. Mein Sohn hier war tot, jetzt ist er wieder am Leben. Er war verloren, jetzt ist er wieder da.› Und sie machten ein fröhliches Fest.

Der ältere Sohn war auf dem Feld. Als er nach Hause kam, hörte er Musik und Tanzlieder. Er rief einen der Knechte und fragte, was denn los sei. Der sagte ihm, der Bruder sei heimgekommen, und der Vater habe das Mastkalb schlachten lassen, weil er ihn gesund wieder habe. Da wurde der Sohn zornig und wollte nicht ins Haus.

Der Vater kam heraus und redete ihm zu. Doch der Sohn sagte: ‹Schau, Vater, all die Jahre habe ich für dich gearbeitet wie ein Sklave und habe nie gegen einen Befehl von dir gehandelt. Mir hast du nie auch nur eine Ziege gegeben, daß ich für mich und meine Freunde einen Festbraten machen konnte. Jetzt kommt der andere da, der deinen Besitz mit liederlichen Mädchen durchgebracht hat, und für den schlachtest du das Mastkalb.›

Da sagte der Vater: ‹Mein Bub, du bist immer bei mir, und was mein ist, ist auch dein. Aber dein Bruder war tot und ist wieder am Leben. Er war verloren und ist wieder hier. Da mußte man doch einfach Freude haben und ein Fest machen.›»

Der Pharisäer und der Zöllner

Einigen, die sich selber für rechte Menschen hielten und auf die andern hinabschauten, erzählte Jesus folgende Geschichte:
«Zwei Männer gingen in den Tempel, um zu beten, der eine ein Pharisäer, der andere ein Zolleinnehmer. Der Pharisäer betete für sich: ‹Gott, ich danke dir, daß ich nicht bin wie andere Leute, wie Diebe und Betrüger oder Ehebrecher, oder wie der Zolleinnehmer dort. Ich faste zweimal in der Woche, und von allem, was ich verdiene, gebe ich den zehnten Teil als Opfer und Spenden.›
Der Zolleinnehmer dagegen stand ganz hinten und wagte nicht einmal aufzublicken. Er schlug sich an die Brust und sagte: ‹Gott, hab Erbarmen mit mir, ich bin ein schlechter Mensch.›
Ich sage euch, als der Zolleinnehmer nach Hause ging, hatte Gott auf sein Gebet gehört, auf das des andern aber nicht. Jeder, der sich selber groß macht, wird nämlich klein gemacht. Wer sich aber klein macht, der wird groß gemacht.»

Säen und Ernten

In Palästina bestimmten die Trockenzeit im Sommervierteljahr und die Hauptregenzeit im Dezember und Januar den Getreidebau. Wenn im Oktober die ersten Regenfälle den Boden aufgeweicht hatten, bereitete der Bauer den Acker mit Pflug und Hacke für die Wintersaat vor. Sie mußte vor der großen Regenzeit im Boden sein. Nach dem Säen wurde noch einmal gepflügt, oder man bedeckte die Saat durch Hacken mit Erde. Sonst hätten die Vögel die Körner gefressen.
Der Regen im März mußte die jungen Pflanzen feucht halten. Blieb er

Ochsen im Joch, vor einfachen Holzpflug gespannt

aus, so wurde die Ernte mager. Der Bauer fürchtete noch andere Gefahren für das Getreide: trockene Wüstenwinde, Wolkenbrüche, welche die Erde wegschwemmten, Hagel, Heuschrecken, Unkraut und Getreidekrankheiten.
Im April begann in der Ebene bereits die Gerstenernte. Etwas später war der Weizen reif. Auf den Bergen erntete man erst im Mai. Wenn der Bauer viel Land hatte, stellte er für die Erntearbeit Tagelöhner an. Zum Schneiden brauchte man die Sichel. Die Schnitter griffen mit der linken Hand ein Büschel Ähren und schnit-

Dreschen und worfeln

Handmühle

ten die Halme in halber Höhe ab. Andere Arbeiter bündelten die geschnittenen Ähren zu Garben und sammelten sie in einem Korb.

Die abgeernteten Felder mit den kniehohen Halmen wurden angezündet, um das Unkraut zu vernichten, oder man überließ sie den Schafherden. In den Sommermonaten weideten die Schafe auf den Feldern und düngten sie.

Das geschnittene Korn wurde zu den Tennen gebracht. Das waren ebene, festgetretene Plätze auf einer Anhöhe in der Nähe der Dörfer. Man legte die Garben auf dem Boden aus und drosch sie mit einem Stock, einem Dreschschlitten, einem Dreschwagen oder mit Ochsen, die Hufeisen trugen und darauf herumtrampelten. Der Dreschschlitten war eine Bretterplatte mit spitzen Steinen an der Unterseite. Er war etwa so groß wie der Heuschlitten unserer Bergbauern. Der Dreschwagen sah ebenfalls wie ein Schlitten aus. Zwischen den Kufen waren einige Achsen. An ihnen bewegten sich zahlreiche Steinscheiben mit geschärften Rändern. Dreschschlitten und Dreschwagen wurden von Zugtieren über die am Boden liegenden Ähren gezogen und zerkleinerten sie. Nur der geizige Bauer band beim Dreschen den Zugtieren das Maul zu, damit sie nichts von dem Getreide fressen konnten.

Nach dem Dreschen wartete man,

bis nach dem heißen Tag der Abendwind einsetzte. Dann warf man mit einer Gabel oder einer Wurfschaufel das Getreide in die Höhe. Der Wind trug Spreu, Halmstücke und Staub davon; die Körner fielen zu Boden. Mit einem Sieb trennte man die Körner von Sand und Steinchen. Das Getreide wurde in großen Tonkrügen aufbewahrt. Meistens endete die harte Erntearbeit mit einem fröhlichen Fest.
Die Körner zu mahlen, war die Arbeit der Frauen. Früh am Morgen setzten sie sich an ihre Handmühlen. Das waren zwei gleich große Steinscheiben, die übereinander lagen. Der untere Stein hatte in der Mitte einen Zapfen, der obere ein Loch. Die Körner wurden in das Loch geschüttet, und der obere Stein wurde an einem Handgriff auf dem unteren gedreht. So wurden die Körner zu Mehl zerrieben. Es gab auch größere Mühlen, bei denen der obere Stein von einem Esel gedreht wurde.
Nach dem Mahlen buk man den Tagesvorrat an Brot. Das Mehl wurde mit Wasser, Salz und einem Rest sauer gewordenem Teig vom Vortag in einem Backtrog vermischt, eine Zeitlang geknetet und zu dünnen Fladen von 20–50 cm Durchmesser geformt. Die Fladen hatten manchmal ein Loch in der Mitte. Man buk sie auf Metallplatten, die über das Feuer gelegt und erhitzt waren, oder klebte sie in den oberen Teil eines zylinderförmigen Backofens. Zum Essen wurde das Brot nicht geschnitten, sondern gebrochen oder gerissen.

Der Sämann

«Hört zu. Da wollte einmal ein Bauer säen. Beim Säen fiel etwas auf den Weg, und die Vögel kamen und pickten es auf. Anderes fiel auf steinigen Boden. Da hatte es zuwenig Erde, keinen rechten Wurzelgrund. Es schlug gleich aus, verbrannte in der Sonnenhitze und verdorrte, weil es keine Wurzeln hatte. Noch anderes fiel in die Dornhecken. Die wucherten darüber hin und erstickten es; so brachte es keine Frucht. Und was auf den guten Boden fiel, das wuchs, wurde reif und brachte guten Ertrag: dreißig, sechzig, ja hundert Körner aus einem.»
Und Jesus sagte: «Wer das gehört hat, soll sich's merken.»

Das Gleichnis vom Sämann wird erklärt

Als Jesus mit seinen Anhängern und den Zwölf wieder allein war, fragten sie ihn, was er mit dem Beispiel meine.
Er sagte zu ihnen: «Wenn ihr dieses Beispiel nicht begreift, wie wollt ihr dann alle anderen begreifen?
Der Bauer sät die Botschaft Gottes.
Bei denen auf dem Weg ist es so: Da wird die Botschaft verbreitet, und kaum haben sie sie gehört, kommt der Teufel und nimmt sie fort.
Ebenso ist es mit denen auf dem steinigen Boden: Sie hören die Botschaft und nehmen sie mit Freude an. Aber es sind Menschen ohne feste Wurzeln, ohne Ausdauer. Wenn sie wegen der Botschaft Schwierigkeiten haben und verfolgt werden, geben sie gleich auf.
Dann die andern, die in die Dornhecken fielen: Sie haben die Botschaft gehört. Aber da kommen die Sorgen des Alltags, der dumme Wunsch, reich zu sein, und die Gier nach allem Möglichen. Das macht sich in ihnen breit und erstickt die Botschaft; so kann sie nichts nützen.
Und die auf dem guten Boden: Sie hören die Botschaft und nehmen sie an. Dann bringt sie Frucht, dreißigfach, sechzigfach, hundertfach.»

Unkraut im Weizenfeld

Jesus gab ihnen noch ein anderes Beispiel: «Mit der Herrschaft Gottes ist es wie mit einem Mann, der guten Samen auf seinen Acker säte. Während die Leute schliefen, kam sein Feind, säte Unkraut ins Weizenfeld und machte sich davon.
Als das Korn wuchs und Ähren ansetzte, wuchs auch das Unkraut. Da kamen die Knechte zum Gutsherrn und fragten: ‹Herr, du hast doch guten Samen auf den Acker gesät. Woher kommt jetzt das Unkraut?›
Er gab ihnen zur Antwort: ‹Das hat wohl einer getan, der etwas gegen mich hat.›
Die Knechte fragten: ‹Was meinst du? Sollen wir es ausreißen?›
‹Nein›, erwiderte er, ‹sonst reißt ihr mir dabei noch Weizen aus. Es

soll beides miteinander wachsen, bis zur Ernte. Wenn es dann soweit ist, sage ich den Arbeitern: Sucht zuerst das Unkraut heraus, macht Bündel davon und werft sie ins Feuer. Dann führt den Weizen in die Scheune.›»

Senfkorn und Sauerteig

Als weitere Beispiele erzählte Jesus: «Mit der Herrschaft Gottes ist es wie mit Senfsamen, den einer auf seinen Acker sät. Dieser Samen ist kleiner als alle andern; aber wenn er wächst, wird er höher als alles andere auf dem Feld, baumhoch, so daß die Vögel kommen und in den Zweigen nisten. –
Und weiter ist es mit der Herrschaft Gottes wie mit Sauerteig. Nimmt eine Frau ein bißchen Sauerteig und mengt ihn unter sehr viel Mehl, so macht er den ganzen Teig sauer, durch und durch.»

Der König und sein Beamter

Petrus kam zu Jesus und fragte: «Herr, wenn mein Bruder mir immer wieder Unrecht tut und ich ihm verzeihe, wie oft muß ich das tun? Siebenmal?»
«Nicht siebenmal», gab ihm Jesus zur Antwort, «sondern siebzigmal siebenmal.
Darum ist es mit der Herrschaft Gottes wie mit einem König, der mit seinen Leuten abrechnen wollte. Gleich am Anfang brachte man einen Mann her, der ihm ungeheuer viel Geld schuldig war. Weil er nicht bezahlen konnte, befahl der König, ihn zu verkaufen, dazu seine Frau und seine Kinder und seinen ganzen Besitz, um die Schuld abzutragen. Der Beamte warf sich vor ihm zu Boden und bat: ‹Hab Geduld mit mir, ich will dir alles zurückzahlen.› Da tat er dem König leid; er schenkte ihm die Schuld und ließ ihn laufen.
Im Hinausgehen traf der Beamte einen andern, der ihm einen kleinen Betrag schuldig war. Er packte ihn, würgte ihn und sagte: ‹Bezahl, was du schuldig bist.›

Der andere warf sich nieder und bat: ‹Hab Geduld mit mir, ich will es dir zurückzahlen.› Aber dieser gab nicht nach und ließ ihn ins Gefängnis werfen, bis er die Schuld bezahlt haben würde.
Als die andern Beamten das sahen, regten sie sich auf, gingen zu ihrem Herrn und berichteten, was da passiert war. Darauf rief der Herr den Mann zu sich und sagte: ‹Du bist doch ein schlechter Kerl. Dir habe ich auf dein Bitten hin die ganze Schuld geschenkt. Dein Kollege mußte dir doch leid tun, wie du mir leid getan hast.› Und in seinem Zorn ließ ihn der Herr ins Gefängnis werfen, bis er die ganze Schuld bezahlt haben würde. So wird es mein Vater im Himmel mit euch machen, wenn nicht jeder von euch seinem Bruder von Herzen verzeiht.»

Das Bild vom letzten Gericht

«Wenn dann einst der Menschensohn kommt im Glanz seiner Macht, und alle Engel mit ihm, dann nimmt er Platz auf seinem Herrscherthron. Alle Völker werden sich vor ihm versammeln, und er wird sie voneinander absondern wie der Hirt die Schafe von den Böcken. Die Schafe stellt er dann auf seine rechte Seite, die Böcke aber auf die linke.
Dann sagt der König zu denen auf der rechten Seite: ‹Euch hat mein Vater gesegnet. Kommt, und wohnt in dem Reich, das schon seit Anfang der Welt für euch da ist. Denn ich hatte Hunger, und ihr habt mir zu essen gegeben. Ich hatte Durst, und ihr habt mir zu trinken gegeben. Ich war ein Fremder, und ihr habt mich aufgenommen. Ich war nackt, und ihr habt mir Kleider gegeben. Ich war krank, und ihr habt mich besucht. Ich war im Gefängnis, und ihr seid zu mir gekommen.›
Die guten Menschen werden ihn fragen: ‹Herr, wann haben wir dich hungrig gesehen und dir zu essen gegeben, oder durstig, und dir zu trinken gegeben? Wann haben wir dich als Fremden gesehn und dich aufgenommen, oder nackt, und dir Kleider gegeben? Wann haben wir dich krank oder im Gefängnis gesehen und sind zu dir gekommen?›
Dann antwortet ihnen der König: ‹Ich will euch sagen, wie es ist. Was ihr einem einzigen meiner armseligsten Brüder getan habt, habt ihr auch mir getan.›

Darauf redet er auch zu denen auf der linken Seite: ‹Ihr seid verflucht. Geht von mir weg, in das ewige Feuer, das der Vater für den Teufel und seine bösen Geister bereithält. Denn ich hatte Hunger, und ihr habt mir nicht zu essen gegeben. Ich hatte Durst, und ihr habt mir nicht zu trinken gegeben. Ich war ein Fremder, und ihr habt mich nicht aufgenommen. Ich war nackt, und ihr habt mir keine Kleider gegeben. Ich war krank und im Gefängnis, und ihr seid nicht zu mir gekommen.›
Auch sie werden ihn fragen: ‹Herr, wann haben wir dich hungrig oder durstig oder als Fremden oder nackt oder krank oder im Gefängnis gesehen, und haben uns nicht um dich gekümmert?›
Dann gibt er ihnen zur Antwort: ‹Ich will euch sagen, wie es ist. Was ihr mit keinem einzigen von den Armseligsten getan habt, habt ihr auch mit mir nicht getan.› Und diese werden in die ewige Strafe gehen, die guten Menschen dagegen in das ewige Leben.»

Das Festessen

Lukas: Jesus erzählte: «Ein Mann veranstaltete ein großes Festessen und hatte viele Leute eingeladen. Auf die angegebene Zeit schickte er einen Boten und ließ den Gästen sagen: ‹Kommt, es ist bereit.› Da brachte einer wie der andere eine Entschuldigung vor. Der erste sagte: ‹Ich habe einen Acker gekauft und muß ihn unbedingt besichtigen, entschuldige mich bitte.› – Ein anderer sagte: ‹Ich habe fünf Gespanne Rinder gekauft und muß sie ausprobieren, entschuldige mich bitte.› – Noch ein anderer sagte: ‹Ich habe eben geheiratet, und darum kann ich nicht kommen.› –

Mattäus: Jesus erzählte den Leuten weitere Beispiele. Er sagte: «Mit der Herrschaft Gottes ist es wie mit einem König, der für seinen Sohn die Hochzeit vorbereitete. Er schickte Boten aus, um die Leute einzuladen, die er als Gäste wünschte, aber diese wollten nicht kommen. Da schickte er nochmals Boten aus, diesmal andere, und ließ den Gästen ausrichten: ‹Jetzt habe ich das Essen vorbereitet. Die Ochsen und die Mastkälber sind geschlachtet, und alles steht bereit. Kommt zur Hochzeit.› Diese kümmerten sich jedoch nicht darum und gingen weg, einer aufs Feld und einer zu

Der Bote kehrte zurück und berichtete all das seinem Herrn. Der wurde zornig und befahl seinem Diener: ‹Geh rasch hinaus, durch die Straßen und Gassen der Stadt, und bring die Armen und die Krüppel, die Blinden und Lahmen her.› – Dann kam der Diener und meldete: ‹Herr, was du befohlen hast, ist gemacht, aber es hat noch Platz.› Da befahl der Herr: ‹Geh hinaus, den Landstraßen und Zäunen nach, und bring Leute her. Sie müssen unbedingt kommen, daß mein Haus voll wird.›»

seinem Handel. Die andern aber packten die Boten, mißhandelten sie und schlugen sie tot. Der König wurde zornig. Er schickte Truppen aus, ließ die Mörder umbringen und ihre Stadt verbrennen. Dann sagte er zu seinen Dienern: ‹Es ist alles bereit für die Hochzeit, aber die Gäste waren es nicht wert. Geht den Straßen nach und ladet alle, die ihr antrefft, zur Hochzeit ein.› Die Diener gingen auf die Straßen hinaus und holten alle her, die sie antrafen, Leute aller Art, und der Hochzeitssaal wurde voll Gäste.»

Aus der Bergpredigt

Die glücklichen Menschen

Es war eine ganze Schar von Leuten, die Jesus folgten. Sie kamen aus Galiläa, aus dem Gebiet der Zehn Städte, aus Jerusalem, aus Judäa, sogar von der andern Seite des Jordan. Als Jesus sah, wieviele es waren, stieg er einen Hügel hinan und setzte sich dort; seine Schüler standen neben ihm. Nun fing er an zu reden und verkündete seine Lehre:
«Glücklich sind die Menschen, die mit leeren Händen vor Gott stehen. Ihnen gehört der Himmel.
Glücklich sind die Menschen, die trauern und klagen. Gott wird sie trösten.
Glücklich sind die Menschen, die von Gewalt nichts wissen wollen. Ihnen wird die Erde gehören.
Glücklich sind die Menschen, die Hunger und Durst haben nach der Gerechtigkeit. Gott läßt sie satt werden.
Glücklich sind die Menschen, die andern helfen wollen. Sie werden die Hilfe Gottes finden.
Glücklich sind die Menschen, die ihr Herz rein behalten. Sie werden Gott sehen.
Glücklich sind die Menschen, die Frieden stiften. Gott wird sie als seine Kinder anschauen.
Glücklich sind die Menschen, die verfolgt werden, weil sie wollen, was Gott recht ist. Ihnen gehört der Himmel.
Glücklich seid ihr, wenn man euch meinetwegen beschimpft und verfolgt, und verlogen alles Böse von euch sagt. Seid froh darüber und voll Freude; im Himmel werdet ihr reich belohnt dafür. Denn lange vor euch hat man auch schon die Propheten verfolgt.»

Salz für die Erde

«Ihr seid das Salz für die Erde. Wenn aber das Salz fad wird, womit kann man es dann wieder salzig machen? Es ist nichts mehr wert, wird fortgeworfen und von den Leuten zertreten.
Ihr seid das Licht für die Welt. Wenn eine Stadt auf einem Hügel liegt, kann sie nicht verborgen bleiben. Überhaupt zündet man kein Licht an und stellt es unter einen Kübel, sondern auf den Leuchter; dann gibt es allen im Hause hell.
So muß euer Licht vor den Augen der Menschen leuchten. Sie sollen sehen, daß ihr Gutes tut, und sollen euren Vater im Himmel loben.»

Jesus legt Gebote aus

«Ihr kennt das Gebot, das eure Vorfahren bekamen: Du sollst nicht töten. Wer tötet, gehört vor Gericht. –
Ich aber sage euch: Jeder, der seinen Bruder haßt, gehört vor Gericht. Wer zu seinem Bruder sagt ‹du spinnst›, gehört vor den Hohen Rat. Und wer sagt ‹du Tropf›, der gehört in die Feuerhölle.
Angenommen, du bringst ein Opfer zum Altar, und dort kommt dir in den Sinn, daß ein Bruder etwas gegen dich hat. Dann laß dein Opfer dort beim Altar liegen. Geh zuerst zu deinem Bruder und mach Frieden mit ihm, und dann komm und bring dein Opfer dar.
Mach, daß du mit einem Prozeßgegner wieder auskommst, aber schnell, solange du noch mit ihm unterwegs bist. Sonst liefert er dich dem Richter aus, und der Richter dem Gerichtsdiener, und man bringt dich ins Gefängnis. Ich sage dir, dort kommst du nicht heraus, bis du den letzten Rappen bezahlt hast.

Ihr kennt das Gebot: Auge um Auge, und Zahn um Zahn. –
Ich aber sage euch: Leistet der Bosheit nicht Widerstand. Im Gegenteil, wenn dich einer auf die rechte Backe schlägt, so halt ihm auch die andere hin. Und wenn einer mit dir vor Gericht gehen und dir dein Kleid nehmen will, so laß ihm auch den Mantel. Und wenn einer dich zwingen will, eine Meile mit ihm zu gehen, so geh zwei. Wenn einer dich bittet, so gib ihm, und will sich einer etwas von dir ausleihen, so wende dich nicht ab.

Ihr kennt das Gebot: Du sollst deinen Mitmenschen lieben und deinen Feind hassen. –
Ich aber sage euch: Liebt eure Feinde, und betet für die, die euch plagen. So seid ihr Kinder eures Vaters im Himmel. Denn er läßt die Sonne über den Bösen scheinen wie über den Guten, und regnen läßt er über die Gerechten wie über die Ungerechten. Wie kann euch Gott belohnen, wenn ihr nur die liebt, die euch lieben? Das tut ja jeder Zöllner. Und wenn ihr nur mit euren Brüdern verkehrt, was tut ihr dann Besonderes? Das machen ja die Heiden auch. Wirklich, ihr müßt vollkommen sein, wie euer Vater im Himmel vollkommen ist.»

Vom Helfen

«Paßt auf, daß ihr die Gebote Gottes nicht darum befolgt, daß euch die Leute dabei sehen. Sonst findet ihr bei eurem Vater im Himmel keinen Lohn dafür.
Wenn du also einem Armen hilfst, dann laß es nicht in den Synagogen und in den Gassen ausposaunen. So machen es die Scheinheiligen, damit sie von den Leuten gelobt werden. Ich sage dir, ihren Lohn dafür haben sie verspielt.
Wenn du einem Armen hilfst, dann darf deine linke Hand nicht wissen, was die rechte tut. Deine Hilfe muß verborgen bleiben. Dein Vater sieht ja, was verborgen ist; er wird dir den Lohn dafür geben.»

Vom Fasten

«Beim Fasten sollt ihr nicht so wehleidig dreinschauen wie die Scheinheiligen. Die machen so ein Gesicht, damit die Leute ihnen das Fasten ansehen. Ich sage euch, ihren Lohn dafür haben sie verspielt.
Wenn du also fastest, dann salbe dein Haar und wasche dein Gesicht. Du sollst dein Fasten nämlich nicht den Leuten zeigen, sondern deinem Vater im Verborgenen. Der Vater sieht ja, was verborgen ist; er wird dir den Lohn dafür geben.»

Vom Beten

«Beim Beten sollt ihr es nicht so machen wie die Scheinheiligen. Die beten nämlich gern in den Synagogen und an den Straßenecken, damit die Leute sie sehen. Ich sage euch, ihren Lohn dafür haben sie verspielt.
Geh zum Beten in dein Zimmer, mach die Tür zu und bete zum Vater im Verborgenen. Der Vater sieht ja, was verborgen ist; er wird dir den Lohn dafür geben.
Auch sollt ihr beim Beten nicht unnütz daherreden wie die Heiden. Die meinen nämlich, sie werden erhört, wenn sie viele Worte machen. Macht es nicht wie sie, denn was ihr nötig habt, das weiß euer Vater schon ehe ihr ihn bittet.
So sollt ihr beten:
Vater im Himmel, deinen Namen soll man heilig halten.
Deine Herrschaft soll zur Wirkung kommen, und auf der Erde soll dein Wille gelten wie im Himmel.
Gib uns, was wir nötig haben für den nächsten Tag.
Verzeih uns unser Unrecht, gleich wie wir denen verziehen haben, die uns Unrecht tun.
Stell uns nicht auf die Probe, sondern mach uns vom Bösen frei.»

Dic christlichen Kirchen des deutschen Sprachgebiets haben sich auf die folgende ökumenische Fassung des Gebets geeinigt:
Unser Vater / Vater unser im Himmel, geheiligt werde dein Name. Dein Reich komme. Dein Wille geschehe wie im Himmel, so auf Erden. Unser tägliches Brot gib uns heute. Und vergib uns unsere Schuld, wie auch wir vergeben unseren Schuldigern. Und führe uns nicht in Versuchung, sondern erlöse uns von dem Bösen. Denn dein ist das Reich und die Kraft und die Herrlichkeit in Ewigkeit. Amen.

Gott hört die Gebete

«Bittet, dann gibt man euch. Sucht, dann findet ihr. Klopft an, dann tut man euch auf. Denn wer bittet, wird bekommen; wer sucht, wird finden, und wer klopft, dem wird man auftun.

Oder würde einer von euch seinem Sohn einen Stein geben, wenn er ihn um Brot bittet? Oder würde er ihm eine Schlange geben, wenn er um Fisch bittet?
Ihr seid zwar schlecht, und doch wißt ihr, was für eure Kinder gut ist. Erst recht wird euer Vater im Himmel denen Gutes geben, die ihn bitten.»

Gegen die Alltagssorgen

«Niemand kann zwei Herren zugleich dienen. Entweder haßt er den einen und liebt den andern, oder er ist dem einen treu und achtet den andern nicht. Ihr könnt nicht Gott und dem Geld zugleich dienen.
Darum sage ich euch: Macht euch nicht Sorgen, ob ihr zu leben habt, zu essen und zu trinken. Auch nicht, ob ihr etwas anzuziehen habt. Ist das Leben nicht wichtiger als das Essen, und der Körper wichtiger als die Kleider?
Seht doch, wie es bei den Vögeln ist. Sie säen nichts und ernten nichts und speichern nichts auf, aber euer Vater im Himmel sorgt für ihre Nahrung. Seid ihr nicht viel mehr wert als sie? Kann einer von euch mit seinen Sorgen sein Leben auch nur ein Stücklein länger machen?
Und warum macht ihr euch Sorgen, ob ihr etwas anzuziehen habt? Schaut doch, wie die Lilien auf dem Feld wachsen. Sie arbeiten nicht und spinnen nicht, aber ich sage euch, Salomo war trotz seiner ganzen Pracht nicht so gekleidet wie eine von diesen Blumen. Wenn Gott das Ackerkraut so kleidet, das heute dasteht und morgen in den Ofen geworfen wird, dann erst recht euch. Euch fehlt es am Glauben.
Macht euch also nicht Sorgen, und fragt nicht: Was sollen wir essen? Was sollen wir trinken? Was sollen wir anziehen? – Um solches Zeug kümmern sich die Heiden. Euer Vater im Himmel weiß, daß ihr das alles nötig habt. Denkt lieber zuerst an seine Herrschaft und an seine Gebote, dann bekommt ihr das alles noch dazu.
Darum macht euch nicht Sorgen für den nächsten Tag. Der nächste Tag bringt seine eigenen Sorgen. Ein Tag hat am eigenen Übel genug.»

Das Urteil über die andern

«Warum schaust du auf einen Splitter im Auge deines Bruders und spürst den Balken im eigenen Auge nicht? Oder wieso darfst du deinem Bruder sagen: Halt, ich will dir den Splitter aus deinem Auge ziehen! – Dabei hast du selber einen Balken im Auge. Zieh zuerst den Balken aus dem eigenen Auge, du Scheinheiliger, dann kannst du daran denken, wie du den Splitter aus dem Auge des Bruders ziehst.»

Die Nächstenliebe

«Mit den Menschen sollt ihr so umgehen, wie ihr wünscht, daß sie mit euch umgehen. Das ist es, was im Gesetz und bei den Propheten steht.»

Das Haus auf dem Felsen

«Wenn einer hört, was ich sage, und sich danach richtet, so gleicht er einem klugen Mann, der sein Haus auf einen Felsen baut. Da können Platzregen fallen, Überschwemmungen kommen und Stürme an dem Haus rütteln; es stürzt nicht ein, weil es auf Fels steht.
Wenn dagegen einer hört, was ich sage, und sich nicht danach richtet, so gleicht er einem unvernünftigen Mann, der sein Haus auf Sandgrund baut. Da fallen Platzregen, es kommen Überschwemmungen, und die Stürme rütteln am Haus; dann stürzt es ein, und das ist ein böser Sturz.»

Passion und Ostern

Jerusalem und der Tempel zur Zeit von Jesus

König Herodes hatte den Befehl gegeben, die Tempelanlage zu vergrößern. Nach seinem Tode wurde das Werk fortgesetzt. Baumeister und Handwerker arbeiteten mehr als achtzig Jahre lang daran. Reiche Juden, auch aus dem Ausland, spendeten Gold und Silber, ein Bankier aus Ägypten zum Beispiel das Gold zum Beschlagen der Tempeltore. Man erzählte, eines der Tore sei so schwer gewesen, daß zwanzig Mann nötig waren, um es zu öffnen oder zu schließen.

Weil nur Priester die heiligen Räume betreten durften, konnten die Bauarbeiten dort nur von ihnen ausgeführt werden. Im Allerheiligsten wurden die Wände mit Goldplatten belegt. Über dem Vorhang zum Heiligen wurde ein Weinstock aus purem Gold angebracht, mit Trauben so groß wie ein Mensch. Rund um die heiligen Räume lagen Vorhöfe und Nebengebäude: ein Gerichtshaus, eine Bäckerei für die Opferbrote, Räume für die Priester. Diesen heiligen Bezirk durften Andersgläubige nicht betreten. Er lag etwas erhöht und war von einer Mauer begrenzt.

Ringsherum erstreckte sich der weite Tempelplatz, der sogenannte Vorhof der Heiden. Er war auf allen Seiten von Säulenhallen umgeben. Dort herrschte reges Leben. In einer Halle gab es Verkaufsstände, wo man sich Opfertiere aussuchen und Geld zum Bezahlen der Tempelsteuer wechseln konnte. In einer anderen Halle saßen die Schriftgelehrten und unterrichteten ihre Schüler. Hier kamen auch die Pharisäer oder Sadduzäer zusammen. Den ganzen Tempelbezirk umschloß eine hohe, starke Mauer.

Der neue Tempel erstrahlte in Weiß und Gold. Er war ein so großartiges Kunstwerk, daß die Leute sagten: Wer den Tempel des Herodes nicht sah, hat noch nie etwas wirklich Schönes gesehen. – Zum Ärger der Juden ließ aber Herodes über einem der Eingangstore einen Adler anbringen, das Zeichen des römischen Kaisers. So wurden die Juden auch im Tempel daran erinnert, daß sie nicht frei waren. Außerdem errichtete Herodes an der nordwestlichen Ecke der Tempelanlage eine starke Burg, die er Antonia nannte. Sie lag noch höher als der Tempel, und man konnte von dort aus alles überwachen.

7. Jerusalem zur Zeit von Jesus

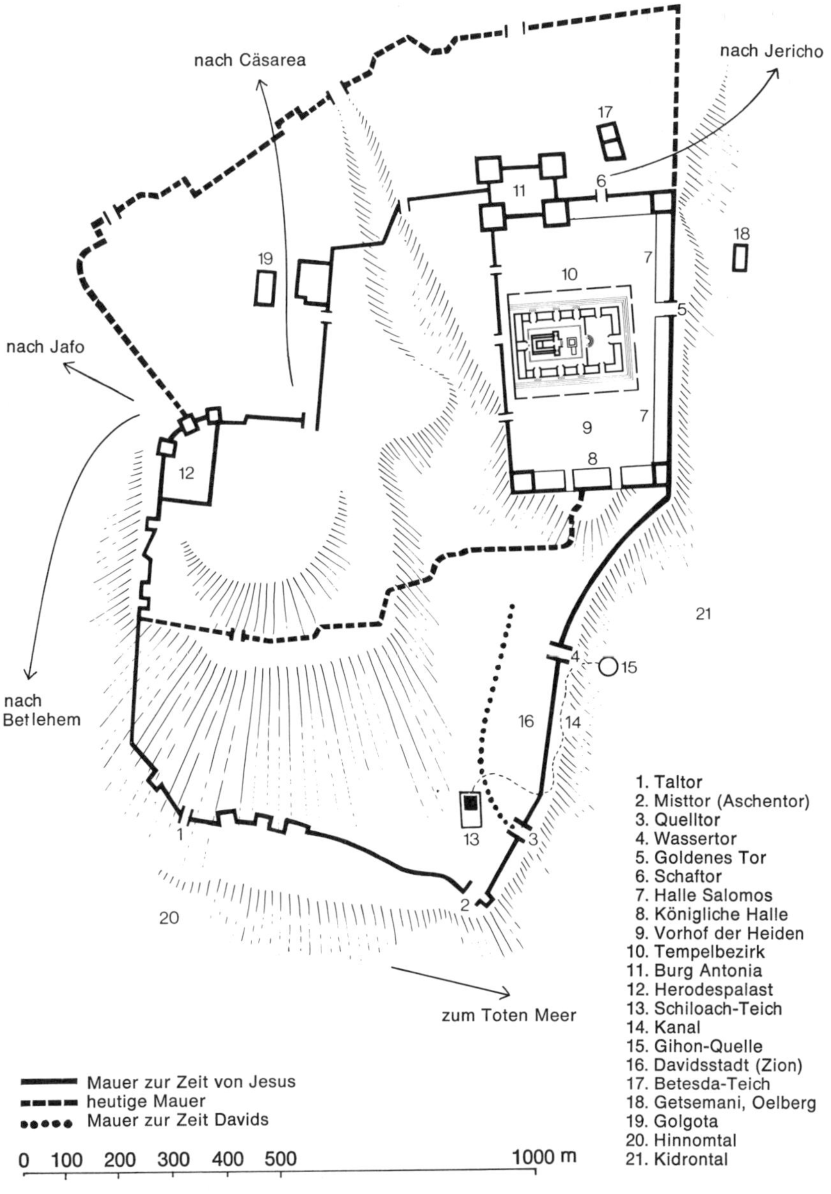

1. Taltor
2. Misttor (Aschentor)
3. Quelltor
4. Wassertor
5. Goldenes Tor
6. Schaftor
7. Halle Salomos
8. Königliche Halle
9. Vorhof der Heiden
10. Tempelbezirk
11. Burg Antonia
12. Herodespalast
13. Schiloach-Teich
14. Kanal
15. Gihon-Quelle
16. Davidsstadt (Zion)
17. Betesda-Teich
18. Getsemani, Oelberg
19. Golgota
20. Hinnomtal
21. Kidrontal

Tempelanlage und Burg Antonia. Modell

Zur Zeit von Jesus hatte die Burg eine römische Besatzung.
Im Tempel kamen die Juden aus Palästina und dem Ausland vor allem an den großen Festen zusammen, denn es war vorgeschrieben, am Pas-chafest (Ostern), am Wochenfest (Pfingsten) und am Laubhüttenfest im Tempel zu erscheinen. Zehntausende von Pilgern bevölkerten dann die Stadt und drängten sich in dichten Scharen zu den Opfern und heiligen Handlungen.
Auch an jedem anderen Tag im Jahr brachten Priester am Abend und am Morgen im Tempel ein Brandopfer dar. Dabei waren außer den Priestern, die gerade Dienst hatten, immer auch Vertreter des Volkes anwesend. Einmal in seinem Leben durfte jeder Priester im Heiligen das Rauchopfer darbringen. Das Allerheiligste zu

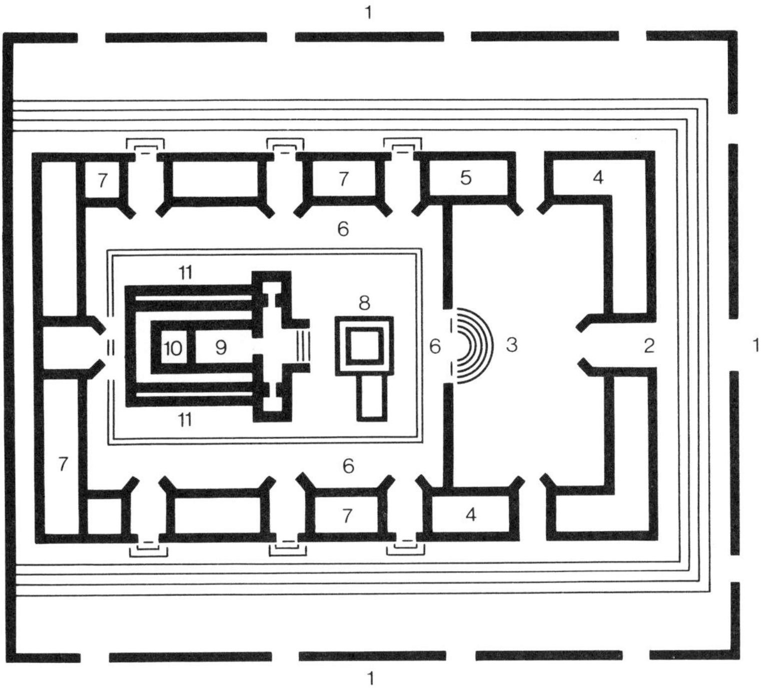

Der Herodestempel von Jerusalem. Grundriss

1 *Mauer zwischen dem Vorhof der Heiden und dem Tempelbezirk*
2 *Schönes Tor*
3 *Vorhof der Frauen*
4 *Räume für Holz, Wein und Öl*
5 *Raum für die vom Aussatz Geheilten*
6 *Vorhof der Männer*
7 *Nebenräume für Opfergaben, Bäckerei*
8 *Brandopferaltar im Vorhof der Priester*
9 *Heiliges mit Leuchter, Räucheraltar und Schaubrottisch*
10 *Allerheiligstes*
11 *Nebenräume und Schatzkammern*

betreten, war nur dem obersten Priester erlaubt, und zwar einmal im Jahr, am großen Versöhnungstag.
In einem Raum auf dem Tempelberg versammelte sich der Hohe Rat. Das war die oberste Behörde für alle Glaubens- und Gesetzesfragen der Juden. Der Hohe Rat durfte auch Gericht halten. Den Vorsitz führte der oberste Priester. Unter den siebzig Mitgliedern waren Vertreter der vornehmsten jüdischen Familien und der alten Priestergeschlechter. Sie gehörten zur Partei der Sadduzäer. Einige Sitze im Hohen Rat hatten die Schriftgelehrten inne. Diese waren fast alle Pharisäer. Der oberste Priester war der mächtigste Mann in Jerusalem, denn der römische Statthalter wohnte in Cäsarea am Meer.

Aus dem Evangelium von Markus

Jesus kommt nach Jerusalem

Auf dem Weg nach Jerusalem kamen Jesus und seine Begleiter nach Betanien am Ölberg, in die Nähe der Stadt. Jesus schickte zwei von ihnen voraus und sagte: «Geht in das Dorf da vorn. Gleich beim Eingang findet ihr ein Füllen angebunden, auf dem noch kein Mensch gesessen hat. Bindet es los und bringt es her. Wenn euch jemand fragt: Was macht ihr da? gebt ihr zur Antwort: Der Herr braucht es und schickt es nachher gleich wieder zurück.»
Sie gingen und fanden ein Füllen, an einem Tor angebunden, außen auf der Straßenseite. Sie banden es los. Ein paar von den Leuten, die dort standen, fragten sie:
«Warum bindet ihr das Füllen los? Was soll das heißen?»
Sie gaben so Antwort, wie Jesus es ihnen aufgetragen hatte; da ließ man sie machen. Sie brachten das Füllen zu Jesus und legten ihre Mäntel darüber, und Jesus setzte sich darauf. Viele Leute legten ihre Mäntel auf den Weg, andere streuten Zweige hin, die sie auf dem Feld abgeschnitten hatten. Manche gingen voraus, andere hinterher, und alle schrien: «Hilfe kommt von Gott! Segen für den, der da in Gottes Auftrag kommt! Segen für das Königreich unseres Vaters David, das jetzt kommt! Hilfe kommt von Gott im Himmel!»
Jesus ging nach Jerusalem zum Tempel. Dort schaute er sich alles genau an, bis es Abend wurde. Spät ging er dann mit den Zwölf wieder nach Betanien hinaus.

Jesus muß leiden und sterben

Es war zwei Tage vor dem Pas-cha und der Woche der ungesäuerten Brote. Die Oberpriester und die Schriftgelehrten suchten einen Weg, Jesus hintenherum gefangen zu nehmen und zu töten.
«Aber nicht am Fest», sagten sie, «sonst gibt es einen Volksaufstand.»

In Betanien saß Jesus im Haus von Simon dem Aussätzigen beim Essen. Da kam eine Frau mit einem Alabasterfläschchen voll echtem, teurem Nardenöl. Sie zerbrach das Fläschchen und goß ihm das Öl über den Kopf. Ein paar Anwesende ärgerten sich darüber und sagten zueinander: «Was für eine Verschwendung! Man hätte das Öl doch für mehr als 300 Denare verkaufen und das Geld den Armen geben können.» Und sie machten der Frau Vorwürfe.
Aber Jesus sagte: «Laßt sie! Warum macht ihr der Frau Kummer? Sie hat mir etwas Gutes getan. Arme Leute habt ihr immer um euch herum und könnt ihnen Gutes tun, so oft ihr wollt; aber mich habt ihr nicht für immer. Sie hat getan, was sie konnte; sie hat mich im voraus zum Begräbnis gesalbt. Eins ist sicher, auf der ganzen Welt, überall, wo man die gute Botschaft verkündet, da wird man auch berichten, was sie getan hat, zu ihrem Andenken.»

Judas Iskariot, der von den Zwölf, ging zu den Oberpriestern, um Jesus in ihre Hände zu liefern. Sie hörten das mit Vergnügen und versprachen ihm Geld. Judas wartete nun auf eine Gelegenheit, ihn auszuliefern.

Der erste Tag der Festwoche war gekommen, der Tag, an dem man das Pas-chalamm schlachtet. Da sagten die Schüler zu Jesus: «Wir möchten das Pas-chaessen für dich vorbereiten. Wohin wollen wir gehen?»
Er schickte zwei von ihnen zur Stadt und sagte: «Ihr werdet dort einen Mann treffen, der einen Wasserkrug trägt. Geht ihm nach und folgt ihm auch in das Haus, in das er dann hineingeht. Sagt zum Hausherrn: Der Meister läßt fragen ‹Wo finde ich Platz, um mit meinen Begleitern das Pas-cha zu essen?› – Dann wird er euch einen großen Raum im obern Stockwerk zeigen, mit Teppichen belegt und bereit. Macht uns dort das Essen zurecht.»
Da gingen die beiden zur Stadt, fanden alles so, wie Jesus gesagt hatte, und bereiteten das Pas-chaessen vor.

Gegen Abend kam Jesus mit den Zwölf. Als sie bei Tisch waren und aßen, sprach Jesus:
«Ich will euch etwas sagen. Einer von euch wird mich in fremde Hände liefern, einer, der hier mit mir ißt.»
Sie wurden traurig. Einer nach dem andern fing an und fragte: «Doch nicht ich?»

«Einer von euch zwölf», sagte Jesus, «einer, der hier mit mir in die Schüssel greift. Denn der Menschensohn muß sterben, wie es über ihn in der Schrift steht. Doch wehe dem Mann, von dem er verraten wird. Es wäre gut für ihn, wenn er nie geboren worden wäre.»
Beim Essen nahm Jesus Brot und sprach das Dankgebet. Er brach es in Stücke, gab sie den andern und sagte: «Nehmt, das ist mein Leib.» Dann nahm er einen Becher und sprach wieder das Dankgebet. Er reichte ihn den andern, und alle tranken daraus. Er sagte zu ihnen: «Das ist mein Blut, das für viele fließen wird, Blut für den Bundesschluß. Ich sage euch, von jetzt an trinke ich keinen Wein mehr, bis ich ihn im Reich Gottes von neuem trinke.»

Nach dem Essen sangen sie das Loblied, dann gingen sie zum Ölberg hinaus.
Jesus sagte zu ihnen: «Ihr werdet davonlaufen, alle zusammen, denn es heißt in der Schrift: Ich werde den Hirten schlagen, dann laufen die Schafe auseinander. – Aber wenn ich dann zum Leben erweckt bin, gehe ich euch voraus nach Galiläa.»
Da sagte Petrus zu ihm: «Und wenn alle davonlaufen – ich sicher nicht.»
Jesus gab ihm zurück: «Ich will dir etwas sagen. Gerade du wirst heute nacht dreimal sagen, du wissest nichts von mir, noch ehe der Hahn zweimal kräht.»
Petrus versicherte aber steif und fest: «Und wenn ich mit dir sterben müßte – nie werde ich sagen, ich wisse nichts von dir.»
So redeten auch alle andern.
Sie kamen zu einem Stück Land namens Getsemani. Dort sagte Jesus zu seinen Begleitern: «Setzt euch hier nieder, bis ich gebetet habe.» Petrus, Jakobus und Johannes nahm er mit sich.
Da kam Entsetzen und Angst über ihn, und er sagte zu ihnen: «Ich bin todtraurig. Bleibt hier und bleibt wach.»
Er ging etwas weiter, warf sich auf den Boden und betete, er möchte von der schweren Stunde verschont bleiben, wenn es sein könnte. «Abba (Vater)!» sagte er, «dir ist alles möglich. Mach, daß ich diesen Kelch nicht trinken muß. Aber nicht wie ich will, sondern wie du willst.»
Dann kam er zurück und fand die andern eingeschlafen. Er sagte zu Petrus: «Simon, du schläfst? Konntest du nicht einmal eine Stunde wach bleiben? Bleibt wach, und betet, daß ihr nicht schwach werdet. Der Geist hat den guten Willen, aber der Körper ist schwach.»
Jesus ging wieder weg und betete mit den gleichen Worten wie vorher.

Als er zurückkam, fand er sie wieder eingeschlafen. Sie brachten kaum die Augen auf und wußten nicht, was sie sagen sollten. Beim drittenmal sagte er zu ihnen: «Da schlaft ihr immer weiter und ruht euch aus! Genug jetzt, es ist soweit; der Menschensohn kommt in die Gewalt der Gottlosen. Steht auf, wir wollen gehen. Mein Verräter ist schon in der Nähe.»
Er hatte noch nicht ausgeredet, da kam Judas, der von den Zwölf, von den Oberpriestern und Schriftgelehrten und Ältesten her, begleitet von einer Schar Leute mit Schwertern und Knütteln. Mit ihnen hatte der Verräter folgendes Zeichen verabredet: «Der ist es, dem ich einen Kuß gebe. Nehmt ihn gefangen und führt ihn ab.»
Kaum war Judas herangekommen, ging er auf Jesus zu, sagte «Meister!» und küßte ihn. Da ergriffen sie ihn und nahmen ihn gefangen. Einer von denen, die um Jesus herumstanden, zog das Schwert, griff einen Knecht des obersten Priesters an und hieb ihm ein Ohr ab.
Jesus sagte zu ihnen: «Mit Knütteln und Schwertern seid ihr gekommen, um mich gefangen zu nehmen, wie wenn ich ein Räuber wäre. Dabei war ich Tag für Tag bei euch im Tempel und predigte; da habt ihr mich nicht festgenommen. Aber es muß eben wahr werden, was in den Schriften steht.»
Alle ließen ihn im Stich und liefen davon. Ein junger Mann war ihm nachgegangen, der trug nichts als ein Leinenkleid auf dem Leib. Als sie ihn ebenfalls festnehmen wollten, ließ er das Kleid fahren und rannte nackt davon.

Sie brachten Jesus zum obersten Priester. Alle oberen Priester und Ältesten und Schriftgelehrten kamen dort zusammen. Petrus folgte ihm, weit hintennach, und kam bis in den Hof des obersten Priesters. Er setzte sich zu den Knechten und wärmte sich am Feuer.
Die Oberpriester und das ganze Gericht suchten Aussagen gegen Jesus, damit sie ihn zum Tod verurteilen konnten, fanden aber keine. Viele sagten nämlich falsch aus, und ihre Aussagen waren nicht gleich. Und ein paar standen auf und kamen mit der falschen Angabe: «Wir haben gehört, wie er sagte: Diesen Tempel, der von Menschenhand gemacht ist, werde ich abbrechen und nach drei Tagen einen andern errichten, der nicht von Menschenhand gemacht ist.» Aber auch so waren ihre Aussagen nicht gleich.
Da stand der oberste Priester auf, trat in die Mitte und fragte Jesus: «Antwortest du nichts auf das, was die da gegen dich sagen?»
Aber Jesus schwieg und gab keine Antwort.

Der oberste Priester fing noch einmal an und fragte: «Bist du der versprochene Retter, der Sohn Gottes?»
Jesus sagte: «Ich bin es. Und ihr werdet sehen, daß der Menschensohn zur rechten Hand Gottes sitzt und hoch in den Wolken des Himmels daherkommt.»
Da zerriß der oberste Priester sein Gewand und rief: «Wozu brauchen wir noch Zeugen? Ihr habt gehört, wie er Gott beleidigt. Was meint ihr?»
Alle zusammen stimmten dafür, er habe den Tod verdient. Einige fingen an, ihn anzuspucken, oder sie verdeckten ihm die Augen, schlugen mit den Fäusten auf ihn ein und forderten ihn auf: «Sag, wer war das?» Auch die Diener schlugen auf ihn los.

Während Petrus unten im Hof war, kam eine von den Mägden des obersten Priesters. Sie sah, wie er dasaß und sich wärmte, blickte ihn an und sagte: «Du warst auch bei dem aus Nazaret, bei Jesus.»
Er stritt es ab und sagte: «Ich weiß nicht, was du meinst; ich komme nicht nach.»
Er ging in den Vorhof hinaus, da krähte der Hahn.
Die Magd sah ihm nach und sagte zu denen, die dort herumstanden: «Das ist einer von ihnen.»
Wieder stritt es Petrus ab.
Aber bald sagten auch die Leute, die dort herumstanden: «Es ist doch wahr, du bist einer von ihnen, du bist ja ein Galiläer.»
Jetzt fing er an, sich zu verfluchen und schwor: «Ich kenne den Menschen nicht, von dem ihr da redet.»
Da krähte der Hahn zum zweitenmal. Es kam Petrus in den Sinn, wie Jesus zu ihm gesagt hatte ‹Ehe der Hahn zweimal kräht, wirst du dreimal sagen, du wissest nichts von mir›, und er fing an zu weinen.

Am andern Morgen fällte das ganze Gericht sein Urteil, die Oberpriester samt den Ältesten und den Schriftgelehrten. Sie ließen Jesus gefesselt abführen und lieferten ihn an Pilatus aus.
Pilatus fragte ihn: «Bist du der König der Juden?»
Jesus gab zur Antwort: «Es ist, wie du sagst.»
Die Oberpriester brachten viele Anklagen gegen ihn vor. Da fragte ihn Pilatus wieder: «Antwortest du gar nichts? Du hörst doch, was sie alles gegen dich vorbringen.»
Doch Jesus gab keine Antwort mehr, so daß Pilatus sich verwunderte.

Zum Fest gab Pilatus den Juden immer einen Gefangenen frei, den sie sich ausbitten konnten. Da lag gerade einer namens Barabbas im Kerker, zusammen mit andern, weil sie beim letzten Volksaufstand einen Mord begangen hatten. Nun drängte das Volk zur Burg hinauf und fing an zu schreien; sie verlangten von Pilatus die übliche Freilassung. Er fragte sie: «Soll ich euch den König der Juden freigeben?»
Er hatte nämlich gemerkt, daß die Oberpriester ihn aus Eifersucht ausgeliefert hatten. Aber die Oberpriester stifteten das Volk an, er sollte ihnen lieber Barabbas freigeben.
Pilatus fragte weiter: «Was soll ich denn mit dem tun, den ihr den König der Juden nennt?»
Da schrien sie: «Kreuzige ihn!»
Doch Pilatus fragte sie: «Was hat er denn verbrochen?»
Sie schrien immer lauter: «Kreuzige ihn!»
Pilatus wollte dem Volk seinen Willen lassen, darum gab er ihnen Barabbas frei. Jesus ließ er auspeitschen und befahl, ihn zu kreuzigen.

Die Soldaten führten Jesus in den Burghof und riefen die ganze Kohorte zusammen. Sie zogen ihm einen Purpurmantel an, flochten eine Krone aus Dornzweigen und setzten sie ihm auf. Dann fingen sie an, ihn zu grüßen: «Heil dir, König der Juden!» Sie schlugen ihn mit einem Stock über den Kopf, spuckten ihn an und beugten die Knie und warfen sich vor ihm nieder.
Als sie ihn verspottet hatten, zogen sie ihm den Purpur aus und legten ihm seine eigenen Kleider wieder an.

Dann führten sie ihn aus der Stadt, um ihn zu kreuzigen. Sie zwangen einen Mann, der gerade vom Feld kam und ihnen begegnete, Jesus das Kreuz zu tragen. Es war Simon von Zyrene, der Vater von Alexander und Rufus.
Sie brachten Jesus zu einem Ort namens Golgota (übersetzt heißt das ‹Totenkopf›). Dort gaben sie ihm Wein mit Myrrhe darin, aber er nahm ihn nicht. Dann kreuzigten sie ihn und verteilten seine Kleider unter sich; sie losten aus, was jeder bekommen sollte. Es war neun Uhr morgens, als sie ihn kreuzigten. Auf der Tafel, wo seine Schuld angegeben war, stand ‹Der König der Juden›. Zusammen mit ihm kreuzigten sie zwei Straßenräuber, den einen rechts von ihm, den andern links.
Die Vorübergehenden verspotteten ihn, schüttelten die Köpfe und sagten: «He du, du brichst ja den Tempel ab und richtest ihn in drei

Tagen wieder auf – hilf dir jetzt selber! Komm vom Kreuz herab!» Auf die gleiche Art machten sich die Oberpriester samt den Schriftgelehrten über ihn lustig und sagten: «Andern hat er geholfen, sich selber kann er nicht helfen! Der Christus, der König von Israel – jetzt soll er vom Kreuz herabsteigen, daß wir es sehen und glauben.» Auch die andern, die mit Jesus gekreuzigt waren, beschimpften ihn.
Am Mittag kam Dunkelheit über das ganze Land, drei Stunden lang. Es war gegen drei Uhr, da schrie Jesus laut: «Eloi, eloi, lama sabachtani?» (übersetzt heißt das: mein Gott, mein Gott, warum hast du mich verlassen?)
Ein paar von denen, die dort standen, hörten es und sagten: «Hört, er ruft den Elija.»
Einer ging und füllte einen Schwamm mit Essig, steckte ihn auf eine Stange und gab Jesus zu trinken. Dabei sagte er: «Wollen sehen, ob Elija kommt, um ihn herabzuholen.»
Dann stieß Jesus einen lauten Schrei aus und starb. Und der Vorhang im Tempel riß entzwei, von oben bis unten. Der römische Hauptmann, der beim Kreuz stand, Jesus gegenüber, und sah, wie er starb, sagte: «Dieser Mann war wirklich der Sohn Gottes.»
Von weitem sahen auch Frauen zu. Maria von Magdala war dabei, die Mutter des jüngeren Jakobus und des Joses, auch Salome. Diese waren Jesus nachgegangen und hatten für ihn gesorgt, als er noch in Galiläa war. Auch viele andere waren da, die ihn auf dem Weg nach Jerusalem begleitet hatten.

Als es schon gegen Abend ging – es war nämlich Rüsttag, d.h. der Tag vor dem Sabbat –, da kam ein angesehener Ratsherr, Josef von Arimatäa, auch einer, der auf die Ankunft der Herrschaft Gottes wartete, und wagte es, zu Pilatus zu gehen. Er bat um die Leiche von Jesus. Pilatus fragte verwundert, ob er schon tot sei. Er ließ den Hauptmann rufen und erkundigte sich, ob er schon lange gestorben sei. Als er vom Hauptmann Auskunft bekommen hatte, überließ er Josef die Leiche. Dieser besorgte sich Leinen, nahm Jesus herab und wickelte ihn in die Tücher. Dann legte er ihn in ein Grab, das in den Fels gehauen war, und wälzte den Stein vor den Eingang der Grabkammer. Maria von Magdala und die andere Maria, die Mutter des Joses, schauten zu und sahen, wo er hingelegt wurde.

Als der Sabbat vorbei war, kauften Maria von Magdala, die Mutter des Jakobus, und Salome wohlriechende Salben. Sie wollten hingehen

und ihn damit einreiben. Früh am andern Tag kamen sie zum Grab, bei Sonnenaufgang. Sie sagten noch zueinander: «Wer wird uns den Stein vom Eingang fortwälzen?» Dieser war nämlich sehr groß.
Als sie hinschauten, sahen sie, daß der Stein zur Seite gewälzt war. Sie gingen in die Grabkammer hinein und sahen rechts einen jungen Mann sitzen, in einem langen weißen Kleid; das war ein großer Schreck für sie.
Er sagte aber zu ihnen: «Ihr braucht nicht zu erschrecken. Ihr sucht Jesus von Nazaret, der gekreuzigt wurde. Er ist zum Leben erweckt worden. Er ist nicht hier; hier ist nur der Ort, wo sie ihn hingelegt haben. Geht zu Petrus und den andern Begleitern und richtet ihnen aus: Er geht euch voraus nach Galiläa. Dort seht ihr ihn dann, wie er euch gesagt hat.»
Sie gingen wieder hinaus und rannten vom Grab weg, denn Zittern und Schrecken hatte sie gepackt. Und niemandem sagten sie etwas, denn sie hatten Angst.

Grabkammer im Fels mit Rollstein

Aus dem Evangelium von Johannes

Petrus und Johannes am leeren Grab

Am Sonntag früh, als es noch dunkel war, ging Maria von Magdala zum Grab und sah, daß der Stein vor dem Eingang zur Seite gewälzt war. Da lief sie zu Simon Petrus und jenem andern Schüler, den Jesus lieb hatte, und sagte zu ihnen: «Sie haben den Herrn aus dem Grab genommen, aber wir wissen nicht, wohin sie ihn gelegt haben.»
Petrus und der andere Schüler machten sich auf den Weg zum Grab hinaus. Beide beeilten sich. Der andere lief schneller als Petrus und kam zuerst zum Grab.
Wie er sich vorbeugte und hineinblickte, sah er die Leinenbinden daliegen. Er ging aber nicht hinein. Nun kam auch Simon Petrus hinterher, ging in die Grabkammer hinein und sah sich die Tücher an. Das Schweißtuch, das auf dem Kopf gelegen hatte, war aber nicht bei den Tüchern, sondern zusammengerollt an einem Ort für sich.
Jetzt ging auch der andere, der zuerst zum Grab gekommen war, in die Kammer. Er sah und glaubte. Sie hatten aber immer noch nicht verstanden, was in der Schrift steht, nämlich daß er nach dem Tod wieder lebendig werden müsse. Dann gingen sie beide wieder heim.

Maria aus Magdala sieht den auferstandenen Jesus

Maria stand draußen vor dem Grab und weinte. Wie sie so weinte, beugte sie sich vor, in die Grabkammer hinein, und erblickte zwei Engel, ganz in Weiß. Sie saßen dort, wo Jesus gelegen hatte, der eine beim Kopf, der andere bei den Füßen.
Sie sagten zu ihr: «Frau, warum weinst du?»
Sie antwortete: «Sie haben meinen Herrn fortgenommen, und ich weiß nicht, wohin sie ihn gelegt haben.» Nach diesen Worten wandte sie sich um und sah Jesus dastehen, wußte aber nicht, daß es Jesus war.
Er sagte zu ihr: «Frau, warum weinst du? Wen suchst du?»

Sie meinte, er sei der Gärtner, und sagte zu ihm: «Hast du ihn fortgenommen, Herr? So sag mir, wo du ihn hingelegt hast, dann hole ich ihn.»
Da sagte Jesus zu ihr: «Maria!»
Sie schaute ihn an und sagte: «Rabbuni!» – das ist Hebräisch und heißt Meister.
Jesus sagte zu ihr: «Faß mich nicht an, denn ich bin noch nicht zu meinem Vater hinaufgegangen. Geh zu meinen Brüdern und richte ihnen aus: Ich gehe hinauf, zu meinem Vater und eurem Vater, zu meinem Gott und eurem Gott.»
Maria von Magdala ging und meldete den Schülern, sie habe den Herrn gesehen, und so habe er zu ihr gesprochen.

Jesus erscheint seinen Schülern

Es war Sonntagabend geworden. Im Hause, wo die Schüler sich versammelt hatten, waren die Türen aus Angst vor den Juden verriegelt. Da kam Jesus, trat mitten unter sie und sagte zu ihnen: «Ich wünsche euch Frieden!»
Nach diesem Gruß zeigte er ihnen seine Hände und auch die Seite. Es wurde den Schülern wohl ums Herz, als sie den Herrn sahen.
«Ich wünsche euch Frieden», sagte er noch einmal zu ihnen. «Wie mich der Vater geschickt hat, so schicke ich euch.»
Nach diesen Worten hauchte er sie an und sagte: «Nehmt, das ist heiliger Geist. Wenn ihr den Leuten ihre Schuld vergebt, dann soll sie ihnen vergeben bleiben. Laßt ihr sie damit beladen, so sollen sie damit beladen bleiben.»
Einer von den Zwölf, Thomas mit dem Beinamen Zwilling, war aber nicht bei ihnen, als Jesus kam. Die andern sagten ihm nachher: «Wir haben den Herrn gesehen.»
Aber Thomas erwiderte: «Ich will die Nagellöcher in seinen Händen sehen und meine Finger hineinlegen, und ich will meine Hand in seine Seitenwunde legen, sonst glaube ich es nicht.»
Acht Tage später waren die Schüler wieder dort im Haus, samt Thomas. Jesus kam, obwohl die Türen verriegelt waren, trat mitten unter sie und sagte: «Ich wünsche euch Frieden!»
Dann wandte er sich zu Thomas: «Streck deinen Finger her, da sind

meine Hände. Und streck deine Hand her und leg sie mir in die Seite. Und sei nicht ungläubig, sondern gläubig!»
Thomas antwortete: «Mein Herr und mein Gott!»
Jesus sagte zu ihm: «Hast du geglaubt, weil du mich erblickt hast? Glücklich sind die, welche nicht sehen und doch glauben.»
In Gegenwart seiner Schüler tat Jesus noch viele andere Zeichen, die in diesem Buch nicht aufgeschrieben sind. Doch diese hier sind aufgeschrieben, damit ihr glaubt, daß Jesus der Christus ist, der Sohn Gottes, und damit ihr im Glauben durch seine Kraft das Leben findet.

Aus dem Evangelium von Lukas

Die Frauen finden das Grab leer

Früh am Sonntagmorgen kamen die Frauen zum Grab hinaus, mit den Salben, die sie zubereitet hatten. Sie fanden den Stein vom Grabeingang weggewälzt. Als sie hineingingen, fanden sie die Leiche von Jesus nicht und wußten gar nicht, was sie davon denken sollten.
Da traten zwei Männer in glänzenden Kleidern zu ihnen. Die Frauen bekamen Angst und blickten zu Boden. Die Männer sagten zu ihnen: «Warum sucht ihr den Lebendigen bei den Toten? Er ist nicht hier, sondern ist wieder zum Leben erweckt worden. Denkt daran, was er zu euch gesagt hat, als er noch in Galiläa war: Der Menschensohn muß in die Gewalt von schlechten Leuten kommen und gekreuzigt werden und am dritten Tag wieder auferstehen.»
Da kamen ihnen die Worte wieder in den Sinn. Als sie zurückkamen, meldeten sie alles den Elf und auch den andern. Es waren Maria aus Magdala, Johanna, Maria, die Mutter des Jakobus, und andere mit ihnen, die das den Aposteln erzählten. Diesen kam der Bericht vor wie Geschwätz und sie glaubten ihnen nicht.

Begegnung auf dem Weg nach Emmaus

Zwei der Schüler waren am gleichen Tag unterwegs nach Emmaus, einem Dorf etwas mehr als zwei Stunden von Jerusalem. Dabei redeten sie miteinander von allem, was passiert war. Wie sie sich so unterhielten und alles genau besprachen, kam Jesus selber hinzu und ging mit ihnen. Ihre Augen waren aber wie verdeckt, und sie erkannten ihn nicht.
Er fragte sie: «Was sind das für Gespräche, die ihr da unterwegs miteinander führt?»
Sie blieben stehen, mit trübseligen Gesichtern, und der eine, Kleopas hieß er, gab zur Antwort: «Bist du der einzige in Jerusalem, der nicht weiß, was dort in diesen Tagen passiert ist?»
«Was denn?» fragte er.
«Das mit Jesus von Nazaret», antworteten sie. «Der war ein Prophet, und alles, was er vor Gott und den Leuten tat und redete, das hatte Kraft. Den haben unsere Oberpriester und die Behörden zum Tod verurteilt und kreuzigen lassen. Dabei hatten wir gehofft, er sei der Mann, der Israel die Rettung bringen sollte. Und zu alledem ist heute schon der dritte Tag, seit das passiert ist. Aber auch ein paar von den Frauen, die zu uns gehören, haben uns aufgeregt. Heute früh waren sie beim Grab und fanden die Leiche nicht. Da kamen sie und berichteten, sie hätten eine Erscheinung gehabt, Engel, und die hätten gesagt, er lebe. Ein paar von uns gingen zum Grab hinaus und fanden es so, wie die Frauen berichtet hatten; ihn selber haben sie aber nicht gesehen.»
Jesus sagte zu ihnen: «O ihr! Ihr versteht nichts, ihr seid zu stumpf! Sonst würdet ihr glauben, nach allem, was es bei den Propheten heißt. Es mußte doch so sein, daß der Christus leidet und erst dann seine Herrschaft beginnt.» Und angefangen bei Mose und den Propheten erklärte er ihnen in allen Schriften, was über ihn geschrieben steht.
Sie kamen in die Nähe des Dorfes, das ihr Ziel war. Er tat, als wollte er weitergehen, doch sie baten ihn dringend: «Bleib bei uns. Es geht gegen Abend, und es wird bald dunkel.» Da ging er mit und blieb bei ihnen.
Als er mit ihnen am Essen war, nahm er Brot und sprach das Dankgebet; dann brach er es in Stücke und gab sie ihnen. Jetzt gingen ihnen die Augen auf, und sie erkannten ihn; aber er verschwand vor ihnen.
Sie sagten zueinander: «War es nicht wie Feuer in unserem Herz, als er unterwegs mit uns redete, als er uns die Schriften erklärte?»
Sogleich standen sie auf und kehrten nach Jerusalem zurück. Sie fanden die Elf beieinander, samt andern Schülern. Diese berichteten ihnen:

«Der Herr ist wirklich zum Leben erweckt worden; er ist dem Simon erschienen.»
Sie selber erzählten, was auf dem Weg geschehen war, und wie sie ihn am Brotbrechen erkannt hatten.

Jesus nimmt Abschied von seinen Schülern

Sie redeten gerade darüber, da trat er selber mitten unter sie. Angst und Schrecken kamen über sie, und sie meinten, sie sähen einen Geist. Er sagte zu ihnen: «Warum seid ihr erschrocken? Und warum kommen euch Zweifel? Da! Ihr könnt an meinen Händen und Füßen sehen, daß ich es selber bin. Faßt mich an und seht: Ein Geist hat nicht Fleisch und Knochen wie ich.»
Sie trauten der Freude noch nicht recht und staunten immer noch. Da fragte er: «Habt ihr etwas zu essen hier?» Sie gaben ihm ein Stück gebratenen Fisch; das nahm er und aß es vor ihren Augen.
Er sagte zu ihnen: «Schon als ich noch bei euch war, habe ich euch erklärt, daß alles wahr werden muß, was im Gesetz des Mose, bei den Propheten und in den Psalmen über mich geschrieben steht.»
Er öffnete ihnen den Verstand, damit sie die Schriften begriffen, und sagte zu ihnen: «Es steht geschrieben, der Christus würde auf diese Weise leiden und am dritten Tag nach dem Tod wieder lebendig werden. Und im Vertrauen auf ihn soll man seine Schuld bereuen, damit sie einem weggenommen wird. Das muß bei allen Völkern verkündet werden, angefangen mit Jerusalem. Ihr als Zeugen habt den Auftrag dafür. Ich werde euch schicken, was mein Vater versprochen hat. Bleibt aber in der Stadt, bis die Kraft Gottes über euch gekommen ist.»
Dann führte er sie gegen Betanien hinaus, hob seine Hände und segnete sie. Während er sie segnete, entfernte er sich von ihnen. Darauf kehrten sie voll Freude nach Jerusalem zurück. Sie waren die ganze Zeit im Tempel und lobten Gott.

Apostelgeschichte

Der Auftrag an die Apostel

Nach seinem Leiden zeigte Jesus den Aposteln durch viele Beweise, daß er lebendig war. Vierzig Tage lang erschien er ihnen und redete zu ihnen über die Herrschaft Gottes.
Einmal, als er mit ihnen aß, gebot er ihnen: «Verlaßt Jerusalem nicht. Wartet, bis mein Vater sein Versprechen erfüllt hat, von dem ich zu euch geredet habe. Johannes hat mit Wasser getauft, aber ihr werdet in wenigen Tagen mit heiligem Geist getauft.»
Ein anderes Mal, als sie zusammengekommen waren, fragten sie ihn: «Herr, richtest du jetzt in Israel die Herrschaft Gottes auf?»
Er antwortete ihnen: «Die Zeiten hat der Vater in seiner Macht bestimmt. Es ist nicht an euch, sie zu kennen. Aber der heilige Geist wird auf euch kommen. Ihr erhaltet Kraft und könnt für mich und meine Sache reden, in Jerusalem, in ganz Judäa und Samaria, und auf der ganzen Erde.»
Als er das gesagt hatte, sahen sie, wie er emporgehoben wurde. Eine Wolke nahm ihn auf und entzog ihn ihren Blicken.
Während sie in die Höhe starrten, wie er fortging, da standen plötzlich zwei weißgekleidete Männer bei ihnen und sagten: «Ihr Männer aus Galiläa! Was steht ihr da und schaut zum Himmel hinauf? Dieser Jesus ist von euch weg in den Himmel gehoben worden. Und so, wie ihr gesehen habt, daß er in den Himmel ging, wird er auch wiederkommen.»
Darauf kehrten die Apostel vom Ölberg – er ist von der Stadt gerade soweit entfernt, wie man am Sabbat gehen darf – nach Jerusalem zurück. Nach ihrer Rückkehr gingen sie in das Obergeschoß des Hauses, wo sie sich aufzuhalten pflegten: Petrus und Johannes, Jakobus und Andreas, Philippus und Thomas, Bartolomäus und Mattäus, Jakobus, der Sohn des Alfäus, Simon, der Freiheitskämpfer, und

Judas, der Sohn des Jakobus. Dort beteten sie die ganze Zeit gemeinsam mit den Frauen und mit Maria, der Mutter von Jesus, und mit seinen Brüdern.

Pfingsten

Pfingsten war gekommen, und alle Apostel waren beieinander. Plötzlich kam ein Brausen vom Himmel her, wie wenn ein heftiger Sturm daherfährt, und füllte das ganze Haus, in dem sie saßen. Es erschienen ihnen Zungen wie von Feuer, die sich verteilten und sich auf jeden von ihnen niederließen. Alle wurden mit heiligem Geist erfüllt und fingen an, in fremden Sprachen zu reden, wie der Geist ihnen zu sprechen eingab.

In Jerusalem waren fromme Juden aus allen Ländern der Welt. Als das Brausen entstand, liefen die Leute in Scharen zusammen. Sie waren ganz bestürzt, denn jeder hörte die Apostel in seiner eigenen Sprache reden.

Vor Staunen gerieten sie ganz außer sich und sagten: «Sind es nicht alles Galiläer, die da reden? Wie kommt es, daß jeder von uns sie in seiner Muttersprache reden hört? Dabei hat es Parther, Meder und Elamiter hier, Leute aus Mesopotamien und ganz Kleinasien, aus Ägypten und Libyen, Römer, die hier wohnen, Juden und zum Judenglauben Bekehrte, Kreter und Araber. Und wir hören, wie sie in unserer Sprache von den großen Taten Gottes reden.»

Alle waren ganz erregt und verwirrt. Die einen sagten zueinander: «Was hat das zu bedeuten?» Andere machten sich lustig und sagten: «Sie haben einen Rausch.»

Da trat Petrus vor sie hin, zusammen mit den Aposteln, und fing laut und feierlich zu reden an: «Ihr Juden, und ihr alle hier in Jerusalem! Ihr sollt wissen, was da geschieht. Hört mir zu! Diese Männer hier sind nicht betrunken, wie ihr meint; es ist ja erst neun Uhr. Nein, hier ist etwas wahr geworden, das die Propheten vorausgesagt haben.

Ihr Israeliten, hört, was ich sage! Jesus von Nazaret war ein Mann mit einem Auftrag von Gott. Durch ihn ließ Gott mitten unter euch, ihr wißt es, große Taten vollbringen, Zeichen und Wunder. Ihr habt ihn durch gesetzlose Menschen ans Kreuz geschlagen und umgebracht. Gott wußte und wollte, daß es so kommen würde. Aber er hat ihn

zum Leben erweckt und ihn von den Qualen des Todes befreit. Es war ja unmöglich, daß er vom Tod festgehalten wurde.
Gott hat diesen Jesus zum Leben erweckt; wir alle sind Zeugen dafür. Gott rief ihn in den Himmel an seine Seite. Der Vater gab ihm, was er ihm versprochen hatte: den heiligen Geist. Diesen hat er jetzt auf uns ausgegossen, wie ihr seht und hört. Das ganze Volk Israel soll nun wissen und sicher sein: Gott hat diesen Jesus, den ihr gekreuzigt habt, zum Herrn und Retter gemacht.»
Als die Leute das hörten, traf es sie ins Herz, und sie fragten Petrus und die andern Apostel: «Brüder, was sollen wir tun?»
Petrus antwortete ihnen: «Zeigt eure Reue. Jeder von euch soll sich im Namen von Jesus Christus taufen lassen. Dann wird euch eure Schuld vergeben, und als Gabe bekommt ihr den heiligen Geist. Denn das Versprechen Gottes gilt für euch und eure Kinder, auch für alle in der Ferne, die der Herr, unser Gott, noch rufen wird.»
Viele nahmen an, was er sagte, und ließen sich taufen, an jenem Tag gegen dreitausend Menschen. Sie ließen sich von den Aposteln unterweisen und lebten als Gemeinde; sie aßen und beteten gemeinschaftlich.

Die Gemeinschaft der ersten Christen

Durch die Apostel geschahen viele Zeichen und Wunder, und das machte auf alle Leute tiefen Eindruck.
Alle, die gläubig geworden waren, blieben beisammen und hatten alles gemeinsam. Sie verkauften ihr Land und was sie sonst besaßen und verteilten das Geld an alle, je nachdem es einer nötig hatte.
Jeden Tag hielten sich alle im Tempel auf. Die gemeinsamen Mahlzeiten hielten sie in den Häusern hin und her, waren froh dabei und hatten ein reines Herz. Sie lobten Gott, und alle Leute mochten sie gern.

Ein Lahmgeborener wird geheilt

Petrus und Johannes gingen eines Nachmittags zur Gebetsstunde in den Tempel hinauf. Da wurde ein Mann herbeigetragen, der von Geburt an lahm war. Man setzte ihn täglich beim Schönen Tor des Tempels hin, damit er bei den Leuten, die in den Tempel gingen, um eine Gabe betteln konnte.

Er sah, wie Petrus und Johannes in den Tempel gehen wollten, und bettelte sie um eine kleine Gabe an. Die beiden betrachteten den Mann, und Petrus sagte: «Sieh uns an!»

Der Mann richtete seinen Blick auf sie und erwartete, er würde etwas von ihnen bekommen.

Da sagte Petrus: «Ich habe kein Silber und kein Gold. Aber was ich habe, das gebe ich dir: Im Namen von Jesus Christus aus Nazaret – geh umher!»

Er nahm ihn bei der rechten Hand und zog ihn hoch. Im gleichen Augenblick kam Kraft in seine Füße und Gelenke. Er sprang auf und konnte stehen und gehen. Da kam er mit ihnen in den Tempel, ging hin und her, machte Luftsprünge und dankte Gott. Alle Leute sahen, wie er umherging und Gott dankte.

Sie erkannten ihn als den Bettler, der gewöhnlich beim Schönen Tor saß, und sie verwunderten sich und konnten kaum fassen, was mit ihm geschehen war. Während der Geheilte nahe bei Petrus und Johannes blieb, lief bei ihnen, in der Salomohalle, das ganze Volk zusammen und war außer sich vor Staunen. Petrus sah das und wandte sich an die Leute:

«Warum staunt ihr diesen Mann so an, ihr Israeliten? Warum staunt ihr uns an, wie wenn wir mit unserer eigenen Kraft oder Frömmigkeit gemacht hätten, daß er gehen kann? Der Gott unserer Vorfahren, der Gott von Abraham, Isaak und Jakob hat die Macht seines Sohnes Jesus gezeigt. Das ist der Jesus, den ihr abgelehnt und den Römern ausgeliefert habt, damals vor Pilatus, als dieser beschlossen hatte, ihn freizulassen. Heilig war er und unschuldig, aber ihr wolltet nichts von ihm wissen; ihr habt gebeten, daß euch ein Mörder geschenkt würde. Ihr habt den Mann umgebracht, in dem alles Leben seinen Anfang hat. Gott hat ihn nach dem Tod zum Leben erweckt, und wir sind Zeugen dafür.

Durch den Glauben an Jesus hat der Mann da, den ihr seht und kennt, wieder Kraft bekommen. Von Jesus kam der Glaube, und der hat ihn vor euren Augen wieder ganz gesund gemacht.

Nun, ihr Brüder, ich weiß, ihr hattet damals keinen Begriff davon, was ihr tatet, und auch eure Behörden nicht. Aber Gott hat durch die Worte aller Propheten zum voraus angekündigt, daß Christus, sein Gesalbter, leiden werde, und er ließ es auf diese Weise wahr werden. Ändert jetzt euer Leben, und bereut euer Unrecht, damit es euch vergeben wird!»
Während Petrus und Johannes zu den Leuten redeten, kamen Priester mit dem Tempelkommandanten und den Sadduzäern auf sie zu. Diese waren aufgebracht, weil die Apostel die Leute lehrten und am Beispiel von Jesus verkündeten, es gebe eine Auferstehung nach dem Tode. Sie verhafteten die beiden und setzten sie, weil es schon Abend war, bis zum andern Tag ins Gefängnis. Aber viele von denen, die ihre Lehre gehört hatten, wurden gläubig; es waren jetzt gegen fünftausend Männer.

Petrus und Johannes vor dem Hohen Rat

Am nächsten Tag versammelte sich in Jerusalem der Hohe Rat: die Ältesten und die Schriftgelehrten, dazu die obersten Priester Hannas und Kajafas, Johannes und Alexander, und alle aus den Oberpriesterfamilien. Sie stellten die Apostel in die Mitte und fragten: «Mit wessen Hilfe habt ihr das getan? Wer hat euch die Macht gegeben?»
Da hielt ihnen Petrus, vom heiligen Geist belehrt, eine Rede: «Hohe Herren und Vorsteher! Wir haben einem kranken Mann Gutes getan, und jetzt werden wir gefragt, wodurch er gesund geworden sei. Ihr alle sollt es wissen, und das ganze Volk Israel: Er steht gesund vor euch durch die Kraft von Jesus Christus aus Nazaret, den ihr gekreuzigt habt. Aber Gott hat Jesus nach dem Tod zum Leben erweckt. Dieser ist der Stein, den die Bauleute – eben ihr! – verachtet haben; aber er ist zum Eckstein geworden. Durch keinen andern ist Rettung möglich. Für die Menschen gibt es keine andere Macht auf der Welt, durch die wir gerettet werden können.»
Den andern fiel auf, wie offen und mutig Petrus und Johannes redeten. Sie bemerkten, daß es einfache, ungelehrte Leute waren, und wunderten sich. Sie wußten auch, daß sie Begleiter von Jesus gewesen waren. Weil sie den geheilten Mann bei ihnen stehen sahen, konnten sie nichts dagegen sagen. Da befahlen sie ihnen, die Sitzung zu verlassen, und

berieten dann miteinander: «Was sollen wir mit diesen Leuten machen? Durch sie ist offenbar ein Wunder geschehen; alle Einwohner von Jerusalem können es sehen, und wir können es nicht abstreiten. Aber es darf unter den Leuten nicht noch länger herumerzählt werden. Darum wollen wir ihnen drohen und befehlen, sie dürften zu keinem Menschen mehr von Jesus reden.»
Dann ließen sie die beiden rufen und verboten ihnen, überhaupt noch weiter im Namen von Jesus zu reden oder zu lehren. Petrus und Johannes gaben jedoch zur Antwort: «Überlegt selber: Ist es recht vor Gott, wenn man auf euch mehr hört als auf Gott? Unmöglich können wir von dem, was wir gesehen und gehört haben, nicht reden.»
Da drohten sie den Aposteln nochmals. Sie fanden aber keine Möglichkeit, sie zu bestrafen; darum ließen sie sie frei, auch wegen der Leute. Alle lobten nämlich Gott für das, was geschehen war; denn der Mann, an dem sich diese wunderbare Heilung ereignet hatte, war über vierzig Jahre alt.

Stephanus

In Stephanus war Gnade und Kraft, so daß er unter den Leuten Dinge vollbrachte, die ganz unbegreiflich waren und Aufsehen erregten. Einige Leute aus den Gemeinden der nordafrikanischen und kleinasiatischen Juden forderten ihn zu Diskussionen heraus. Doch gegen die göttliche Weisheit in seinen Worten konnten sie nicht aufkommen. Nun stifteten sie Männer dazu an, daß sie behaupteten: «Wir haben gehört, wie er in seinen Reden Mose und Gott beleidigt.» Damit hetzten sie das Volk und die Vorsteher und die Schriftgelehrten auf. Sie gingen auf Stephanus los, packten ihn und schleppten ihn vor den Hohen Rat.
Bestochene Zeugen traten auf und sagten aus: «Dieser Mann redet andauernd gegen den Tempel und gegen das Gesetz. Wir haben gehört, wie er sagte, Jesus aus Nazaret werde diesen Tempel zerstören und alle Bräuche ändern, die wir seit den Zeiten von Mose befolgen.»
Alle Mitglieder des Hohen Rates blickten gespannt auf Stephanus, und es kam ihnen vor, als habe er ein Gesicht wie ein Engel. Aber der oberste Priester fragte: «Stimmt das?»

Darauf hielt ihnen Stephanus eine lange Rede. Er erinnerte sie daran, wie Mose von Gott dazu bestimmt wurde, das Volk Israel zu führen und zu lehren; denn Gott wollte alles wahr machen, was er Abraham versprochen hatte. Trotzdem seien die Israeliten widerspenstig gewesen und hätten sich immer wieder gegen Mose und damit gegen den Willen Gottes gesperrt. – Weiter erinnerte sie Stephanus an das heilige Zelt. Auf den Befehl Gottes hätten es die Israeliten in der Wüste aufgestellt und über den Jordan gebracht und bis auf Davids Zeit beibehalten, bis Salomo den Tempel baute. Aber Gott, sagte Stephanus, könne nicht in einem Bau von Menschenhand wohnen, und er zeigte ihnen das an einem Wort aus den Schriften des Propheten Jesaja: Mein Thron ist der Himmel, spricht Gott, und die Erde mein Fußschemel. Was wollt ihr mir da ein Haus bauen oder einen Ort für mich suchen? – Und Stephanus beendete seine Rede mit Vorwürfen:

«Starrköpfe seid ihr. Eure Ohren und Herzen sind verschlossen, und immer sperrt ihr euch gegen den Willen Gottes, genau wie eure Vorfahren. Welchen Propheten haben eure Vorfahren nicht verfolgt? Umgebracht haben sie die, welche voraussagten, der Retter würde kommen. Und diesen habt ihr verraten und ermordet.»

Als die andern das hörten, kochten sie innerlich vor Wut und waren erbittert gegen Stephanus. Er aber, von heiligem Geist erfüllt, blickte nach oben. Da sah er Gott in seiner ganzen Macht und Pracht, und Jesus an der rechten Seite Gottes. Er rief aus: «Ich sehe die Himmel offen, und wie der Menschensohn an der rechten Seite Gottes steht!»

Da erhoben sie ein lautes Geschrei, hielten sich die Ohren zu und stürzten sich alle zugleich auf ihn. Sie schleppten ihn zur Stadt hinaus, um ihn zu steinigen. Neben einem jungen Mann – Saulus hieß er – legten die Zeugen ihre Kleider ab.

Während sie Stephanus steinigten, rief er Jesus an und sagte: «Herr, nimm mein Leben zu dir!» Dann fiel er auf die Knie und rief laut: «Herr, trage ihnen dieses Unrecht nicht nach!» – Nach diesen Worten starb er.

Fromme Männer begruben ihn und hielten für ihn eine feierliche Totenklage.

An jenem Tag begann man in Jerusalem, die Christengemeinde heftig zu verfolgen. Auch Saulus, der mit der Ermordung von Stephanus ganz einverstanden war, suchte die Christen auszurotten. Er drang in ihre Häuser ein, schleppte Männer und Frauen heraus und ließ sie ins Gefängnis bringen. Da zerstreuten sich mit Ausnahme der Apostel alle Christen über das ganze Gebiet von Judäa und Samaria.

Philippus tauft einen Äthiopier

Die zerstreuten Christen zogen herum und verbreiteten ihre Lehre. Einer von ihnen, Philippus, kam in die Hauptstadt von Samaria und verkündete dort, Christus sei der Retter. Scharen von Leuten waren gepackt von dem, was er sagte, denn sie hörten und sahen, daß er unerhörte Dinge tat.
Ein Bote Gottes sagte aber zu Philippus: «Mach dich auf und geh nach Süden, bis zu der verlassenen Straße von Jerusalem nach Gaza.»
Philippus machte sich auf den Weg. Da befand sich gerade ein Äthiopier, der nach Jerusalem gepilgert war, auf der Heimreise. Es war ein Hofbeamter der äthiopischen Königin, ihr Finanzverwalter. Er saß in seinem Wagen und las im Buch des Propheten Jesaja.
Nun vernahm Philippus die Stimme Gottes: «Geh zu dem Wagen dort und bleib in seiner Nähe.»
Er ging hin und hörte, wie der Mann aus dem Buch Jesaja las. Da fragte er: «Verstehst du eigentlich, was du da liest?»
Der Äthiopier erwiderte: «Wie sollte ich das können, wenn es mir niemand erklärt?» Und er lud Philippus ein, sich zu ihm in den Wagen zu setzen.
Nun hatte er eben den folgenden Schriftabschnitt gelesen: Er tat seinen Mund nicht auf, wie ein Schaf, das man zum Schlachten führt, wie ein Lamm, das sich ohne einen Laut scheren läßt. Weil er so tief erniedrigt wurde, gab es kein Gericht für ihn. Keiner kann seine Nachkommen zählen. Denn sein Leben ist von der Erde fortgenommen. –
Der Äthiopier fragte Philippus: «Bitte sag mir, von wem spricht der Prophet? Von sich selber oder von einem andern?»
Da fing Philippus zu reden an. Er ging von diesem Schriftabschnitt aus und machte ihn mit der guten Botschaft von Jesus bekannt. Unterwegs kamen sie zu einem Wasserlauf.
«Hier gibt es Wasser», sagte der Äthiopier. «Kann ich mich nicht taufen lassen? Gibt es ein Hindernis?»
Er ließ den Wagen anhalten. Beide stiegen zum Wasser hinab, und Philippus taufte den Äthiopier.

Petrus bei Cornelius

Bei der Italischen Kohorte in Cäsarea gab es einen Hauptmann mit Namen Cornelius. Er und alle in seinem Haus glaubten an Gott und waren fromme Leute. Er tat viel Gutes für arme Juden und brachte viel Zeit mit Beten zu.
Einmal, es war an einem Nachmittag gegen drei Uhr, hatte er eine Erscheinung. Er sah deutlich, wie ein Bote Gottes bei ihm eintrat, und dieser redete ihn mit seinem Namen an. Cornelius blickte ihn an und sagte erschrocken: «Was ist, Herr?»
Der Bote antwortete: «Was du gebetet hast und was du den Armen gegeben hast, das ist zu Gott hinaufgestiegen, und er denkt daran. Schick Leute nach Jafo und laß einen Mann zu dir holen: Simon heißt er, mit dem Beinamen Petrus. Er wohnt bei einem Gerber Simon, der ein Haus am Meer hat.»
Als der Bote, der mit ihm gesprochen hatte, fortgegangen war, rief Cornelius zwei von seinen Sklaven und einen frommen Soldaten. Ihnen erzählte er alles und schickte sie dann nach Jafo.
Am andern Tag, als sie auf ihrem Weg schon in die Nähe von Jafo gekommen waren, stieg Petrus gegen Mittag auf das Hausdach, um zu beten. Dann bekam er Hunger und verlangte zu essen. Während man ihm etwas zubereitete, hatte er eine Erscheinung.
Er sah den Himmel offen, und es kam etwas herab wie ein großes Leintuch, das an den vier Zipfeln auf die Erde herabgelassen wurde. Darin waren alle vierfüßigen Tiere, alle Kriechtiere und alle Vögel, die es auf der Erde und in der Luft gibt. Er vernahm eine Stimme: «Petrus, schlachte und iß!»
Doch Petrus sagte: «Auf keinen Fall, Herr. Ich habe noch nie etwas Unreines gegessen.»
Da vernahm er die Stimme zum zweitenmal: «Was Gott als rein erklärt hat, darfst du nicht als unrein und verboten ansehen.»
Dreimal geschah das, dann wurde das Tuch wieder emporgezogen. Während Petrus bei sich herumrätselte, was die Erscheinung bedeuten könnte, standen unten am Tor die Boten von Cornelius. Sie hatten sich zum Haus des Gerbers durchgefragt und riefen laut, ob hier ein Simon Petrus wohne.
Petrus sann immer noch über die Erscheinung nach. Da vernahm er die Stimme Gottes: «Hör zu, drei Männer suchen dich. Steig hinunter, mach dich ohne Bedenken mit ihnen auf den Weg: ich habe sie geschickt.»

Da ging Petrus zu den Männern hinab und sagte: «Ich bin der, den ihr sucht. Weshalb seid ihr gekommen?»
Sie gaben Auskunft: «Der Hauptmann Cornelius, ein rechter Mann, fromm und bei allen Juden beliebt, hat von einem Engel Gottes den Bescheid bekommen, dich holen zu lassen. Du sollst in sein Haus kommen; er möchte hören, was du ihm zu sagen hast.»
Petrus bat sie einzutreten und behielt sie über Nacht als Gäste. Am andern Tag machte er sich mit ihnen auf den Weg. Auch ein paar Brüder aus Jafo kamen mit. Am nächsten Tag kam er nach Cäsarea.
Cornelius erwartete sie schon und hatte seine Verwandten und die nächsten Freunde zusammengerufen. Als Petrus hereinkam, ging er ihm entgegen und warf sich vor ihm zu Boden. Aber Petrus zog ihn hoch und sagte: «Steh auf. Auch ich bin nur ein Mensch.»
Beim Hineingehen unterhielt er sich mit Cornelius. Dann sah er, wieviele Menschen da versammelt waren, und sagte zu ihnen: «Ihr wißt ja, ein Jude darf mit einem Nichtjuden nicht verkehren und darf ihn nicht besuchen. Aber mir hat Gott gezeigt, daß man keinen Menschen verachten oder unrein nennen darf. Darum bin ich auch ohne Widerrede gekommen, als man mich holen ließ. Aber jetzt möchte ich wissen, warum ihr mich habt kommen lassen.»
Cornelius sagte: «Es war vor drei Tagen, genau um diese Zeit, am Nachmittag um drei Uhr. Ich betete hier im Haus. Da kam ein Mann in einem glänzenden Kleid und sagte: ‹Cornelius, Gott hat an deine Gebete und an deine Gaben für die Armen gedacht. Schick jemanden nach Jafo und laß Simon mit dem Beinamen Petrus kommen, der dort beim Gerber Simon am Meer wohnt.› Ich schickte sofort zu dir, und du warst so freundlich zu kommen. Jetzt sind wir alle hier vor Gott und möchten hören, was für einen Auftrag du vom Herrn hast.»
Da fing Petrus an zu reden und sagte: «Jetzt begreife ich wirklich, daß Gott nicht darauf sieht, woher einer ist. Im Gegenteil, aus jedem Volk ist ihm jeder recht, der an ihn glaubt und nach seinem Willen lebt. Er hat seine Botschaft zu den Israeliten kommen lassen. Durch Jesus Christus hat er den Frieden verkündet, und dieser Jesus ist der Herr über alle Menschen.
Ihr habt davon gehört, was zuerst in Galiläa und dann im ganzen Judenland geschehen ist. Es fing an, als Johannes zur Taufe aufrief. Jesus aus Nazaret, von Gott mit heiligem Geist und Kraft ausgerüstet, wanderte herum, tat überall Gutes und heilte die Menschen, die in der Gewalt des Teufels waren, denn Gott war mit ihm. Wir sind Zeugen für alles, was er im Judenland und in Jerusalem getan hat.

Ans Holz haben sie ihn gehängt und umgebracht. Am dritten Tag weckte ihn Gott wieder zum Leben auf und machte, daß wir ihn sahen – nicht alle Leute, nur wir, die Zeugen, die Gott zuvor ausgewählt hatte – und wir aßen und tranken mit ihm, als er nach dem Tod wieder lebendig geworden war. Er trug uns auf, den Leuten zu predigen. Wir sollten bezeugen, daß er von Gott zum Richter über die Lebenden und die Toten bestimmt ist. Von ihm schreiben alle Propheten, daß durch seine Kraft jedem, der an ihn glaubt, die Schuld vergeben wird.»
Noch während Petrus redete, kam der heilige Geist auf alle herab, die zuhörten, Die Judenchristen, die mit Petrus gekommen waren, wunderten sich, daß der heilige Geist auch den Heiden geschenkt wurde. Sie hörten sie nämlich ganz hingerissen reden und Gott loben. Und Petrus sagte: «Sie haben den heiligen Geist bekommen wie wir auch. Kann ihnen da noch jemand das Wasser für die Taufe verwehren?» – Dann ordnete er an, sie sollten im Namen von Jesus Christus getauft werden.

Paulus wird ein Christ

Mit Drohungen und Mord wütete Saulus weiterhin gegen die Anhänger von Christus. Er ging zum obersten Priester und bat ihn um Briefe an die jüdischen Gemeinden in Damaskus. Er wollte auch dort die Anhänger der neuen Lehre ausfindig machen und sie, ob Männer oder Frauen, festnehmen und nach Jerusalem bringen lassen.
Doch unterwegs, als er bereits in die Nähe von Damaskus gelangt war, geschah es plötzlich, daß ihn strahlendes Licht vom Himmel umgab, und er stürzte zu Boden. Er hörte, wie eine Stimme zu ihm sagte: «Saul! Saul, warum verfolgst du mich?»
Da fragte er: «Herr, wer bist du?»
Dieser sagte: «Ich bin Jesus, den du verfolgst. Doch jetzt steh auf und geh in die Stadt. Dort sagt man dir dann, was du tun sollst.»
Seine Reisebegleiter standen sprachlos da. Sie vernahmen zwar die Stimme, sahen aber niemand.
Saulus richtete sich vom Boden auf. Als er die Augen öffnete, sah er nichts. Da nahmen sie ihn bei der Hand und führten ihn nach Damaskus hinein. Drei Tage lang war er blind, aß nichts und trank nichts.

In Damaskus lebte ein Christ mit Namen Hananias. Diesem erschien der Herr und rief ihn an: «Hananias!»
Er antwortete: «Hier bin ich, Herr.»
Da sagte der Herr zu ihm: «Steh auf und geh in die Gerade Straße. Frag im Haus des Judas nach einem Mann aus Tarsus namens Saulus. Er betet jetzt, und es kam ihm vor, als trete ein Mann namens Hananias bei ihm ein und lege ihm die Hände auf, damit er wieder sehen könne.»
Hananias antwortete: «Herr, von allen Seiten habe ich gehört, wie übel dieser Mann deine Anhänger in Jerusalem behandelt hat. Auch hier hat er Vollmacht von den Oberpriestern, daß er alle verhaften kann, die an dich glauben.»
Doch der Herr sagte zu ihm: «Geh nur. Gerade diesen Mann habe ich mir ausgesucht. Er soll mein Werkzeug sein; er soll bei allen Völkern mit ihren Königen und bei den Juden meinen Namen bekanntmachen. Und ich will ihm zeigen, wieviel er für meinen Namen leiden muß.»
Da ging Hananias, kam in jenes Haus und legte Saulus die Hände auf. «Bruder Saul», sagte er, «mich hat der Herr geschickt, Jesus, der dir auf dem Weg hierher erschienen ist. Du sollst wieder sehen, und heiliger Geist soll in dich kommen.»
Da fiel es Saulus sogleich wie Schuppen von den Augen. Er sah wieder und ließ sich auf der Stelle taufen. Dann fing er an zu essen und kam wieder zu Kräften.
Einige Tage blieb er bei den Christen in Damaskus und begann in den Synagogen zu verkünden: «Jesus ist der Sohn Gottes.» – Alle, die es hörten, trauten ihren Ohren nicht und fragten: «Ist das nicht der Mann, der in Jerusalem alle Christen ausgerottet hat? Und ist er nicht hergekommen, um sie auch hier festzunehmen und vor die Oberpriester zu bringen?» Doch Saulus legte noch mehr Kraft in seine Worte und brachte die Juden von Damaskus in Verwirrung, weil er ihnen bewies: «Jesus ist Christus, der versprochene Retter.»
Nach einiger Zeit beschlossen die Juden, ihn umzubringen, doch ihr Plan kam Saulus zu Ohren. Weil sie in der Absicht, ihn zu töten, sogar Tag und Nacht an den Toren lauerten, ließen ihn seine Anhänger nachts in einem Korb über die Stadtmauer hinab.
Als Saulus nach Jerusalem kam, wollte er sich dort der Christengemeinde anschließen; aber alle fürchteten sich vor ihm, weil sie nicht glaubten, daß er nun ein Christ sei. Doch Barnabas setzte sich für ihn ein und brachte ihn zu den Aposteln. Er erzählte ihnen, Saulus habe auf dem Weg den Herrn gesehen, und dieser habe zu ihm geredet. In Damaskus habe er dann mutig und offen für Jesus gesprochen.

Darauf ging Saulus in Jerusalem bei den Christen ein und aus, trat mutig und offen im Namen von Jesus auf und diskutierte mit den griechischen Juden; aber diese wollten ihn umbringen. Als die Brüder davon erfuhren, brachten sie ihn nach Cäsarea hinab und schickten ihn von dort nach Tarsus.

Barnabas und Paulus predigen in Kleinasien

In der Christengemeinde von Antiochia wirkten eine ganze Reihe von Predigern und Lehrern, unter ihnen Barnabas und Paulus. Diese beiden wurden von der Gemeinde auf die Reise geschickt mit dem Auftrag, die Lehre von Jesus weiter auszubreiten.
Im Hafen von Seleuzia nahmen sie ein Schiff nach Zypern und fingen dort an, auf der ganzen Insel in den jüdischen Synagogen zu predigen. Auch der römische Statthalter hörte von ihnen. Ihre Worte und Taten machten so tiefen Eindruck auf ihn, daß er zum Glauben an Christus kam. Von Zypern reisten sie nach Kleinasien. Sie hielten sich dort zuerst an der Südküste auf, dann im Landesinnern. In allen Städten fanden sie jüdische Gemeinden, aber dort hatten die Juden noch kaum etwas von Jesus und seiner Lehre gehört.
Sabbat für Sabbat waren Barnabas und Paulus in den Synagogen. Gewöhnlich kam es so, daß nach den Lesungen aus den heiligen Schriften der Gemeindevorsteher einen der Gäste aufforderte, etwas zu sagen. Dann stand Paulus auf, bat um Ruhe und fing an zu sprechen.
Er erinnerte seine Zuhörer daran, daß Gott dem Volk Israel immer Führer gegeben habe, am Anfang Mose und Josua, später die Richter und die Könige. Und Christus, der versprochene Retter, sollte ja ein Nachkomme von König David sein. Dieser Retter sei nun gekommen. Er sei im Land Israel umhergewandert, habe gepredigt und Schüler um sich gesammelt.
Paulus erzählte sodann, wie die Priester und die Schriftgelehrten nicht verstanden hatten, was Jesus sagte und wer er war, daß sie ihn verfolgten und schließlich kreuzigen ließen. Aber gerade diese Verfolgung und dieser Tod seien der Beweis dafür, daß Jesus der Christus sei. Dadurch sei nämlich alles wahr geworden, was die Propheten von ihm vorausgesagt hatten. Paulus berichtete auch, daß Jesus nach seinem Tod wieder lebendig wurde. Auch damit habe Gott wahr gemacht, was in den Schriften stehe.
Solche Predigten von Paulus hatten zur Folge, daß die Leute noch mehr hören wollten, und zwar nicht nur die Juden, sondern auch viele Griechen. Bei den Juden entstand vielfach

Gesamtansicht einer Synagoge aus frühchristlicher Zeit. Modell nach den Ruinen in Kafarnaum

Innenräume der Synagoge von Kafarnaum. Schnitt durch das Modell

Streit, und sie beschimpften Paulus. Er sagte ihnen aber rundheraus, wenn sie nicht hören und glauben wollten, so wende er sich eben an die andern: die Botschaft von Jesus sei für alle Völker da. Obwohl sie von den Juden verfolgt und oft mißhandelt wurden, hielten sich Paulus und Barnabas in jeder Stadt längere Zeit auf und redeten zu den Leuten über Jesus und seine Lehre. Überall bildeten sich Gemeinden, die an ihre Botschaft glaubten.

Paulus und Barnabas in Lystra

In der Stadt Lystra lebte ein Mann, der von Geburt an lahm war. Ohne Kraft in den Füßen saß er da; er hatte nie gehen können.
Er hörte zu, wie Paulus predigte, und faßte Vertrauen, er könne geheilt werden. Paulus bemerkte das, richtete seinen Blick auf ihn und sagte laut: «Steh auf, stell dich auf deine Füße!» – und der Mann sprang auf und ging umher.
Als die Menge sah, was Paulus getan hatte, erhoben sie ein Geschrei und riefen in ihrer Sprache, auf lykaonisch: «Die Götter sind in Gestalt von Menschen zu uns herabgestiegen!» Sie hielten Barnabas für Zeus, und Paulus für Hermes, weil er der Sprecher war. Der Priester aus dem Zeustempel außerhalb der Stadt brachte Stiere und Kränze zum Stadttor und wollte zusammen mit der Volksmenge eine Opferfeier veranstalten.
Als Barnabas und Paulus das erfuhren, zerrissen sie vor Verzweiflung ihre Kleider, eilten unter das Volk und schrien: «Leute, was tut ihr da! Wir sind doch nur Menschen, gleich wie ihr! Wir bringen euch die gute Botschaft, daß ihr euch abwenden sollt von diesen Göttern, die nichts sind. Dagegen sollt ihr euch zu dem lebendigen Gott hinwenden, der den Himmel und die Erde erschaffen hat, und das Meer samt allem, was darin ist. In früheren Zeiten ließ er alle Völker ihren eigenen Weg gehen und hat trotzdem nicht verborgen, daß er Gutes tut: Den Regen vom Himmel hat er euch gegeben und die Erntezeiten; so hat er gemacht, daß ihr Nahrung habt und ein frohes Herz.»
Sogar mit diesen Worten konnten sie die Menge kaum davon abbringen, ihnen zu opfern. Da kamen aber Juden aus Antiochia in Pisidien und aus Ikonium und hetzten die Leute auf. Dann steinigten

sie den Paulus und schleppten ihn zur Stadt hinaus in der Meinung, er sei tot. Als sich aber seine Anhänger rings um ihn versammelten, kam er zu sich und ging wieder in die Stadt. Am andern Tag zog er mit Barnabas nach Derbe weiter.

Hermes und Zeus. Köpfe von Statuen

Die Rückreise

Paulus und Barnabas hatten mit ihren Predigten viele Leute zum Glauben gebracht. Auf ihrer Rückreise besuchten sie in jeder Stadt die neuen Gemeinden wieder. Überall mahnten sie die Christen, fest bei ihrem Glauben zu bleiben, auch wenn sie beschimpft und verfolgt würden. Für jede Gemeinde bestimmten sie einen Vorsteher. Von Attalia aus reisten sie zu Schiff zurück nach Syrien. In der Gemeinde von Antiochia berichteten sie von ihrer Tätigkeit und dankten Gott dafür, daß soviele Nichtjuden zum Glauben an Jesus gekommen waren.

Zusammenkunft der Apostel in Jerusalem

Einige Leute aus Judäa kamen nach Antiochia und erklärten den Brüdern: «Ihr müßt euch nach der Vorschrift des Mose beschneiden lassen, sonst könnt ihr nicht gerettet werden.»

Darüber entstand große Aufregung. Paulus und Barnabas gerieten mit diesen Leuten in Streit. Es wurde beschlossen, Paulus und Barnabas und ein paar andere sollten wegen dieser Streitfrage nach Jerusalem hinaufgehen, zu den Aposteln und Vorstehern. Nach einem feierlichen Abschied von der Gemeinde zogen sie durch Phönizien und Samaria. Unterwegs berichteten sie allen Christen, wie jetzt auch die Nichtjuden zum Glauben an Jesus kamen, und machten damit allen Freude.
In Jerusalem hatte sich die ganze Gemeinde mit den Aposteln und den Vorstehern zu ihrem Empfang versammelt. Sie erzählten alles, was sie mit der Hilfe Gottes getan hatten. Aber ein paar aus der Gemeinschaft der Pharisäer, die Christen geworden waren, meldeten sich und sagten: «Man muß sie beschneiden und ihnen befehlen, daß sie sich an das Gesetz des Mose halten.»
Die Apostel und die Vorsteher kamen zusammen, um die Frage zu prüfen. Nach einem heftigen Streit stand Petrus auf und sagte: «Brüder, schon längst hat Gott hier bei euch beschlossen, die fremden Völker sollten durch mich die Worte der guten Botschaft hören und zum Glauben an Jesus kommen. Und Gott, der die Herzen kennt, hat es ihnen bestätigt, denn er gab ihnen den heiligen Geist ebenso wie uns. Er machte keinen Unterschied zwischen ihnen und uns, denn durch den Glauben hatte er ihr Herz gereinigt. Also, warum reizt ihr Gott, indem ihr diesen Christen eine Last auflegt, die unsere Vorfahren ebensowenig tragen konnten wie wir? Wir glauben im Gegenteil, daß wir durch die Gnade von Jesus, unserm Herrn, gerettet werden, und das gilt ebenso für sie.»
Da schwieg die ganze Versammlung. Sie hörten dann zu, wie Paulus und Barnabas erzählten, was für Zeichen und Wunder Gott durch sie bei den fremden Völkern vollbracht hatte.
Nach ihrem Bericht begann Jakobus: «Ihr Brüder, hört mir zu! Simon hat erzählt, daß Gott von Anfang an im Sinn hatte, aus den fremden Völkern ein Volk zu gewinnen, das an ihn glauben würde. Das stimmt mit dem überein, was die Propheten geschrieben haben. Darum ist es auch meine Ansicht, man sollte den Leuten aus fremden Völkern, die zum Glauben an Gott kommen, keine Lasten auflegen. Man sollte ihnen nur vorschreiben, daß sie nicht Götzenopferfleisch essen oder unter Verwandten heiraten und sich damit unrein machen. Auch sollen sie weder Fleisch von ungeschächteten Tieren noch deren Blut genießen.»

Die Reise nach Europa

Die Apostel, die Vorsteher und die ganze Gemeinde stimmten den Worten von Petrus und Jakobus zu. Man setzte über diesen Beschluß ein Schreiben auf und wählte Männer, die zusammen mit Paulus und Barnabas diese Botschaft zu den nichtjüdischen Christen bringen sollten. In Antiochia war große Freude über den Bericht. Die Abgesandten blieben einige Zeit dort und sprachen zu den Leuten über die Lehre von Jesus. Dann trennten sie sich: Barnabas fuhr nach Zypern, und Paulus zusammen mit Silas nach Kleinasien. Dort suchte er die Orte wieder auf, wo er schon früher gepredigt hatte. In Lystra wählte er sich einen weiteren Begleiter namens Timotheus. Jeder Gemeinde teilte er mit, was die Apostel über die Aufnahme von Nichtjuden beschlossen hatten. Die Christen wurden sicherer in ihrem Glauben, und ihre Zahl nahm täglich zu.
Dann reiste Paulus weiter, durch ganz Kleinasien bis an die Nordwestküste. In Troas hatte er einen Traum. Er sah einen Mann aus Mazedonien, der ihn bat: Komm nach Mazedonien und hilf uns! – Paulus und seine Begleiter hielten diesen Traum für einen Ruf Gottes, gingen auf ein Schiff und reisten nach Neapolis und Philippi.

Paulus in Philippi

In Philippi hielten wir uns einige Tage auf. Am Sabbat gingen wir vor das Tor hinaus und an den Fluß, weil wir vermuteten, da sei ein Bethaus. Dort setzten wir uns und redeten mit den Frauen, die sich versammelt hatten.
Eine von ihnen hieß Lydia. Sie war Purpurhändlerin und stammte aus Thyatira, gehörte aber zur Judengemeinde. Als sie zuhörte, öffnete Gott ihr das Herz, so daß sie annahm, was Paulus sagte. Sie ließ sich samt ihren Leuten taufen und bat dann: «Wenn ihr überzeugt seid, daß ich wirklich an den Herrn glaube, dann kommt in mein Haus und wohnt bei mir.» Und sie bat solange, bis wir nachgaben.
Als wir wieder einmal zum Bethaus gingen, begegnete uns eine Sklavin. Ein wahrsagender Geist redete aus ihr, und mit ihrer Wahrsagerei brachte sie ihren Herren viel Geld ein. Sie lief hinter Paulus und uns andern her und schrie: «Diese Männer sind Diener des höchsten Gottes; sie zeigen euch den Weg zur Rettung!»

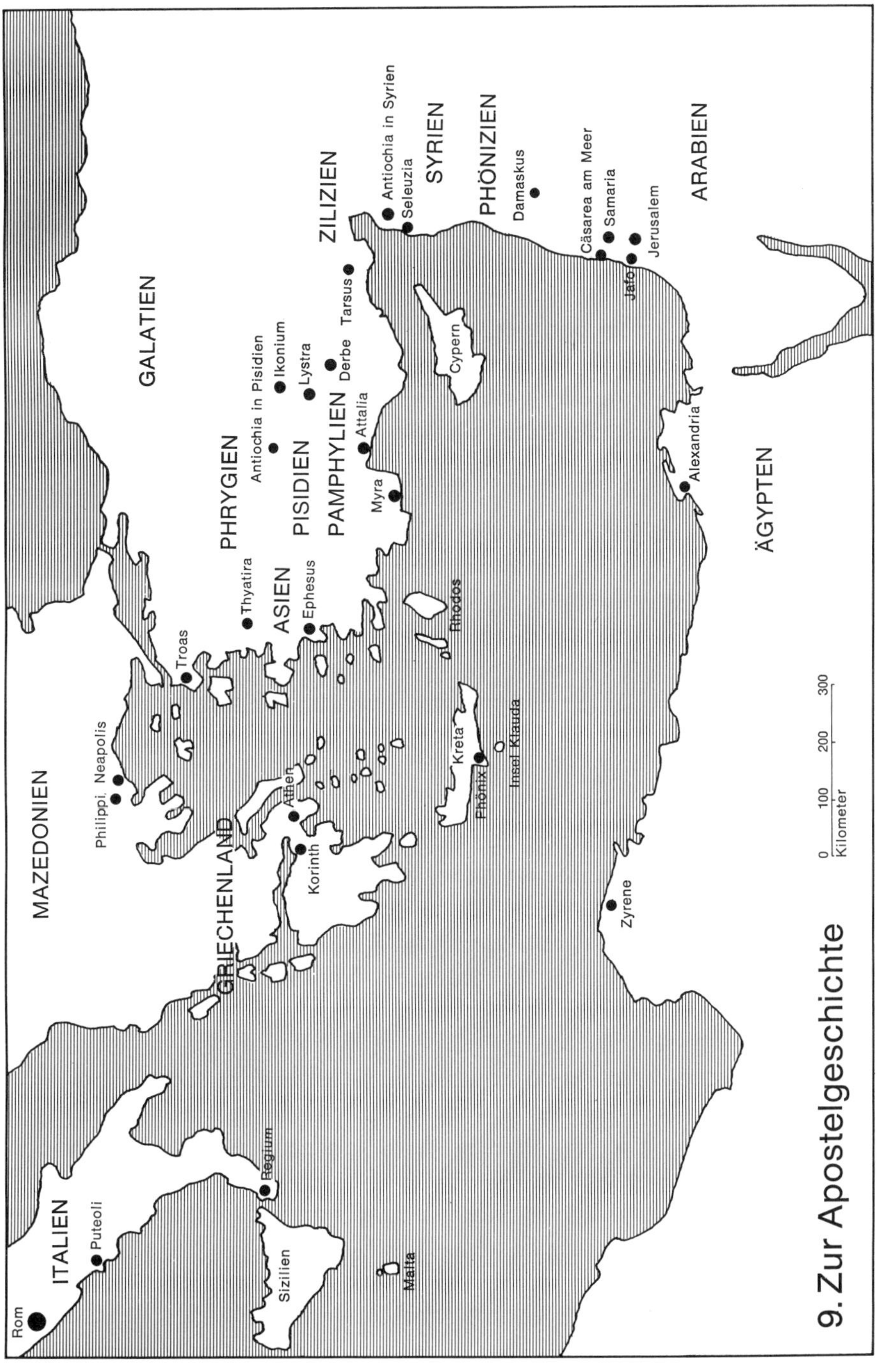

9. Zur Apostelgeschichte

Das tat sie tagelang, bis es Paulus lästig wurde. Er wandte sich um und sagte zu dem Geist: «Im Namen von Jesus Christus befehle ich dir: Verlaß dieses Mädchen!» Augenblicklich fuhr der Geist heraus.
Als ihre Herren sahen, daß damit ihre Aussicht auf Gewinn verschwunden war, packten sie Paulus und Silas und schleppten sie auf den Marktplatz zum Rathaus. Sie brachten sie vor die Richter und behaupteten: «Diese Juden da bringen Unruhe in unsere Stadt. Sie verkünden Bräuche, die wir als Römer nicht annehmen und nicht ausüben dürfen.»
Auch das Volk stellte sich gegen sie. Da befahlen die Richter, ihnen die Kleider herunterzureißen und sie auszupeitschen. Sie ließen ihnen eine Menge Schläge geben, warfen sie ins Gefängnis und wiesen den Aufseher an, sie in strenger Haft zu halten. Auf diesen Befehl hin brachte er sie in das innere Gefängnis und schloß ihnen die Füße in den Block.
Um Mitternacht beteten Paulus und Silas, sangen ein Loblied auf Gott, und die andern Gefangenen hörten ihnen zu. Plötzlich entstand ein so heftiges Erdbeben, daß die Grundmauern des Gefängnisses erschüttert wurden. Da sprangen schlagartig alle Türen auf, und allen Gefangenen fielen die Fesseln ab.
Der Aufseher erwachte. Als er alle Türen im Gefängnis offenstehen sah, zog er das Schwert und wollte sich umbringen, denn er meinte, die Gefangenen seien geflohen. Doch Paulus rief laut: «Tu dir kein Leid an, wir sind alle noch hier!»
Der Aufseher rief nach Licht, stürzte hinein und warf sich zitternd vor Paulus und Silas nieder. Er führte sie hinaus und sagte: «Ihr Herren, was muß ich tun, damit ich gerettet werde?»
Sie antworteten: «Glaube an Jesus, den Herrn, dann wirst du gerettet, du und deine Familie.» So brachten sie die Botschaft Gottes zu ihm und allen seinen Leuten.
Noch in dieser Nacht nahm er sie zu sich, wusch ihnen die Peitschenstriemen aus und ließ sich und seine Angehörigen sogleich taufen. Dann führte er sie in seine Wohnung hinauf, deckte ihnen den Tisch und war mit allen seinen Leuten voll Freude, weil sie zum Glauben an Gott gekommen waren.
Als es Tag geworden war, schickten die Richter ihre Diener mit dem Befehl, jene Männer freizulassen. Der Aufseher kam mit der Nachricht zu Paulus: «Die Richter haben Befehl gegeben, euch freizulassen. Also geht, und zieht in Frieden fort.»
Doch Paulus sagte zu ihm: «Sie haben uns ohne Urteil öffentlich aus-

peitschen lassen und ins Gefängnis geworfen, obwohl wir römische Bürger sind. Und jetzt wollen sie uns heimlich wegschicken? Nein, sie sollen selber kommen und uns hinausführen.»
Die Gerichtsdiener meldeten das ihren Vorgesetzten. Als die Richter hörten, es seien römische Bürger, erschraken sie und kamen her. Sie entschuldigten sich bei ihnen, führten sie hinaus und baten sie, die Stadt zu verlassen. Vom Gefängnis aus gingen Paulus und Silas zu Lydia. Dort trafen sie die Brüder, machten ihnen Mut und reisten dann weiter.

Paulus in Ephesus

In der Synagoge von Ephesus trat Paulus drei Monate lang auf. Er lehrte mutig und offen und suchte die Leute zum Glauben an die Herrschaft Gottes zu bringen. Manche blieben starrköpfig, ließen sich nicht überzeugen und spotteten öffentlich über die neue Lehre. Da trennte sich Paulus mit seinen Anhängern von ihnen und sprach von da an täglich im Lehrsaal des Tyrannus. Zwei Jahre lang tat er das, so daß alle Bewohner der Provinz Asien, Juden wie Griechen, die Lehre von Jesus hörten, und Gott tat durch die Hand des Paulus ungewöhnliche Wunder.
Viele von denen, die zum Glauben gekommen waren, kamen und gestanden, daß sie sich mit Zauberei abgegeben hatten. Sie brachten ihre Zauberbücher herbei und verbrannten sie öffentlich. Den Wert dieser Bücher schätzte man auf 50000 Silberdrachmen. So wurde der Glaube an Gott mächtig und breitete sich aus.
Darauf nahm sich Paulus vor, durch Mazedonien und Griechenland zu reisen, und dann nach Jerusalem. Und wenn ich dort gewesen bin, sagte er sich, muß ich auch Rom besuchen. – Er sandte zwei von seinen Gehilfen, Timotheus und Erastus, nach Mazedonien, blieb aber selber noch einige Zeit in der Provinz Asien.
Um diese Zeit kam es wegen der neuen Lehre zu schweren Unruhen. Ein Silberschmied namens Demetrius stellte silberne Artemistempelchen her und gab den Kunsthandwerkern damit viel zu verdienen. Nun rief er sie und ihre Arbeiter zusammen und sagte: «Ihr Leute! Ihr wißt, daß wir unseren Wohlstand dieser Arbeit verdanken. Aber ihr hört und seht, wie dieser Paulus behauptet, was von Hand gemacht

Die Göttin von Ephesus

Münze mit dem Bild des Artemistempels von Ephesus

werde, seien keine Götter. Damit hat er schon viel Volk überredet und verführt, nicht nur in Ephesus, sondern sozusagen in der ganzen Provinz. Das ist gefährlich. Es könnte nicht nur unser Geschäft in Verruf kommen. Auch das Heiligtum der großen Göttin Artemis könnte nichts mehr gelten, und sie selbst, die doch in ganz Asien und auf dem ganzen Erdkreis verehrt wird, könnte ihre Macht und Hoheit verlieren.»

Als sie das hörten, kamen sie in Wut und schrien: «Groß ist die Artemis von Ephesus!»

Die ganze Stadt geriet in Erregung. Alles strömte ins Theater. Dabei schleppten sie zwei Begleiter des Paulus mit, die Mazedonier Gaius und Aristarch. Paulus wollte sich unter die Menge mischen, aber seine Anhänger hielten ihn zurück. Auch einige Beamte der Provinzregierung, die mit ihm befreundet waren, ließen ihm eine Warnung zukommen, er solle nicht ins Theater gehen.

Die Versammlung dort war in völliger Verwirrung. Die einen schrien dies und die andern das, und die meisten wußten nicht einmal, warum sie zusammengekommen waren.

Die Juden schickten Alexander nach vorn, und einige aus der Menge erklärten ihm, worum es gehe. Nun gab er Zeichen mit der Hand und wollte vor dem versammelten Volk eine Verteidigungsrede halten. Doch als sie merkten, daß Alexander ein Jude war, schrien sie alle wie aus einem Mund: «Groß ist die Artemis von Ephesus!» – fast zwei Stunden lang.
Dann brachte der Stadtschreiber die Menge zum Schweigen und sagte: «Ihr Männer von Ephesus! Unsere Stadt hütet den Tempel der großen Artemis und hütet ihr Bild, das vom Himmel gefallen ist. Gibt es einen Menschen, der das nicht weiß? Unbestreitbar ist es! Bewahrt also eure Ruhe. Ihr dürft nichts Unüberlegtes tun. Ihr habt diese Männer da herbeigeschleppt – aber sie sind keine Tempelräuber und haben auch unsere Göttin nicht beleidigt. Wenn jetzt Demetrius und seine Zunftgenossen etwas zu klagen haben, so gibt es dafür ja die Gerichtstage und die Richter; dort können sie einander verklagen. Wenn ihr aber darüber hinaus noch etwas verlangt, so läßt sich das in der gesetzlichen Volksversammlung erledigen. Sonst laufen wir Gefahr, daß wir nach allem, was da heute passiert ist, als Aufständische angeklagt werden. Es gibt ja keinen rechten Grund, mit dem wir diesen Volksauflauf erklären können.» – Nach diesen Worten löste er die Versammlung auf.

Paulus in Jerusalem verhaftet

Nach der Rückkehr von seiner Reise durch Griechenland und Kleinasien ging Paulus nach Jerusalem. Am Tag nach seiner Ankunft suchte er Jakobus und die andern Vorsteher der Christengemeinde auf und gab dort genauen Bericht über den Verlauf und den Erfolg seiner Reise. Jakobus und die andern dankten Gott dafür. Sie warnten Paulus jedoch. In Jerusalem heiße es, er bringe die Juden im Ausland dazu, daß sie nicht mehr auf die Gesetze von Mose achteten. Jetzt würden sie sicher erfahren, daß er gekommen sei. Darum wäre es gut, wenn er ihnen zeigen würde, daß er sich an die Gesetze halte. Paulus hörte auf ihren Rat, ging in den Tempel und befolgte die Vorschriften zur Reinigung ganz genau.

Die Juden aus Kleinasien, die Paulus im Tempel sahen, brachten das ganze Volk in Erregung. Sie ergriffen ihn und schrien: «Ihr Israeliten, kommt zu Hilfe! Das ist der Mann, der überall und vor allen Leuten gegen das Volk Israel spricht, gegen das Gesetz und gegen diesen Tempel! Sogar Griechen hat er in den Tempel geführt und damit den heiligen Ort unrein gemacht.»

In der Stadt hatten sie nämlich zuvor Paulus zusammen mit dem Epheser Trophimus gesehen und meinten, er habe ihn in den Tempel mitgenommen.

Die ganze Stadt geriet in Aufregung, das Volk lief zusammen. Sie ergriffen Paulus, schleppten ihn aus dem Tempel und schlossen sofort die Tore. Als sie ihn schon umbringen wollten, kam Meldung zum Kommandanten der Kohorte, ganz Jerusalem stehe in Aufruhr. Mit Soldaten und Hauptleuten eilte er sofort zu der Menge hinab. Als sie den Kommandanten mit der Truppe erblickten, hörten sie auf, Paulus zu schlagen.

Der Kommandant trat auf Paulus zu, verhaftete ihn und ließ ihn mit zwei Ketten fesseln. Er fragte, wer er sei und was er angestellt habe. Aus der Menge riefen die einen dies, die andern das; er konnte aus dem Durcheinander nichts Sicheres erfahren. Darum gab er Befehl, ihn in die Kaserne zu führen. Als Paulus zur Burgtreppe kam, war der Ansturm der Menge so heftig, daß die Soldaten ihn tragen mußten. Das Volk drängte nach und schrie: «Macht ihn hin!»

Man wollte ihn eben in die Kaserne bringen, da wandte er sich an den Kommandanten: «Ist es gestattet, dir etwas zu sagen?»

«Du kannst Griechisch?» fragte dieser «Bist du also nicht der Ägypter, der vor einiger Zeit den Aufstand angezettelt und die viertausend Rebellen in die Wüste hinausgeführt hat?»

Da sagte Paulus: «Ich bin ein Jude, Bürger von Tarsus in Zilizien, das ist eine recht bedeutende Stadt. Ich bitte dich, erlaube mir, daß ich zum Volk spreche.»

Als der Kommandant es gestattete, trat Paulus auf der Treppe vor und gab ein Zeichen mit der Hand. Große Stille trat ein. Er fing zu reden an, auf Hebräisch, und sagte: «Ihr Brüder und Väter! Hört zu, was ich zu meiner Verteidigung sagen will.»

Als sie hörten, daß er sie hebräisch anredete, wurden sie noch stiller. Er fuhr weiter: «Ich bin ein Jude. Geboren wurde ich zu Tarsus in Zilizien, erzogen aber in dieser Stadt, ausgebildet von dem großen Lehrer Gamaliel, genau nach dem Gesetz der Vorfahren. Ich brannte vor Eifer für Gott, so wie ihr alle.»

Paulus berichtete davon, wie er die Christen anfänglich verfolgt hatte, wie er bei Damaskus von Gott getroffen worden war und wie Jesus ihn in seinen Dienst rief. Er erzählte, wie er damals zweifelte, und wiederholte die Antwort, die ihm Jesus auf seine Zweifel gab: Geh, ich will dich weit hinaus zu den Heiden schicken!

Bis zu diesem Wort hörten sie ihm zu. Dann fingen sie an zu schreien: «Weg von der Erde mit diesem Kerl! Er darf nicht am Leben bleiben!» Sie brüllten, rissen ihre Kleider ab und warfen Staub in die Luft.
Da ließ der Kommandant Paulus in die Kaserne hineinführen und gab Befehl, ihn unter Peitschenhieben zu verhören. So wollte er herausbringen, warum sie gegen ihn schrien. Aber als sie ihn zum Auspeitschen festbanden, sagte er zu dem Hauptmann, der dabeistand: «Dürft ihr einen Römer auspeitschen? Noch dazu ohne Prozeß und Urteil?»
Als der Hauptmann das hörte, ging er mit der Meldung zum Kommandanten und sagte: «Was hast du da vor? Der Mann ist Römer!»
Der Kommandant kam zu Paulus und fragte ihn: «Sag mir, bist du Römer?»
Er antwortete: «Das bin ich.»
«Für dieses Bürgerrecht», sagte darauf der Kommandant, «habe ich eine Unsumme Geld bezahlt.»
Paulus erwiderte: «Ich habe es von Geburt.»
Sogleich ließen dic, welche ihn verhören wollten, ihre Hände von ihm. Auch der Kommandant war erschrocken, als er vernahm, daß Paulus ein Römer war, weil er ihn hatte fesseln lassen.

Paulus vor dem Hohen Rat

Der Kommandant wollte genaue Auskunft darüber, was die Juden Paulus vorwarfen. Darum ließ er ihm am andern Tag die Fesseln abnehmen und gab Befehl, die Oberpriester und der ganze Hohe Rat sollten zusammenkommen. Darauf ließ er ihn hinunter führen und vor die Versammlung stellen.
Den Blick fest auf den Hohen Rat gerichtet, begann Paulus: «Ihr Brüder! Im Dienst Gottes habe ich bis heute mit völlig reinem Gewissen gelebt.»

Da befahl der Oberpriester Hananias denen, die bei ihm standen, sie sollten ihn auf den Mund schlagen.
Paulus sagte zu ihm: «Dich wird Gott schlagen, du elender Heuchler. Da sitzt du und sollst nach dem Gesetz über mich richten, und gegen das Gesetz läßt du mich schlagen?»
Die Umstehenden sagten: «Beschimpfst du den obersten Priester Gottes?»
«Ihr Brüder», antwortete Paulus, «ich wußte nicht, daß er der oberste Priester ist. Es steht ja geschrieben: Du darfst einen Führer deines Volkes nicht verfluchen.»
Nun war es Paulus aber bekannt, daß ein Teil des Hohen Rates zu den Sadduzäern gehörte, der andere zu den Pharisäern. Darum rief er vor ihnen aus: «Ihr Brüder! Ich bin Pharisäer, ich bin ein Sohn von Pharisäern, und wegen der Hoffnung auf die Auferstehung nach dem Tod stehe ich vor Gericht.»
Auf diese Worte brach zwischen Pharisäern und Sadduzäern ein Streit aus, und die Versammlung spaltete sich. Die Sadduzäer behaupten nämlich, es gebe keine Auferstehung, keine Engel und keine Geister; die Pharisäer dagegen glauben das alles. Es kam zu einem lauten Geschrei. Ein paar Schriftgelehrte aus der Partei der Pharisäer sprangen auf, diskutierten hitzig und sagten: «Wir finden nichts Schlimmes an diesem Mann. Wenn nun doch ein Geist zu ihm geredet hat? Oder ein Engel?»
Der Streit wurde so heftig, daß der Kommandant befürchtete, Paulus würde von ihnen zerrissen. Er ließ die Wache ausrücken. Sie holten ihn mit Gewalt mitten aus den Leuten heraus und brachten ihn in die Kaserne.
In der Nacht darauf kam der Herr zu Paulus und sagte: «Fasse Mut! Wie du in Jerusalem für meine Sache gesprochen hast, so wirst du es auch in Rom tun.»

Paulus in Cäsarea

Mehr als vierzig Juden verschworen sich, sie wollten weder essen noch trinken, bis sie Paulus umgebracht hätten. Auf ihr Anstiften verlangte der Hohe Rat, Paulus sollte ihm vorgeführt werden. Unterwegs wollten ihn die Verschworenen dann töten. Das kam dem römischen Kommandanten zu Ohren. Er gab Befehl, Paulus nachts aus der Kaserne zu holen, und schickte ihn unter starker Bewachung nach Cäsarea zu Felix, dem römischen Statthalter. Dieser ließ Paulus im Palast des Herodes bewachen.

Fünf Tage später reiste der Oberpriester Hananias mit einigen Ratsältesten und dem Anwalt Tertullus nach Cäsarea hinab. Beim Statthalter erhoben sie Strafklage gegen Paulus. Er wurde geholt, und Tertullus begann seine Anklagerede:
«Durch dich, hochangesehener Felix, haben wir vollen Frieden gewonnen. Durch deine Vorsorge hat sich für unser Volk vieles verbessert. Davon sprechen wir immer und überall mit großer Dankbarkeit. Ich will dich nicht allzulange aufhalten, bitte dich aber um die Freundlichkeit, uns kurz anzuhören.
Dieser Mann da, so finden wir, ist eine Pest. Er stiftet Unruhe bei allen Juden der Welt und ist ein Anführer der Christensekte. Er hat sogar versucht, den Tempel zu entheiligen. Wenn du ihn verhörst, wirst du selber alles herausbringen, was wir ihm vorwerfen.»
Die Juden unterstützten die Anklage von Tertullus und versicherten, es sei wirklich so.
Auf einen Wink des Statthalters antwortete Paulus: «Ich weiß, daß du seit vielen Jahren Richter über unser Volk bist. Darum verteidige ich meine Sache mit Zuversicht.
Du kannst feststellen, daß ich erst vor zwölf Tagen nach Jerusalem kam, um im Tempel zu beten. Weder dort noch in den Synagogen noch sonstwo in der Stadt hat man mich dabei angetroffen, daß ich mit jemandem diskutierte oder daß ich eine Ansammlung von Menschen verursachte. Auch das, was sie mir jetzt vorwerfen, können sie nicht beweisen.
Eines aber sage ich dir offen heraus: Ich folge der Lehre, die sie eine Irrlehre nennen. Damit diene ich dem Gott meiner Vorfahren. Ich glaube an alles, was im Gesetz und in den Büchern der Propheten steht. Und ich hoffe von Gott dasselbe wie diese hier: daß es eine Auferstehung geben wird, für die guten Menschen wie für die schlechten. Darum gebe ich mir auch Mühe, vor Gott und vor den Menschen immer ein reines Gewissen zu haben.
Nach vielen Jahren bin ich nun wieder zu meinem Volk gekommen, um Gaben für die Armen zu bringen und zu opfern. Dabei trafen mich ein paar Juden aus Kleinasien, eben als ich im Tempel, ohne Andrang von Menschen und ohne Aufruhr, die Vorschriften zur

Reinigung erfüllt hatte. Jene Juden sollten hier sein und vor dir klagen, wenn sie mir etwas vorzuwerfen hätten. Oder diese hier sollen sagen, was für ein Verbrechen sie herausgefunden haben, als ich vor dem Hohen Rat stand. Vielleicht ist es nur der Satz, den ich mitten unter ihnen ausgerufen habe: Wegen der Auferstehung nach dem Tod stehe ich heute vor eurem Gericht.»
Felix wußte über die neue Lehre genau Bescheid. Er sagte: «Wenn der Kommandant Lysias nach Cäsarea kommt, werde ich diesen Fall entscheiden.» – Damit vertagte er die Verhandlung. Dem Hauptmann befahl er, Paulus weiterhin gefangen zu halten, aber in leichter Haft. Niemand von seinen Leuten dürfe daran gehindert werden, für ihn zu sorgen.

Paulus fordert ein Urteil in Rom

Felix wurde zwei Jahre später als Statthalter von Porcius Festus abgelöst. Er ließ aber Paulus gefangen zurück, weil er den Juden einen Gefallen tun wollte.
Drei Tage nach seiner Ankunft in der Provinz reiste Festus von Cäsarea nach Jerusalem. Die Oberpriester und die angesehensten Juden führten Klage bei ihm wegen Paulus und ersuchten ihn, gegen Paulus vorzugehen. Sie baten ihn, er möchte ihnen zu Gefallen Paulus nach Jerusalem verbringen lassen. Ihr Plan war nämlich, ihn unterwegs aus einem Hinterhalt heraus zu ermorden.
Doch Festus antwortete, Paulus bleibe in Cäsarea gefangen, und er selber werde bald wieder abreisen. «Die dafür Zuständigen von euch», sagte er, «können ja mit hinabkommen und, wenn etwas Ungerades an dem Mann ist, Klage gegen ihn erheben.»
Nicht länger als acht oder zehn Tage hielt er sich bei ihnen auf, dann reiste er nach Cäsarea hinab. Am andern Tag stieg er auf den Richterstuhl und ließ Paulus vorführen. Als er erschienen war, umringten ihn die Juden, die von Jerusalem herabgekommen waren, und brachten viele schwere Anschuldigungen vor, konnten sie aber nicht beweisen.
Paulus dagegen verteidigte sich: «Ich habe nichts verbrochen, weder gegen das jüdische Gesetz noch gegen den Tempel noch gegen den Kaiser.»
Festus wollte den Juden indessen einen Gefallen tun und fragte Paulus:

«Willst du nach Jerusalem hinaufgehen und dich dort unter meinem Vorsitz in dieser Sache richten lassen?»
Doch Paulus erwiderte: «Ich stehe hier vor einem kaiserlichen Gericht. Hier muß ich gerichtet werden. Gegen die Juden habe ich mich nicht vergangen, das weißt du genau. Wenn ich wirklich im Unrecht bin, wenn ich etwas getan habe, das die Todesstrafe verdient, so weigere ich mich nicht zu sterben. Ist aber nichts an ihren Anklagen, so kann mich niemand ihnen ausliefern. Ich rufe den Kaiser an.»
Darauf beriet sich Festus mit seinen Beisitzern und gab dann zur Antwort: «Du hast den Kaiser angerufen, zum Kaiser sollst du gehen.»

Seereise und Schiffbruch

Als die Abfahrt nach Italien feststand, wurde Paulus mit einigen andern Gefangenen dem Hauptmann Julius übergeben. Sie nahmen ein Schiff, das der Küste von Kleinasien folgte, und kamen bei widrigem Wind bis Myra. Dort fand der Hauptmann ein Schiff, das nach Italien fuhr. Wegen des schlechten Wetters kamen sie nur langsam und auf Umwegen voran. An der Südküste von Kreta ankerten sie in einer geschützten Bucht.

Römisches Handelsschiff

Es war nun viel Zeit verflossen. Sogar die Fastenzeit war schon vorüber, und damit war die Schiffahrt unsicher geworden. Darum warnte Paulus: «Leute, ich sehe, die Fahrt wird nur unter Unglück und Schaden vor sich gehen, nicht nur für Schiff und Ladung, sondern auch für unser Leben.»
Der Hauptmann traute aber dem Kapitän und dem Schiffseigentümer mehr als den Worten von Paulus. Weil der Hafen zum Überwintern ungeeignet war, beschloß die Mehrheit, von da wegzufahren und womöglich Phönix zu erreichen, einen gegen Südwesten und Nordwesten offenen Hafen von Kreta. Dort wollten sie überwintern.
Da ein leichter Südwind aufkam, hielten sie ihren Plan schon für gelungen, lichteten die Anker und fuhren dicht an der kretischen

Küste entlang. Doch nicht lange, da brach von der Insel herab ein orkanartiger Nordoststurm los. Das Schiff wurde mitgerissen und war nicht mehr mit dem Bug gegen den Wind zu bringen. Darum gaben wir auf und ließen uns treiben.

Als wir in den Windschutz der kleinen Insel Klauda gelangten, konnten wir mit Mühe das Beiboot in unsere Gewalt bekommen. Die Leute schlangen Taue darunter und holten es mit allerlei Hilfsvorrichtungen an Bord. Aus Furcht, nach Nordafrika verschlagen zu werden, ließen sie ein Schleppgeschirr hinab und trieben so dahin. Der Sturm setzte uns trotzdem heftig zu, und darum warfen sie am nächsten Tag einen Teil der Ladung, am dritten Tag sogar eigenhändig die ganze Schiffsausrüstung über Bord.

Über eine Reihe von Tagen zeigten sich weder Sonne noch Sterne, und das schwere Unwetter hielt an. So schwand alle Hoffnung, daß wir gerettet würden.

Niemand mochte mehr essen. Da trat Paulus mitten unter die Leute und sagte: «Man hätte auf mich hören sollen, dann wäre man von Kreta nicht abgefahren und hätte sich dieses Unglück und diesen Schaden erspart. Doch jetzt rate ich euch, den Mut nicht sinken zu lassen. Keiner von euch wird verloren gehen, nur das Schiff. Zu mir kam nämlich in dieser Nacht ein Bote des Gottes, an den ich glaube und dem ich diene, und sagte: ‹Du brauchst dich nicht zu fürchten, Paulus. Du mußt vor den Kaiser treten. Und Gott hat dir alle geschenkt, die mit dir fahren.› – Laßt den Mut nicht sinken, Leute! Ich vertraue nämlich auf Gott, daß es so kommen wird, wie mir gesagt wurde. Wir müssen jedoch vor einer Insel stranden.»

Als wir bereits die vierzehnte Nacht auf dem Meer trieben, vermuteten die Seeleute mitten in der Nacht, daß Land auf sie zukam. Sie warfen das Lot aus und fanden 20 Faden Tiefe. Nach kurzem loteten sie nochmals und fanden 15 Faden. Aus Furcht, wir könnten auf Klippen laufen, warfen sie vom Heck vier Anker aus und wünschten, es wäre schon Tag.

Dann versuchten die Matrosen zu fliehen. Unter dem Vorwand, sie wollten Anker vor den Bug hinausbringen, ließen sie das Beiboot ins Meer hinunter. Da wandte sich Paulus an den Hauptmann und die Soldaten: «Wenn diese nicht auf dem Schiff bleiben, könnt ihr nicht gerettet werden.» – Nun kappten die Soldaten die Taue des Beiboots und ließen es treiben.

Vor Tagesanbruch redete Paulus allen zu, etwas zu essen. Er sagte: «Jetzt habt ihr bis heute bereits vierzehn Tage lang gewartet, habt nichts gegessen, nichts zu euch genommen. Darum rate ich euch: Eßt etwas, das ist gut für eure Rettung. Es wird nämlich keiner von euch auch nur ein Haar von seinem Kopf verlieren.»

Danach nahm er Brot, dankte Gott vor allen Leuten, brach davon ab und begann zu essen.

Alle zusammen – es waren unser insgesamt 276 Menschen auf dem Schiff – faßten wieder Mut und begannen ebenfalls zu essen. Nachdem die Leute satt waren, warfen sie die Getreideladung ins Meer und machten so das Schiff leichter. Als es dann Tag wurde, wußten sie nicht, was für ein Land es war. Sie bemerkten aber eine Bucht mit einem flachen Strand, und auf diesen wollten sie das Schiff auflaufen lassen.

Sie warfen die Anker los und ließen sie im Meer. Gleichzeitig lösten sie die Haltetaue der Steuerruder, setzten das Vorsegel und hielten auf den Strand zu. Dann gerieten sie aber auf eine Untiefe und liefen mit dem Schiff auf Grund. Der Bug bohrte sich ein und saß unverrückbar fest, während das Heck im schweren Seegang allmählich zerschlagen wurde.

Die Soldaten beschlossen nun, die Gefangenen zu töten, damit keiner schwimmend entfliehen konnte. Doch der Hauptmann hinderte sie an ihrer Absicht, weil er Paulus retten wollte. Er ordnete an, zuerst sollten alle, die schwimmen könnten, über Bord springen und sich ans Land retten, die übrigen teils auf Brettern und teils mit Hilfe von ein paar Seeleuten.

So kamen alle davon und erreichten das Land. Nach der Rettung erfuhren wir, daß wir auf der Insel Malta waren.

Paulus in Rom

Der Hauptmann und die Soldaten, die Paulus nach Rom bringen sollten, überwinterten auf der Insel Malta. Drei Monate vergingen, ehe sie ihre Seereise fortsetzen konnten. Diesmal gelangten sie ohne weitere Gefahr glücklich nach Sizilien und von dort der italienischen Küste entlang bis nach Puteoli, dem damals bedeutendsten Hafen für den Mittelmeerhandel der Römer. Dort befand sich bereits eine Christengemeinde, und die Leute nahmen Paulus für einige Tage bei sich auf. Die Weiterreise erfolgte auf dem Landweg. Die Christen in Rom hatten Nachricht davon, daß Paulus kommen würde, und viele machten sich zu seiner Begrüßung auf den

Weg, einzelne mehr als zehn Stunden weit. In Rom wurde Paulus nicht in ein Gefängnis gebracht. Er erhielt vielmehr die Erlaubnis, sich eine Wohnung zu mieten, und konnte sich, unter Aufsicht eines Soldaten, ziemlich frei bewegen. Das benützte er dazu, auch in Rom die Lehren von Christus bekannt zu machen.

So blieb er zwei Jahre lang in Rom, wurde von vielen Leuten aufgesucht und redete ungehindert und offen von der Herrschaft Gottes und von Jesus.

Aus dem Brief des Apostels Paulus an die Römer

Wer kann uns von Christus und von seiner Liebe trennen? Schwermut oder Angst oder Verfolgung oder Hunger oder Armut oder Gefahr oder Waffengewalt? Es steht ja geschrieben: Wegen dir sind wir jederzeit dem Tod ausgesetzt; wegen dir werden wir für Schlachtschafe gehalten. –

Nein, über das alles werden wir Meister, voll und ganz, weil er uns liebt. Und ich bin überzeugt: Nicht der Tod und nicht das Leben, keine Engel und keine höheren Gewalten, nicht was da ist und nicht was sein wird, keine Kräfte und Mächte in der Höhe oder in der Tiefe – nichts, was geschaffen wurde, kann uns von der Liebe Gottes trennen, und diese besteht in unserm Herrn, in Jesus Christus.

Über die Bibel

Man kann im Unterricht nicht alles behandeln, was in der Bibel steht. Sie ist zu umfangreich, und manches ist schwer zu verstehen. Für diese Schulbibel sind darum die Abschnitte ausgewählt worden, mit denen die Mittelstufenschüler die Bibel kennen lernen. Zwischen den Bibeltexten stehen Erklärungen und Zusammenfassungen. Man erkennt sie daran, dass sie kleiner gedruckt und auf zwei Kolonnen verteilt sind.

Was ist die Bibel?

Das griechische Wort «biblos» bedeutet auf deutsch Buch. Wenn wir sagen *die Bibel,* so heißt das eigentlich einfach *das Buch,* weil es für die Christen eben das wichtigste Buch ist.

Die Bibel heißt auch *Heilige Schrift.* Diesen Namen trägt sie, weil darin berichtet wird, wie Gott in das Leben der Menschen eingegriffen hat und wie die Menschen das erlebt haben. Die verschiedenen Erzählungen in der Bibel wollen alle das gleiche: davon berichten, daß Gott sich um die Menschen kümmert und daß die Welt ihm gehört.

Was steht in der Bibel?

Die Bibel hat zwei Teile, das Alte Testament und das Neue Testament. Im *Alten Testament* wird erzählt, was das Volk Israel erlebt hat, bevor Christus geboren wurde. Wir können darin lesen, wie Gott dieses Volk überall begleitete, wie er es durch gute und schlechte Zeiten führte, um ihm zu zeigen, daß er der einzige Herr ist, der die Macht über die Menschen hat.

Im *Neuen Testament* stehen die Geschichten über Jesus von Nazaret, die sogenannten *Evangelien.* «Evangelium» ist ebenfalls ein griechisches Wort und bedeutet auf deutsch *gute Nachricht.* Die gute Nachricht des Neuen Testaments ist die, daß jetzt erfüllt ist, was im Alten Testament begonnen wurde: Gott schließt nicht nur mit dem Volk Israel, sondern mit allen Menschen Freundschaft, ganz gleich welche Sprache sie reden und welche Farbe sie

haben. Jesus Christus, der Sohn Gottes, ist gekommen, um das allen Menschen mitzuteilen und vorzuleben.
Das Wort «Testament» ist lateinisch und bedeutet *Bund* oder *Bündnis*. Damit ist die Freundschaft Gottes mit den Menschen gemeint.

Wie ist die Bibel entstanden?
Die Israeliten erzählten die Geschichten von ihrer Herkunft und ihrer Einwanderung lange Zeit mündlich. Man begann sie erst zur Zeit des Königs David aufzuschreiben, ungefähr 1000 Jahre vor Christus. Die letzten Teile des Alten Testaments sind wohl im 2. Jahrhundert v. Chr. entstanden. Die Israeliten sprachen hebräisch, und fast das ganze Alte Testament wurde in dieser Sprache aufgeschrieben.
Das Neue Testament ist in kürzerer Zeit entstanden, etwa in den Jahren zwischen 50–120 nach Christus. Nachdem Jesus gestorben und seinen Schülern als Auferstandener wieder erschienen war, wurden seine Taten und Worte zuerst ebenfalls mündlich erzählt. Erst gut 30 Jahre nach seinem Tod begann man, schriftliche Berichte darüber abzufassen, eben die Evangelien. Schon vorher richtete der Apostel Paulus Briefe an einzelne Christengemeinden. Darin gab er ihnen zu Fragen des Glaubens und des Lebens Auskunft und Ratschläge.
In den Ländern, wo die Lehren von Christus zuerst verbreitet wurden, war Griechisch die Verkehrssprache. Deshalb sind die Schriften des Neuen Testaments in dieser Sprache verfaßt.

Wie kommt die Bibel zu uns?
In den ersten Jahrhunderten verbreitete sich das Christentum im ganzen Römerreich; darum wurde die Bibel in die lateinische Sprache übersetzt. Als es gedruckte Bücher gab, lernten viele Leute lesen und wollten auch die Bibel in ihrer Sprache lesen. Darauf entstanden, um 1500 herum, die ersten deutschen Übersetzungen; die bekannteste war das Werk von Martin Luther. Weil sich die deutsche Sprache seither stark verändert hat, können wir eine solche Übersetzung nicht mehr recht verstehen. Von Zeit zu Zeit muß also die Bibel in allen Sprachen immer wieder neu übersetzt werden, weil man sie nur dann gut versteht, wenn keine veralteten Wörter und Redensarten darin vorkommen.

Die Bücher des Alten Testaments

1. Die geschichtlichen Bücher

5 Bücher Mose
Josua
Richter
Rut
2 Samuelbücher
2 Königsbücher
2 Chronikbücher
Esra
Nehemia
Ester
(Tobias)
(Judit)
(2 Makkabäerbücher)

2. Die Lehrbücher

Ijob
Psalmen
Sprüche
Kohelet/Prediger
Hohes Lied
(Weisheit)
(Sirach)

3. Die prophetischen Bücher

Jesaja
Jeremia
Klagelieder
(Baruch)
Ezechiel
Daniel

4. Die zwölf kleinen Propheten

Hosea
Joel
Amos
Obadja
Jona
Micha
Nahum
Habakuk
Zefanja
Haggai
Sacharja
Maleachi

Die Bücher des Neuen Testaments

1. Die Evangelien

Mattäus
Markus
Lukas
Johannes

2. Die Apostelgeschichte

3. Die Paulusbriefe

Römerbrief
2 Korintherbriefe
Galaterbrief
Epheserbrief
Philipperbrief
Kolosserbrief
2 Thessalonicherbriefe
2 Timotheusbriefe
Titusbrief
Philemonbrief

4. Die übrigen Briefe

Hebräerbrief
Jakobusbrief
2 Petrusbriefe
3 Johannesbriefe
Judasbrief

5. Die Offenbarung des Johannes

(Die Namen in Klammern bezeichnen Bücher, die nicht in allen Bibelausgaben enthalten sind.)

Zeittafel

Israel	Nachbarvölker	Schweiz
2000–1200 Zeit der Stammväter Abraham, Isaak, Jakob. Auswanderung nach Ägypten. Unter Mose und Josua Rückwanderung, Landnahme in Kanaan.	Pharaonen in Ägypten. Altbabylonisches und altassyrisches Reich in Mesopotamien.	Erste Bauern. Pfahlbauten und Höhensiedlungen. Erste Bronzewerkzeuge.
1200–922 Die erste Zeit in Kanaan. Zwölfstämmebund. Prophet Samuel. Die ersten Könige Saul, David, Salomo. Jerusalem wird Hauptstadt unter David. Großreich. Salomo läßt den Tempel bauen.	Philister, Amalekiter, Moabiter, Ammoniter.	Bronzezeit. Einwanderung neuer Stämme; dichte Besiedlung.
922–721 922 nach Salomos Tod Reichsteilung: Nordreich Israel (König Jerobeam I.), Südreich Juda (König Rehabeam). Um 750 Prophet Amos. 722 erobert der assyrische König Sargon das Nordreich. Etwa 740–700 wirkt in Jerusalem der Prophet Jesaja.	Am Tigris entsteht das neuassyrische Reich. König Sargon.	Seit ungefähr 800 neue Bevölkerung. Erste Eisenwerkzeuge.
721–587 Nebukadnezzar, König von Babylon, belagert Jerusalem. 587 die Stadt erobert, der Tempel zerstört, die Oberschicht der Bevölkerung weggeführt. Ende des Königreiches Juda. Der Prophet Jeremia, etwa 600–580.	Neubabylonisches Reich. König Nebukadnezzar.	Eisenzeit. Keltenstämme.

Israel	Nachbarvölker	Schweiz
587–398		
Juden in der babylonischen Gefangenschaft. 536 erste Rückkehr mit Erlaubnis von König Kyros. Unter Nehemia und Esra Wiederaufbau von Tempel und Gemeinde.	Persisches Reich bis 331. König Kyros.	Eisenzeit. Keltenstämme.
398–6 v. Chr.		
Unter fremder Herrschaft (Perser, Alexander der Große und seine Nachfolger). Freiheitskämpfe 167–135. Wieder eigene Könige, die auch oberste Priester sind. Um 63 wird Palästina eine römische Provinz. 37–4 v. Chr. regiert König Herodes der Große.	Reich Alexanders des Großen bis 323, von den Nachfolgern geteilt. Vordringen des römischen Reichs nach Osten. Kaiser Augustus 31 v. Chr. – 14 n. Chr.	Seit ungefähr 250 die Helvetier, 58 von Caesar bei Bibrakte besiegt, seither unter römischer Herrschaft. Im Osten die Rhätier.
6 v. Chr.–100 n. Chr.		
Ungefähr 6 v. Chr. Jesus von Nazaret geboren. 26–36 Pontius Pilatus römischer Statthalter. Ungefähr 30 Jesus gekreuzigt. Die ersten christlichen Gemeinden. Paulus wird Christ. 51 Zusammenkunft der Apostel in Jerusalem. Ungefähr 50–120 Entstehung des Neuen Testaments. Nach Aufstand der Juden gegen Rom Zerstörung des Tempels von Jerusalem durch Titus (70).	Römische Kaiser: 14–37 Tiberius 37–41 Caligula 41–54 Claudius 54–68 Nero 69–79 Vespasian Unter Nero erste Christenverfolgung in Rom (64).	Seit ungefähr 150 christliche Gemeinden. Erste bekannte Kirche um 330 in Kaiseraugst. Funde von Bechern, Lampen und Ringen mit wahrscheinlich christlichen Inschriften und Zeichen. Erstes sicheres Datum: Marmortafel von Sitten (377).

Erklärungen

Alabasterfläschchen – Henkelloses Glasfläschchen gefüllt mit Salböl, wird beim Öffnen am Hals abgebrochen.

Allerheiligstes – Würfelförmiger, fensterloser Raum zuhinterst im Tempel (siehe Karte 8). Das Allerheiligste durfte nur einmal im Jahr vom obersten Priester betreten werden.

Altar – Bei den Israeliten ein Stein- oder Erdhaufen, auf dem geopfert wurde, seltener ein Findlingsblock oder ein großer behauener Stein.

Älteste – Führer eines Stammes oder Dorfes. Ihre Aufgabe war die Verwaltung und Rechtsprechung. Später zählten Älteste mit den Oberpriestern und Schriftgelehrten zum Hohen Rat. In den ersten Christengemeinden wurden die Vorsteher als Älteste bezeichnet.

Amalekiter – Nomaden aus dem Gebiet zwischen der Sinaihalbinsel und Palästina (siehe Karte 3). Sie lebten mit den Israeliten ständig in Unfrieden.

Amen – Hebräisches Wort mit der Bedeutung «So sei es!»

Ammoniter – Nachbarvolk der Israeliten östlich des unteren Jordan (siehe Karte 3). Ihre alte Hauptstadt Rabba ist die heutige Hauptstadt Jordaniens, Amman.

Apostel – Griechisches Wort mit der Bedeutung «Gesandter, Bote». In der ersten Zeit der christlichen Gemeinden brauchte man die Bezeichnung für die Zwölf und für andere Führer der Gemeinden, z. B. Paulus. Als Apostel gilt, wer 1. dem auferstandenen Christus begegnet ist und 2. von ihm zur Verkündigung des Evangeliums beauftragt wurde.

Aramäer, aramäisch – Volk im Norden und Nordosten von Palästina. Das Königreich Damaskus war ein aramäischer Staat. Die aramäische Sprache wurde zur Zeit von Jesus in Palästina gesprochen und war schon lange vorher eine wichtige Verkehrssprache.

Artemis – Griechischer Name für die Göttin der Jagd (bei den Römern Diana). Der Tempel in Ephesus war ihr gewidmet (siehe Zeichnungen S. 276).

Aschera – Fruchtbarkeitsgöttin der Kanaaniter. Sie wurde zeitweise auch in Israel verehrt. Aschera hieß auch ein Baum oder ein Pfahl, der ein Symbol (Sinnbild) für die Göttin war.

Assyrien, Assyrer – Ursprungsgebiet dieses Volkes ist der Oberlauf des Tigris. Ihr Reich dehnte sich zeitweise bis ans Mittelmeer und sogar bis nach Ägypten aus (siehe Karte 5).

Astarte – Von allen Nachbarvölkern Israels verehrte Fruchtbarkeitsgöttin.

Aussatz – Siehe Sachlesestück «Die Kranken in Palästina vor 2000 Jahren».

Baal – Bedeutung: «Herr». Gottheit, die als Herr des Himmels, des Wetters und der Fruchtbarkeit weitherum verehrt wurde. Sein heiliges Tier ist der Stier, sein Zeichen der Blitz (siehe Zeichnung S. 115).

Beschneidung – Ein uralter Brauch, bei dem am männlichen Glied ein Stück Vorhaut abgeschnitten wird. Bei den Juden nahm ein Priester damit die Knaben in das Volk auf.

Brandopfer – Ursprünglich Menschen, später Tiere und Feldfrüchte, die auf einem Altar ganz verbrannt wurden.

Bundeslade – Wichtiger heiliger Gegenstand der Israeliten. Sie wird im Alten Testament zur Hauptsache so beschrieben: 1. Kriegsheiligtum, das von den Israeliten in ihre Kriege mitgenommen wurde. Über ihr Aussehen weiß man nur, daß sie auf den Schultern getragen oder auf einem Wagen mitgeführt wurde. 2. In späterer Zeit als eine mit einem goldenen Deckel verschlossene Truhe, in die Mose die Gesetztafeln legte. – König Salomo ließ die Lade in den neu errichteten Tempel überführen.

Christus – Das griechische Wort «christos» bedeutet «Gesalbter». Im Alten Testament heißt der Gesalbte «Messias». Ursprünglich der von Gott eingesetzte und vom Priester mit Öl gesalbte König. Im Neuen Testament wird dieser Titel für Jesus gebraucht, um damit zu sagen, daß er der Herr über die Menschen ist.

Dagon – Gott bei den Philistern. Man stellte ihn sich halb als Mensch, halb als Tier vor.

Denar – Silbermünze der Römer, trug Bild und Name des Kaisers, ungefähr der Taglohn eines Arbeiters (siehe Zeichnung S. 215).

Drachme – Griechische Silbermünze, ungefähr gleicher Wert wie ein Denar.

Ehernes Meer – Riesiges Waschbecken aus Bronze im Vorhof des Tempels, das ursprünglich das Urmeer darstellte (siehe Zeichnung S. 109).

Engel – Das deutsche Wort kommt vom griechischen «angelos», das bedeutet «Bote». Engel sind in der Bibel Boten Gottes. Ihr Aussehen wird nie genau beschrieben. Wichtig ist nur, was sie im Auftrag Gottes den Menschen auszurichten haben.

Faden – Längenmaß der Seeleute, besonders für Tiefenmessungen (ungefähr 1,8 m).

Feuerhölle – Zur Zeit von Jesus stellte man sich die Welt als dreistöckiges Gebilde vor: Himmel – Welt – Unterwelt (Hölle). Nach dieser Ansicht kam der Mensch entweder in den Himmel (Nähe von Gott) oder in die Hölle (Gottesferne als Strafe für die Gottlosen).

Gottesberg – Name des Berges, bei dem die Israeliten von Gott ihre Gebote erhielten. Der Name ist verschieden überliefert: Horeb oder Sinai. Wo er sich befand, läßt sich nicht mehr sagen.

Götzenopferfleisch – Fleisch der in Göttertempeln geopferten Tiere. Das nicht im Tempel gebrauchte Fleisch wurde auf dem Markt verkauft.

Harem – Im Orient kann ein Mann mehrere Frauen heiraten. So erzählt es auch das Alte Testament. Die von den Frauen bewohnten Räume nennt man den Harem.

Hausgötter – Im alten Orient weit verbreitet. Über Aussehen und Bedeutung ist man sich nicht ganz klar. Vielleicht waren es Masken, die gebraucht wurden, um Gottessprüche (Orakel) einzuholen.

Hebräer – Name für die Israeliten, von den Nachbarvölkern verächtlich gebraucht.

Heiden – Im Alten Testament Name für alle Nicht-Juden. Im Neuen Testament für alle Nicht-Christen nicht-jüdischer Abstammung.

Hermes – Griechischer Gott (bei den Römern Merkur), Bote von Zeus.

Hetiter – Volk im Gebiet von Kleinasien und Syrien.

Hoher Rat – Höchste jüdische Behörde, bestand seit ungefähr 150 v.Chr. 71 Mitglieder: Älteste, Oberpriester und Schriftgelehrte. Unter den römischen Statthaltern konnte der Hohe Rat in Angelegenheiten, die den jüdischen Glauben betrafen, selbständig bestimmen.

Horeb – Name für den Gottesberg.

Jahwe – (sprich Jachwa̱) Im Alten Testament Name für Gott.

Israel – 1. Name für das Volk der Juden. 2. Name für das Land der Juden, ab 722 v. Chr. nur für das Nordreich.

Kanaaniter – So nannten die Israeliten die Bevölkerung, die vor ihnen Palästina bewohnte.

Kohorte – Abteilung römischer Soldaten (ungefähr 500–1000 Mann). In Jerusalem war zur Zeit von Jesus in der Burg Antonia ständig eine Kohorte stationiert.

Koriander – Pflanze mit runden, gelblichen Samenkörnern, die als Gewürz verwendet werden.

Leviten – Angehörige des israelitischen Stammes Levi. Die Leviten waren in älterer Zeit Priester, später Priesterdiener.

Los (heiliges) – Im Judentum weit verbreiteter Brauch, um den Willen Gottes zu erfahren. Die Lose wurden geschüttelt und dann geworfen.

Manna – In der Wüste kommt der Tamariskenstrauch vor. Aus seinen Zweigen tritt dort, wo ein Insekt sie vorher angestochen hat, ein süßlicher Saft aus. Wenn es taut oder regnet, fallen die Tropfen zur Erde. Noch heute sammeln die Bewohner der Wüste diese Tropfen und verkaufen sie als Man oder Manna.

Meile – Ca. 1,5 km.

Menschensohn – Einer der Titel, die Jesus gegeben wurden. Im Alten Testament erwartete man den Menschensohn als Weltherrscher.

Messias – Siehe «Christus».

Morija – Name eines Berges. Seine Lage kennt man nicht mehr.

Myrrhe – Saft eines Baumes, der in Südarabien und Ostafrika wächst. Myrrhe wurde als Parfüm oder als Beigabe zu Salböl verwendet.

Nardenöl – Wurde aus der Wurzel eines in Indien wachsenden Grases gewonnen. Dieses Öl vermischte man mit aromatischen Bestandteilen zu einer kostbaren Salbe.

Pas-cha – wörtlich «das Vorübergehen». Israelitischer Feiertag zur Erinnerung an die Hilfe Gottes beim Auszug aus Ägypten.

Pfingsten – Das jüdische Dankfest für die Getreideernte, auch Wochenfest genannt. Für die Christen das Fest des heiligen Geistes.

Pharao – Titel des ägyptischen Königs.

Pharisäer – siehe Lesestück «Schriftgelehrte, Pharisäer, Sadduzäer».

Philister – Nachbarvolk der Israeliten, an der Küste des Mittelmeers (siehe Karten 2–4).

Purpur – Wertvoller violettroter Farbstoff, der aus dem Schleim einer Meerschnecke, der Purpurschnecke, gewonnen wurde.

Sabbat – Nach den Gesetzesbüchern des Alten Testamentes der Ruhetag, zur Zeit von Jesus von vielen Juden sehr streng gehalten.

Sadduzäer – Siehe Lesestück «Schriftgelehrte, Pharisäer, Sadduzäer».

Salzmeer – Wegen des sehr hohen Salzgehaltes wird das Tote Meer auch Salzmeer genannt.

Sarafen – Engelwesen.

Schächten – Nach den Vorschriften des Alten Testaments ausgeführte Schlachtung von Tieren. Den Tieren werden ohne Betäubung durch einen Schnitt die Halsschlagader, Speise- und Luftröhre durchtrennt, so daß das Fleisch ausbluten kann.

Schaubrote – Zwölf Ringbrote, die auf einem Tisch im Tempel aufbewahrt wurden. Sie waren ursprünglich als Speise für Gott gedacht, später aber nur noch als Zeichen verstanden.

Schilfmeer – Bezeichnung für einen Meeresarm, dessen genaue Lage nicht mehr bekannt ist.

Schlachtopfer – Das Fleisch des geopferten Tieres wird, außer den für Jahwe (Blut, Fett) und für den Priester bestimmten Teilen, in einem fröhlichen Essen von den am Opfer teilnehmenden Leuten verzehrt.

Schleppgeschirr – Treibanker, der die Geschwindigkeit vermindert und den Wellenschlag mildert.

Schriftgelehrte – Siehe Lesestück «Schriftgelehrte, Pharisäer, Sadduzäer».

Senfkorn – Das Senfkorn galt in Palästina sprichwörtlich als das kleinste Samenkorn. Die ausgewachsene Senfstaude kann bis zu 3 m hoch werden.

Synagoge – Siehe Lesestück «Der neue Gottesdienst» und Zeichnungen S. 268.

Tamariske – Baum mit schmalen immergrünen Blättern. Das harte Holz wird als Nutz- oder Brennholz gebraucht.

Tuchwalkerfeld – Straße im alten Jerusalem, deren Lage man heute nicht mehr kennt.

Vorhof – Siehe Karten 7 und 8.

Weihrauch – Wohlriechendes Harz, wichtigster Bestandteil des Räucherwerks, das auf dem Räucheraltar verbrannt wurde.

Wurfschaufel – eine Art Heugabel; mit ihren Holzzinken konnte man unter das Getreide greifen und es hochwerfen. So wurde die Spreu von den Körnern getrennt.

Ysop – Fußhoher, dichter Busch mit dunkelgrünen, stark duftenden kleinen Blättern.

Zehnten – Abgabe an den König oder an das Heiligtum für den Lebensunterhalt der Priester und Leviten. Als Zehnten wurden z. B. gegeben: Korn, Öl, Wein, Vieh, Geld.

Zeus – Höchster griechischer Gott. Göttervater.

Zion – Name für den im Südosten Jerusalems gelegenen Hügel. Später auch feierlicher Name für die ganze Stadt (siehe Karte 7).

Zisterne – Grube, in der das Regenwasser gesammelt wurde.

Zöllner – Siehe Lesestück «Die Zolleinnehmer».

Inhalt

Aus dem Alten Testament

Abraham

Mose

Aus den Gesetzbüchern

Die erste Zeit in Kanaan

Saul – David – Salomo

Elija

Amos

Jesaja

Jeremia

Die Juden unter fremder Herrschaft

Psalmen

Aus der Urzeit

Aus dem Neuen Testament

Geburt und Kindheit

Aus dem Evangelium von Lukas

Aus dem Evangelium von Mattäus

Jesus tritt öffentlich auf

Jesus sammelt Menschen um sich

Jesus hilft Menschen

Jesus und seine Gegner

Beispiele und Gleichnisse

Aus der Bergpredigt

Passion und Ostern

Apostelgeschichte

Die Sachlesestücke

Die Karten

Bildnachweis: Die Vorlagen für die Farbbilder wurden zur Verfügung gestellt von P. Bühler, Zürich (31), G. Gerster, Zumikon (11, 14, 15, 16, 17, 25), Holyland Hotel, Jerusalem (26), O. Hürter, München (2), O. Savio, Rom (32), Silva-Verlag, Zürich (9), Swissair (21, 28, 29), Verlagsarchiv Benziger, Zürich (5, 12, 18, 19, 20, 22, 30), M. Wolgensinger, Zürich (1, 3, 4, 6, 7, 8, 10, 13, 23, 24, 27).